El Corte Inglés   26.1.1999
2.000 Pts

Francesco Alberoni

---

t'estimo

Altres obres en català

publicades per
Editorial Gedisa

Paradoxes i jocs
Nicholas Falletta

Jocs de recreació mental per a molt intel·ligents
James E. Fixx

t'estimo

per

Francesco Alberoni

Títol de l'original en italià:
Ti amo
© 1996 *by* R. C. S. Libri & Grandi Opere S.p.A., Milano

Traducció: Silvia Alemany

Disseny de coberta: Ag&Asociados.

Segona edició, març de 1997, Barcelona

Drets per a totes les edicions en català

© *by* Editorial Gedisa, S. A.
Muntaner, 460, entlo., 1.ª
Tel. 201 60 00
08006 - Barcelona, Espanya

ISBN: 84-7432-607-9
Dipòsit legal: B-13.384/1997

Imprès a Limpergraf
c/ del Río, 17 - Ripollet

Imprès a Espanya
Printed in Spain

Queda prohibida la reproducció total o parcial per qualsevol medi d'impressió, en forma idèntica, extractada o modificada, en català o qualsevol altre idioma.

Sumari

1. **L'amor de parella** 11
   Una ciència de l'amor. 11
   Lligams amorosos 12
   D'on partim?. 13
   De l'enamorament 15
   La parella enamorada 17
   Invertim la perspectiva 19

2. **L'enamorament** 23
   Per què ens enamorem? 23
   Quan ens enamorem? 26
   De qui ens enamorem? 30
   L'amor fulminant. 36
   Les afinitats electives. 40
   De l'amistat a l'amor 42

3. **Els lligams amorosos** 45
   El principi del plaer. 45
   La pèrdua 46
   La indicació. 50
   L'estat naixent. 51

4. **La comunitat** 57
   El "nosaltres", la comunitat 57
   Creació i destrucció 58
   Naixement i moralitat 59
   Mascle i femella 61
   Qüestions morals 62

5. **L'enamorament veritable**. 65

6. Altres formes d'amor 73
   Amor a l'ídol 73
   Amor competitiu 80
   Interès econòmic i estatus social 84
   La falsificació 86
   Amor consol 88

7. L'erotisme 91
   L'erotisme en l'enamorament 91
   Altres formes d'amor eròtic 94
   Efervescència eròtica i enamorament frenat 96
   Amor platònic 99

8. La passió amorosa 103
   L'amor passió 103
   L'amor secret, l'illa daurada 105

9. La gelosia 109
   La gelosia en l'enamorament inicial 109
   La gelosia que frena l'amor 111
   La gelosia que intensifica l'amor 114
   La gelosia del passat 115
   L'amor gelós 118

10. La renúncia 123
    Enamorament frenat 123
    La renúncia 126
    Frustració i creació 130
    La funció de l'odi 132

11. Conquesta i reconquesta 137
    Seducció 137
    L'enamorament successiu 142
    La reconquesta 144

12. La construcció de la parella 147
    Fusió i individuació 147
    Les proves 148
    La lluita amb l'àngel 151
    Els punts de no retorn 154
    El pacte i la institució de reciprocitat 155
    El matrimoni 156

13. **La institució: objectivacions espirituals i materials** 159
    La institució 159
    Les regles de vida 160
    El regal 162
    De nòmades a sedentaris 164
    La dona i la casa 166
    Dissonàncies 168

14. **Classes de vida en comú** 171
    Convivència quotidiana 171
    Vides separades 172
    La vida amb els fills 173
    Els amants 176

15. **Fidelitat-infidelitat** 179
    Fidelitat i exclusivitat 179
    Inquietud sexual 181
    El pacte de la fidelitat 185
    Més amors 187
    El matrimoni obert 189
    Cicles amorosos 190

16. **La crisi precoç** 195
    Per què la crisi? 195
    Manca l'enamorament 195
    Pseudoenamorament 200
    Incompatibilitat de projecte 202
    Factors externs 203
    Debilitar l'altre 204
    Superació d'un punt de no retorn 206

17. **La parella que dura** 209
    Evolucionar junts 209
    Amistat 211
    Intimitat 213
    Complicitat 216

18. **La crisi tardana** 219
    Per què succeeix? 219
    El retorn del passat 221
    Evolució divergent 222
    Competició i enveja 224
    Despits i provocacions 225

    Mutacions dels cicles vitals 227
    El desenamorament a través d'un estat naixent 228

19. Què és l'amor? 233

20. La parella enamorada 237
    La parella enamorada 237
    Renaixement continu 239
    Una comunitat viva 242
    Història i destí 244
    Erotisme 246
    Complexitat 247

Notes 251

Índex dels casos 265

Índex dels conceptes 269

Índex dels noms 279

1
L'amor de parella

Una ciència de l'amor

Hi ha moltes classes d'amor: l'amor de la mare, l'amor dels germans i l'amor de l'amistat. Nosaltres, però, parlarem de l'amor eròtic, de la passió amorosa, de l'amor dels amants, dels esposos, de la parella; de l'amor, en definitiva, que ens fa dir "t'estimo". Provarem d'entendre com sorgeix, quines formes assumeix, com es desenvolupa, els problemes amb què es troba, per què minva o per què dura. De fet, aquest amor pot néixer lentament de l'amistat o aparèixer de sobte com un amor fulminant. Pot ser un arravatament passatger que duri pocs dies o pocs mesos. O pot durar molts anys, fins i tot una vida sencera. Pot estar fet d'un desig sexual ardent o d'una dolça tendresa. En pot restar una passió insatisfeta o pot desembocar en un matrimoni. Pot produir un idil·li o un conflicte. Pot extingir-se en la monotonia o, ans al contrari, conservar la frescor vibrant dels inicis.

Qui estima, qui desitja que l'estimin, es planteja una quantitat innombrable de preguntes atès que sap que la passió, la gelosia, els somnis, els ideals, l'erotisme i l'amor poden fer que la seva vida esdevingui quelcom meravellós o bé transformar-la en un vertader infern. Els gestos que ens fan feliços o les paraules que ens aboquen a la desesperació provenen d'uns pocs éssers humans amb qui estem vinculats d'una manera intensa, essencial.[1] El triomf més gran pot enverinar-se per una paraula desagradable, per la manca d'atenció de la persona estimada. Ara bé, com es pot donar una resposta a aquestes preguntes? Encara no existeix una teoria, una ciència de l'amor, una *erosologia*.

Tanmateix, la parella ha adquirit una importància molt gran en el món modern. Antigament, hi havia la família extensa, un grup ampli de parents. Avui en dia la gent es casa perquè "s'agrada", perquè "està enamorada". I resta unida mentre segueix agradant-se, mentre segueix considerant-se enamorada. Ni els fills, si "no s'estima", ja no constitueixen un motiu suficient per romandre junts. Per cimentar la unió, tan sols resta actualment el lligam amorós entre l'home i la dona. I això uneix dos individus molt més lliures, més rics, més madurs, ambdós amb la seva xarxa de relacions, la seva feina i les seves concepcions polítiques i religioses. La parella és una unitat dinàmica, un gresol creatiu on dues personalitats diverses es fonen, s'alien, discuteixen i es completen per afrontar un món cada vegada més complex. L'amor és el mordent d'aquesta tensió i d'aquesta unió.

Tot i això, què significa "estic enamorat"? Què significa "t'estimo"?[2] Hi ha qui diu que s'enamora contínuament o que sempre està enamorat. En canvi, n'hi ha d'altres que sostenen que només podem enamorar-nos veritablement poques vegades a la vida. De vegades, després d'haver parlat força amb una persona, aquesta ens confessa que ha tingut nombroses relacions però només un gran amor. Darrera expressions com "enamorament", "amor", "estimar-se", "afecte", "tendresa", "passió" i "atracció eròtica", hi ha significats diversos. Volem posar ordre a aquest sistema desordenat d'experiències. Volem crear les bases d'una ciència de l'amor veritable; crear una casuística, una tipologia de les formes amoroses de manera que tothom s'hi pugui reconèixer, entendre de quins processos en són fruit i quin és el seu possible desenvolupament. Volem subministrar un mapa, una explicació i una guia.

Lligams amorosos

Existeixen tres classes de lligams amorosos: els lligams forts, els lligams mitgencs i els lligams dèbils. Els **lligams forts** són els que s'estableixen entre el fill i els pares i entre els germans durant la infància. Els lligams forts són exclusius: ningú pot ocupar el lloc de la nostra mare, del nostre pare o del nostre fill. Els lligams forts resisteixen als canvis de caràcter, a les transformacions de l'aspecte físic. El fill continua estimant la mare encara que aquesta hagi envellit, enlletgit o emmalaltit. La mare o el pare continuen estimant el fill fins i tot si es converteix en un delinqüent o en un drogoaddicte, fins i tot si una malaltia el desfigura.

L'única força capaç d'establir un lligam fort, tret de la infància i els lligams familiars, és l'*enamorament*. En enamorar-se, dues persones que no es coneixien gens esdevenen indispensables, com és indispensable un fill per als seus pares. Aquest és un fenomen desconcertant.

Els **lligams mitgencs** són els que establim amb els amics íntims, amb aquells a qui ens confiem i que gaudeixen de la nostra fidelitat. L'amistat és lliure, desinteressada i està mancada de les gelosies i enveges que trobem algunes vegades entre germans. Però fins i tot l'amistat més forta és vulnerable. Si l'amic ens enganya, ens traeix, alguna cosa es trenca per sempre. Podem perdonar-lo, però la nostra relació ja no tornarà a ser tan lluminosa com abans. Si ens barallem amb el pare o la mare, o bé amb el germà, el lligam resistirà la prova. Després d'un cert temps, tot quedarà oblidat. No succeeix el mateix amb l'amistat. Les discussions violentes, els insults, les amenaces i les ofenses deixen lesions difícilment reparables. Podem preferir un amic a un germà i podem refiar-nos molt més del primer que del segon. Amb tot, l'amistat continua essent un lligam del segon tipus. És vulnerable a les ofenses morals i, quan s'ha trencat, és per sempre.

Finalment, tenim els **lligams dèbils**. Són els que establim amb els companys de la feina, amb els veïns, amb els amics de les vacances. Moltes formes d'atracció eròtica, incloent-hi les intenses, produeixen lligams dèbils. Una persona pot agradar-nos, podem desitjar-la bojament. N'hi ha prou, però, amb una paraula desairosa o un gest vulgar i de menyspreu perquè ens passin les ganes d'estar amb ella. De vegades, un cop acabada la relació sexual, ja voldríem ser-ne ben lluny.

Lligam dèbil no significa, però, que oblidem la relació. És més, podem recordar-la amb plaer durant tota la vida. Algunes experiències eròtiques ens queden gravades d'una manera indeleble. Recordem la mirada de complicitat, el desig, el contacte frenètic dels nostres cossos. Recordem allò que hauria pogut néixer amb un bri de nostàlgia. Entre dues persones que han fet l'amor, sovint resta un lligam subtil de confiança i familiaritat, de complicitat fins i tot, que s'assembla a la amistat. Lligam dèbil només significa que no sentim la necessitat d'estar junts amb aquella persona, que no sentim la seva absència, que no hi constituïm una col·lectivitat compacta, un "nosaltres" solidari unit mitjançant una fe, un amor, un deure i un destí.

D'on partim?

Ara bé, d'on hem de partir per dur a terme la nostra recerca de l'amor de parella? De quina classe de lligams? La parella és una relació estable, que dura en el temps. Per tant, hem d'examinar els *lligams forts*. Si pregunteu a la gent per què s'ha casat, us contestarà "perquè estava enamorada". Hem d'examinar, doncs, l'enamorament.

Malgrat tot, si fullegem les revistes i els articles que tracten de l'amor de parella, veiem que no en parlen, no l'estudien. Predomina la idea, nascuda amb Freud,[3] que l'amor sorgeix a poc a poc de l'atracció eròtica satisfeta. Comença amb l'intercanvi de mirades. Si l'altre respon, es passa a l'encontre gradual dels cossos: les mans s'acaricien, s'estrenyen. Després, el primer petó, la primera cita amorosa. Quan tot va bé, es produeix la relació sexual, la fusió física. Una mica més endavant, compareixeran la tendresa, la passió, la intimitat, perquè, segons aquesta tesi, quant millor és l'acord, la satisfacció recíproca, tant més fort es torna l'amor. Fins que l'altre ens resulta indispensable i la seva absència esdevé quelcom dolorós. Aleshores estem enamorats. En conclusió, l'enamorament sorgiria lentament a partir de la satisfacció recíproca.

Però la realitat desmenteix aquesta concepció per graus de l'enamorament. Sovint, l'amor esclata de sobte després d'un començament gradual i incert. De fet, en anglès i en francès s'empren les expressions *fall in love* i *tomber amoureux*. És freqüent que dues persones s'enamorin abans d'haver tingut contactes sexuals, que es desitgin abans d'haver-se conegut a fons, i que es busquin tot i no ser correspostes.[4] La passió amorosa no creix gradualment en relació amb la satisfacció sexual recíproca. Sobrevé inesperadament entre dos estranys i, malgrat ells, els arrossega l'un cap a l'altre. I allò que els arrossega no és solament el desig sexual, no és solament la tendresa. És quelcom diferent. És un estat emotiu nou, desconegut, inesperat i embriagador. La màxima intensitat de l'amor, del desig, de la passió, es dóna just a l'inici de la relació. Com a molt, declina amb el temps a causa de la coneixença i la intimitat. Exactament el contrari del que hauria de succeir segons el mecanisme del reforç gradual.

Per entendre el procés amorós, doncs, no és necessari partir de baix, de l'atracció sexual, i després pujar a poc a poc, sinó partir de dalt, de l'esclat, de l'enamorament. I l'enamorament no és tan sols erotisme o plaer. És una experiència única i inconfusible, un trasbals radical de la sensibilitat, de la ment i del cor, que fon alhora dues persones diferents i llunyanes. L'enamorament produeix una transfiguració del món, una experiència d'allò que és sublim. És follia, però també descobriment de la veritat pròpia, del destí propi. És fam, ànsia, però alhora impuls, heroisme, oblit d'un mateix. "T'estimo", per a nosaltres, per a la nostra tradició, no vol dir només "m'agrades", "et vull", "et desitjo", "m'atraus", "t'aprecio", sinó també "per a mi, tu ets l'únic rostre entre els rostres infinits del món, l'únic somniat, l'únic desitjat, l'únic al qual aspiro per damunt de qualsevol altra cosa i per sempre". Com diu el *Càntic dels càntics*: "Hi ha seixanta reines, vuitanta concubines i un gran nombre de donzelles, però la meva coloma, la meva perfecta, és l'única".

Si volem cenyir-nos als fets, hem d'estudiar el procés de formació de la parella partint de l'enamorament, és a dir, d'un esdeveniment discontinu, explosiu, extraordinari. Entenguem-nos bé, no defensem que totes les parelles es formin d'aquesta manera; hi ha parelles basades en l'atracció eròtica, en el plaer d'estar junts, en el costum, en l'ajut recíproc, en la necessitat econòmica i en altres mecanismes que estudiarem tot seguit. Ara bé, el mecanisme fonamental amb el qual es formen a la vida adulta els lligams amorosos forts és l'enamorament.

De l'enamorament

Quan estem enamorats, el nostre estimat no és comparable ni reemplaçable per cap altra persona. Ell és l'únic, absolutament l'únic ésser vivent capaç de donar-nos joia. Qualsevol altra persona que coneguem, ni que sigui el nostre ídol preferit, ens serà insuficient. Si el nostre estimat no hi és, el món resta àrid i buit. L'enamorat que es pregunta si el corresponen, l'enamorat que esfulla la margarida, sap que cap força podrà erradicar el seu amor a partir d'ara, mentre viu en la por que l'estimat pugui ser seduït i se l'enduguin. Per això li pregunta contínuament: "m'estimes?" I no es cansa de sentir la mateixa resposta: "sí, t'estimo". Perquè aquesta resposta és l'únic punt fix sobre el qual pot reconstruir el món. Tot el seu univers ha canviat de centre i es mou al voltant de la persona estimada. L'amor que sent és la precondició de qualsevol altre desig, de qualsevol altra activitat.

La persona enamorada es troba en una situació extraordinària. Viu una mena de borratxera, d'èxtasi. Plató considerava l'enamorament un deliri inspirat pel déu, una follia divina, com la inspiració artística i el do profètic. L'enamorat veu totes les coses transfigurades: la natura, l'aire, els rius, les llums i els colors són més lluminosos, més intensos. Se sent arrossegat per una força còsmica que el duu cap al fi i al destí que li són propis. Les contradiccions de la vida quotidiana deixen de tenir sentit. Se sent esclau i presoner, però alhora lliure i feliç. Sofreix, es turmenta i, en canvi, no voldria mai, mai en absolut, renunciar al seu amor.

L'enamorament actua sobre la psique com la temperatura sobre els metalls. Els fa fluids, incandescents, i així poden barrejar-se, unir-se i assumir formes noves que després esdevenen permanents. L'amor fa les persones plàstiques, les fon juntes, les transforma, les uneix. D'aquesta manera produeix *lligams forts* que poden resistir als traumes, als conflictes i a les decepcions.

Podem lluitar contra el nostre amor, refusar-lo, fer tots els esforços imaginables per romandre lluny de la persona que estimem, per oblidar-la. Podem considerar-la dolenta, cruel, podem odiar-la. Podem considerar el nostre amor una malaltia, turmentar-nos amb el dubte i la gelosia. El nostre amor, però, continua existint igualment. S'imposa, predomina. És quelcom que va contra el judici de l'intel·lecte o que aconsegueix seduir-lo subtilment. Fins i tot quan el nostre estimat ens tracta malament, sempre estem disposats a trobar una disculpa. Creiem que, si aconseguíssim tocar certes cordes del seu cor, canviaria. L'enamorat està convençut de conèixer l'estimat millor que el que es coneix l'estimat a si mateix. I creu que, si es conegués de la mateixa manera, no podria deixar de correspondre al seu amor.

L'enamorament, tot i esvair-se més endavant, ens fa creure que estimarem sempre, passi el que passi. Ens posa espontàniament a la boca les paraules de la cerimònia nupcial: "Acceptes com a esposa a aquesta persona per estimar-la en la felicitat i en la tristesa, en la riquesa i en la pobresa, en la salut i en la malaltia fins que la mort us separi?"

L'enamorament ens fa estimar l'altre per allò que és, ens fa agradables fins i tot els seus defectes, mancances i malalties.[5] Quan ens enamorem, és com si obríssim els ulls. Veiem un món meravellós i la persona estimada ens apareix com un prodigi de l'ésser. Cada ésser és perfecte en si mateix, diferent dels altres, únic, inconfusible. Per això agraïm al nostre estimat que existeixi, perquè la seva existència enriqueix no tan sols a nosaltres mateixos, sinó també al món. Properci escriu: "*Tu mihi sola domus, tu, Cynthia, sola parentes, omnia tu nostrae tempora laetitiae*".[6] No diu només "m'agrades, et desitjo", sinó "tu ets la meva única casa, tu ets tota la meva família, tu ets la delícia del nostre temps".

És així com una mare veu el seu fill i el fill la seva mare. Tanmateix, el lligam de l'enamorament emergeix de sobte entre dues persones que no es coneixien. Gràcies a l'enamorament, dos desconeguts senten entre ells una afinitat profunda, una substància comuna que va més enllà de les persones conscients. Per això poden dir-se: "jo sóc tu i tu ets jo". En *El banquet* de Plató, Aristòfanes explica aquest tipus d'experiència dient que antigament els éssers humans eren una unitat indivisa que després Zeus va separar en dues parts, abocats des d'aleshores a la recerca de la meitat perduda.

No obstant això, a diferència del lligam de sang que "existeix", que "s'ha assimilat", aquest lligam encara s'ha de construir sencer, s'ha de realitzar. Els amants senten el compliment de l'amor com un deure sagrat, senten una crida com la de la pàtria o la de la fe. La persona enamorada se sent obligada interiorment a comprometre's, a establir un pacte, un jurament. Per tant, l'amor no és sols plaer, desig, sentiment, passió; també és compromís, jurament, promesa. No solament està obligat a "pensar-se per sempre", sinó també a "comprometre's per sempre". És *projecte* d'edificació d'una cosa que es proposa fer durar en el temps.

La parella enamorada

L'enamorament, ha existit des de sempre o només existeix des que ha fet la seva aparició en el món modern? Ha existit des de sempre. La Bíblia ens parla de l'amor d'Abraham per Sara, de Jacob per Raquel, de la passió de la dona de Putifar per Josep, de l'enamorament de David per Betsabé, de Samsó per Dalila. Plató tracta de l'enamorament en el *Fedre*, en el *Lisis* i en *El banquet*. En el *Lisis*, Hipotalas està bojament enamorat de Lisis, només fa que repetir-ne el nom, el crida en somnis, es ruboritza, en canta la bellesa i el lloa de totes les maneres possibles, en vers i en prosa. En el *Fedre*, després d'haver fet broma una bona estona, Sòcrates es torna seriós de sobte; diu que ha pecat contra el déu Eros i ha de corregir tot el que ha dit. L'amor no pot ser objecte de burla profana perquè ens és donat pels déus. És, com l'endevinació i la creació artística, *follia divina*. Aquesta follia és un do, una revelació, un contacte amb el món suprem de les idees. Qui estima s'eleva sobre el món i entreveu la bellesa absoluta. En l'estimat es reflexa la perfecció eterna del déu. Finalment, en *El banquet*, Diotima explica a Sòcrates que l'amor és desig d'immortalitat perquè té com a objectiu apropiar-se del bé a perpetuïtat, i se n'apropia mitjançant l'engendrament. És, per tant, creació, ascensió vers allò que és elevat, vers l'Absolut.

En el món romà, l'enamorament és present a la poesia de Catul i Properci. El trobem també al *Mahabharata* hindú, a *Les mil-i-una nits* araboislàmiques i a tota la història de la literatura occidental, des de la *Vita nuova* de Dant fins a *Lolita* de Nabokov. Arreu ens trobem amb aquest amor violent, apassionat, que esclata, trasbalsa els dos amants i els transporta a una esfera superior. L'amor veritable, l'amor que uneix, es presenta com una experiència extraordinària, com revelació i passió.

Les investigacions dels antropòlegs reforcen la nostra tesi. Helen Fisher escriu: "Fins i tot els pobles que neguen posseir els conceptes d'"amor" o d'"enamorament" es comporten d'una manera semblant. Els mangaians de la Polinèsia no donen gaire importància a la identitat del company sexual, però si un noi no el deixen casar amb la noia que estima, se suïcida per desesperació... Les històries d'amor, els mites, les llegendes, els poemes, les cançons, els manuals, les pocions, els amulets, les discussions d'enamorats, les cites, les fugides i els suïcidis formen part de la vida a les societats tradicionals de tot el món".[7] En una investigació feta sobre 168 cultures, els antropòlegs William Jankoviak i Edward Fischer van aconseguir trobar proves directes de l'existència de l'amor romàntic en un 87 per cent de pobles completament diferents els uns dels altres.[8]

Hi ha una única conclusió possible. L'enamorament és un fet universal i, en el marc de la tradició occidental, és un factor essencial de la formació de la parella. És una de les arrels espontànies de la monogàmia. Tanmateix, el tractament del matrimoni ha variat amb el temps. Durant mil·lennis, el matrimoni ha estat una negociació entre famílies. Es pensava que l'amor sorgiria tot seguit, com a conseqüència de la proximitat, de l'ajut recíproc i de la descendència. L'elogi de l'enamorament és un producte de la societat burgesa, de l'emergència de l'individu i de la seva llibertat d'elecció personal. El veiem despuntar en la Florència del 1200, a la poesia de Dant i a la dels trobadors, als romanços medievals, a l'amor entre Abelard i Eloïsa. De tota manera, a l'Edat Mitjana el matrimoni encara no està fonamentat en l'enamorament. La burgesia naixent encara està profundament influenciada pels models culturals de l'aristocràcia i el clergat.

El tema de l'amor com a base del matrimoni esclata a la literatura popular del segle XVIII, però en el món intel·lectual, en canvi, s'imposa molt més lentament.[9] George Sand veu el matrimoni com una prevaricació, un límit, una presó, i el refusa. Stendhal tracta profundament diverses formes d'amor, però no dedica cap espai al matrimoni per amor i a la vida conjugal.[10] El model del matrimoni fonamentat en l'enamorament es generalitza a totes les classes socials dels països occidentals durant el segle XIX. I es difon pertot arreu en el segle XX, sobretot gràcies al cinema de Hollywood.

Els darrers moviments juvenils van donar un impuls a la promiscuïtat i a la vida comunitària, però, amb el retorn de l'individu, també han retornat l'enamorament, la parella i el matrimoni. I, en l'actualitat, gràcies a l'augment de l'expectativa de vida, de l'emancipació femenina i de la caiguda de la natalitat, aquesta classe d'amor s'ha convertit en l'única força capaç d'unir, tot fonent-los, dos individus adults per fer-ne una parella enamorada.

Invertim la perspectiva

La major part de sociòlegs i psicòlegs no han entès la importància de l'enamorament. Per exemple, Ortega el considera una estupidesa passatgera, una angina psíquica.[11] Segons Denis de Rougemont, és una obscura supervivència d'una heretgia medieval que menysprea el món i tendeix a la mort.[12] Segons Fromm, l'amor veritable neix de la voluntat, i el sorprèn que brolli en algunes ocasions del territori abrusador i irracional de l'enamorament.[13] Els psicòlegs i els sociòlegs nord-americans el consideren un producte cultural recent,[14] però s'equivoquen. Com hem vist, l'enamorament ha existit sempre.

Per a la psicoanàlisi, l'enamorament és el producte d'un desig sexual frustrat, inhibit en la seva meta, mentre que la fusió entre l'amant i l'estimat és el producte de la *regressió* als primers mesos de la infància, quan l'únic objecte és la mare.[15] Tots els comportaments dels enamorats s'han atribuït a la regressió. Els enamorats, no es diuen parauletes dolces? No empren diminutius afectuosos? No busquen el cos de l'altre àvids de la seva pell, dels seus humors, com fa el lactant amb el pit matern? En altres paraules, l'estimat o l'estimada només són els substituts de la mare de la primera infància.

Aquesta tesi també és insostenible. L'enamorament desenvolupa la creativitat, la intel·ligència, la capacitat d'afrontar els problemes concrets d'una manera adulta. Certament, és veritat que els enamorats tendeixen a fondre's físicament i psíquicament com ho han fet a la infantesa, però no són nens. La paraula *regressió* s'ha d'usar amb prudència. Freud la va introduir per explicar les neurosis i les psicosis, les experiències doloroses i patològiques. És un procés que afebleix les capacitats crítiques, que fa viure en el passat. En canvi, l'enamorament és un triomf de la joia de viure, constitueix un salt cap al futur, fa desitjar el futur, fa projectar el futur. Respecte a la situació regressiva, bloquejada per la neurosi, l'enamorament és alliberament i curació.

Gràcies a l'enamorament, dos joves que han viscut sempre en família, depenent del pare i de la mare, troben la força per deixar-la, per ser independents, per crear-ne una de nova. Gràcies a l'enamorament, dues persones que pertanyen a nacions, races o religions diferents troben l'energia i el coratge necessaris per trencar amb el grup social propi i constituir una entitat nova en la qual els odis antics i els prejudicis heretats s'han superat. El seu amor trenca amb el passat i crea una entitat social i cultural que abans no existia

Aquest és el nostre punt de partida. Per entendre un fenomen, cal veure quin n'és el significat profund, què suposa per a la vida social. L'error de fons comès en tots els estudis sobre l'enamorament ha estat estudiar-lo com a fet psicològic, individual, com una alteració positiva o negativa de la ment i del cor, com una neurosi o una psicosi, com un estat emotiu normal o un de patològic. És com si observéssim un individu durant una acció bèl·lica, dedicat a disparar a altres éssers humans o a fer volar ponts i palaus amb explosius. Per entendre les seves accions, no hem de encaparrar-nos en les seves emocions. Hem de provar d'entendre el fenomen de la guerra, la seva dinàmica i influència en els individus singulars.

Si observem l'individu enamorat i mirem d'entendre el significat social de la seva manera de ser i d'actuar, aleshores ens adonem que aquell amor, aquelles emocions, trenquen els lligams socials i n'instauren de nous. A la fi ja no hi ha els dos individus d'abans, sinó dues persones noves en una *nova col·lectivitat*, la parella. L'instrument correcte per analitzar-ho no és la psicologia individual, sinó la sociologia. Concretament, la *sociologia dels moviments col·lectius*.[16]

Tan sols així podrem entendre per què existeixen aquestes emocions concretes, per què els individus experimenten una transformació tan profunda, tan extraordinària, de l'ésser propi. Perquè, en aquell moment, ells són els artífexs i els protagonistes d'un naixement nou, d'una emergència imprevista, de l'aparició sobtada d'una societat nova.

L'ésser humà neix físicament de la mare i forma amb ella una parella de la qual és completament dependent. En el llenguatge comú s'acostuma a dir: "he vist una dona *amb* un nen en braços". Aquest *amb* indica que el nen és un objecte i no un subjecte, que és la prolongació de la mare, sense la qual no sobreviuria. Prendre aquesta relació com a model paradigmàtic de totes les altres ha estat un error greu de la psicoanàlisi. La història de la relació mare-fill és exactament oposada a la de l'enamorament. El nen s'independitza i se separa de la mare amb el pas del temps i la maduresa. En canvi, en l'enamorament dos individus adults i independents s'uneixen i es fonen per formar una nova entitat social.

La societat no neix com el fill de la mare. Neix de l'encontre-fusió de dos individus adults, hereus de les societats de les quals provenen i de les tradicions pròpies de cadascun, que ajunten les seves històries personals i els seus patrimonis culturals. Amb la comunió dels dos patrimonis culturals creen un ens completament nou, un *mutant social*.

En l'acte sexual, un home i una dona s'abracen, uneixen els seus genitals, fonen les seves ànimes durant els moments breus de l'èxtasi de l'orgasme, i amb això n'hi ha prou per inseminar un òvul, per produir un embrió. En l'enamorament, però, aquest procés de fusió implica del tot la personalitat i la història de dos individus que, a partir de la unió, sortiran transformats i units per un vincle profund i durador, un vincle que els durà a canviar, a adaptar-se recíprocament, a conèixer-se, a viure junts, a reestructurar totes les relacions socials. L'enamorament és el prototip i el paradigma d'aquest naixement social, el *big bang*, l'aparició d'una entitat col·lectiva nova que, després, crearà un hàbitat i un món propis.

En realitat, la vida humana no té un sol naixement ni una sola infància, sinó que està feta d'infàncies i de naixements diversos. Quan sortim de la família i entrem en el grup d'amics de l'adolescència, quan ens enamorem i formem una parella nova, quan comencem un treball nou i engrescador, quan emigrem, quan participem en una transformació social, política o religiosa, aleshores es dóna un renaixement que concerneix al mateix temps tant l'individu com la col·lectivitat. No pot néixer cap col·lectivitat si els individus, al seu torn, no reneixen. L'experiència extraordinària, la follia divina de l'enamorament, no és una regressió o una neurosi, sinó que és l'experiència del despertar, una *incipit vita nova*, quan tot sembla possible com en el primer dia de la creació. L'enamorament és l'experiència íntima i subjectiva del naixement, de la creació d'un món nou.

L'enamorament és l'artífex del naixement de la comunitat més petita possible, la formada per dues persones soles. Al mateix temps, però, és el renaixement de l'individu, perquè no pot haver-n'hi cap sense una col·lectivitat. Per tant, és naixement, emergència, afirmació joiosa i entusiasta del nou subjecte individual i col·lectiu. És el crit de l'ésser nou que es realitza fent-se ell mateix, amb una biografia, una història, una vida especial i particular.

La vida, néixer: aquest és el punt central i essencial de l'enamorament. El naixement de l'individu i de la societat en el moment en què ambdós, justament per abocar-se a l'ésser, tendeixen a la perfecció i a la joia. No sabem què experimenta un nen quan neix. Freud va imaginar que experimenta una certa angoixa, el trauma del naixement, paradigma de totes les altres formes d'angoixa.[17] Però, és cert això? Tan sols sabem amb certesa el que experimenta l'individu adult que es renova i reneix en la conversió religiosa, en el descobriment, en l'enamorament, en l'emergència d'un grup social nou. I no és angoixa. Esquinça l'embolcall que el reclou, s'allibera d'un constrenyiment, d'una presó, d'una modalitat equivocada de ser que s'ha prolongat desmesuradament. És despertar, veure, sorprendre's. I el món que té davant li sembla extraordinàriament bell, perfecte, preparat per a ell, que ha estat cridat a habitar-lo, a existir-hi.

La individuació, el naixement, no és una separació dolorosa de la gran pau silenciosa, de la felicitat amniòtica. No és una ferida, un "ser llançat al món", *Geworfen*, com Heidegger escriu.[18] És un despertar, un alliberament, abocar-se no al desert sinó a la terra promesa. Tot mirant el que l'envolta, el renascut reconeix el valor i la bondat de tot allò que és. Maslow ha descrit aquesta experiència de joia estàtica com *Peak-Experience*, com Experiència de l'Ésser.[19] L'ésser és bell en si mateix; l'ésser és bo en si mateix. I és en aquest univers meravellós on l'individu naixent sent que té un lloc creat per a ell, una meta i un destí.

El naixement de l'individu adult és naixement de l'individu i alhora de la seva col·lectivitat, que s'imposa al món. Per tant, no és un acte de regressió, sinó de maduresa individual i social. L'amor d'Eloïsa i Abelard, el de Dant per Beatriu, les històries d'amor narrades pels poetes i dramaturgs, des de Shakespeare fins a Goethe i Manzoni, formen part dels avenços de la civilització.

2

L'enamorament

Per què ens enamorem?

Comencem per un cas que, a primera vista, sembla fet expressament per demostrar la teoria psicoanalítica. És a dir, la teoria que ens diu que l'enamorament és el producte d'una sexualitat reprimida que, a partir d'un cert punt, emergeix de manera explosiva idealitzant-ne l'objecte. És el cas d'un jove que anomenarem *Student*. Abans d'enamorar-se, havia tingut una minsa experiència sexual. Era tímid i inhibit, tenia fantasies eròtiques continuades. Després d'un amor apassionat i infeliç, es converteix en un donjoan emprenedor. Hi ha tots els elements per arribar a la conclusió que l'enamorament, trencant el dic que el constrenyia, va permetre que expressés lliurement la seva sexualitat reprimida.

Ara bé, si examinem amb prudència els detalls de tot el que li va passar, descobrirem que no és així. El nostre jove va anar a la universitat, va superar les primeres proves, va reeixir. Un dia va començar a sentir simpatia per una companya de curs, un desig espasmòdic de trobar-la, de veure-la, d'estar amb ella, de parlar-li. No experimenta cap fantasia eròtica en particular ni té somnis eròtics, res d'això. És feliç quan és a prop d'ella i hi pensa quan es troba lluny, però no sent que n'estigui enamorat. No aplica aquesta paraula al seu estat. Això no obstant, ja ha tingut una experiència d'enamorament infantil, una experiència intensa, que recorda perfectament.

El seu desig creix i esdevé espasmòdic i dolorós a poc a poc. Aleshores el reconeix i aconsegueix donar-li un nom: està enamorat. Sent la necessitat de dir-ho a la noia i, així, tots els vespres es dirigeix cap a la seva finestra amb l'esperança de poder-la trobar i poder-hi parlar. Però ella l'evita. Ha entès perfectament que aquell noi tan bell d'ulls esbalaïts que camina sota la finestra està enamorat d'ella. I, donat que no vol encoratjar-lo, fa per manera que ell no pugui trobar-la mai sola. Durant mesos es fa acompanyar per un amic o una amiga, i ell trigarà molt de temps a desxifrar aquest comportament com un rebuig.

Ara podem preguntar-nos: si l'enamorament fos el símptoma d'una pulsió sexual, no s'hauria d'haver manifestat alguna cosa? És possible que el símptoma no deixi transparentar res de l'impuls que l'ha generat? El símptoma és un compromís. Doncs bé, què l'atrau de la dona de qui s'enamora? No és el cos, no la desitja eròticament. El fascina la manera de parlar, l'encant, el relat de la vida social que duu, una vida superior a la seva, més rica, més interessant. *Student* és pobre i ella, de família benestant. Li parla de llocs per passar les vacances, d'automòbils i de viatges a països estrangers amb els amics, coses en les quals ell ni tan sols no havia pensat mai, però que, dites per ella, el fascinen i li fan entreveure un món meravellós. La dona li evoca un ambient, una manera de viure refinada, i l'hi fa desitjar.

Per a quin pas s'està preparant *Student* quan s'enamora? Per a l'expressió de la seva sexualitat o per a una classe de vida social més alta, més madura? Què és el que expressa com a símptoma el seu enamorament? La necessitat d'un cos femení o la necessitat de sortir de l'ambient limitat i tancat en què sempre ha viscut per accedir, amb aquella dona, a una altra manera de viure?

Ell aspira a una vida nova. La sexualitat hi era abans i hi serà després perquè, com hem dit, ell ja posseïa una gran càrrega eròtica. Durant l'enamorament, però, el que interessa al nostre jove és allò en què no havia pensat mai: una relació amorosa veritable amb una dona. Una intimitat espiritual i física que podria continuar tota la vida, una intimitat per sempre. I se sent preparat per a aquest nou tipus d'experiència que no havia viscut mai abans.

Això és l'essencial, el pas endavant decisiu, la "maduresa" produïda per l'enamorament. En la ment d'aquest home està naixent un projecte que engloba la sexualitat i va més enllà. No és la necessitat de la mare i de les seves atencions, sinó el projecte d'una vida en què ell, com a adult, viu amb una dona adulta. És el projecte d'una vida de parella. Una vida social amb casa i amics propis en el món. Una vida en la qual no havia pensat mai, perquè abans d'aquest esdeveniment havia estat fill, alumne d'una escola i mascle desitjós d'una dona. Havia viscut amb els altres, però no havia estat mai preparat per compartir l'existència pròpia amb una altra persona, per ser marit, amb tots els deures, les obligacions i els compromisos que això comporta.

Una dona no hauria actuat com *Student*. Una dona hauria entès de seguida la natura del seu desig, perquè la dona està habituada des de la infància a imaginar la vida pròpia amb el matrimoni i els fills, perquè està educada per pensar-se com a membre d'una parella.

Aquest noi, però, no havia tingut aquesta mena de pensaments. Per això el desig nou es presenta com una irrupció estranya a la qual ni tan sols sap donar un nom. S'està activant un engrama genètic, però no és l'engrama del desig sexual. És el del desig d'una vida en parella, com a part d'una parella en la qual ell no pot estar sense l'altra, perquè l'altra és la condició de la pensabilitat mateixa del seu desig. *El seu enamorament és un "jo" que està esdevenint un "nosaltres"*. I és per això que, des d'ara, es percep a si mateix com un individu aïllat, mutilat i incomplet. Abans era un fill, un alumne, el membre d'un grup d'amics. Ara és la meitat d'una parella que aspira a l'existència.

Però aquest amor naixent no és correspost. És refusat de seguida, sense possibilitat d'apel·lació, en el mateix moment en què ell n'esdevé conscient. Durant gairebé un any, *Student* està boig de dolor i no aconsegueix entendre per quina raó un amor tan gran és ignorat. El món li sembla absurd i pensa en el suïcidi.

És a partir d'aquest fracàs amorós que *Student* desenvolupa una sexualitat separada de l'amor. Quan comprèn que la dona que estima no vol trobar-se'l de cap manera, es pregunta per què freqüenta altres homes, què tenen aquests homes que no tingui ell i en què són diferents. I creu que el seu fracàs és degut a la inexperiència i la timidesa. Mira al seu voltant i veu que els nois de la seva mateixa edat són més segurs i saben fer la cort a les noies. El seu interès s'atura especialment en qui li sembla el més madur i el més desinhibit del grup: un donjoan. I sent gelosia per primera vegada, perquè creu que, amb la seva experiència, el donjoan podria reeixir allà on ell ha fracassat. Aleshores se li acosta, se'l guanya i prova de fer-se'n amic. Després, quan està segur de l'amistat, li revela la seva història d'amor, el seu secret. A un amic se li pot demanar que no faci la cort a la dona que estimem i, a més, se li pot demanar que ens ajudi. Mentrestant, l'observa, l'estudia i l'imita.

L'amistat i la identificació amb l'amic li permeten de fer les primeres passes en una direcció completament diferent de la que havia seguit abans d'enamorar-se i de la que hauria seguit si l'enamorament hagués estat correspost. A fi de no trobar-se mai més en la situació d'estimar una dona que no sabria conquerir per inexperiència, pren com a model l'amic, més expert que ell. Van junts a ballar i coneixen noies. Té moltes experiències sexuals, però hi troba molt poc plaer. En realitat, no té cap interès eròtic. Ho fa perquè vol aprendre. I aprèn. És un alumne excel·lent que fa progressos increïbles. Adquireix seguretat, agressivitat i encant. Té èxit, té moltíssimes aventures, però les dones que troba no li serveixen com a substitut de la dona estimada. Solament li serveixen per conèixer la mentalitat de les dones, per aprendre a seduir-les, per aprendre l'art de l'escaramussa eròtica, per no tornar a caure mai més en el mateix error i per no presentar-se sense la preparació adequada a la cita de l'amor. La sexualitat i la seducció no són un fi, sinó un mitjà.

Què és el que ens ha ensenyat aquest cas? Que l'enamorament no és senzillament l'explosió d'una sexualitat inhibida en la seva meta ni tan sols una regressió, sinó una maduresa. És el pas cap a una vida de parella, cap a una comunitat eròtico-amorosa adulta. En el cas de *Student*, l'intent fracassa. Aleshores es prepara per a una nova cita. I la cita arribarà. Molts, molts anys després, s'enamorarà d'una manera trasbalsadora i aquesta vegada serà correspost. Viurà juntament amb la seva dona una experiència eròtica extraordinària i plena de ventura.

Quan ens enamorem?

Ens enamorem quan estem a punt de transformar-nos, quan estem a punt de deixar una experiència ja viscuda i exhaurida i tenim l'impuls vital per dur a terme una exploració nova, per canviar de vida; quan estem a punt de treure fruit de capacitats que no havíem gaudit, d'explorar móns que encara no havíem explorat, de realitzar somnis i desitjos als quals havíem renunciat. Ens enamorem quan estem profundament insatisfets del present i tenim l'energia interior suficient per iniciar una altra etapa de la nostra existència.

N'hi ha que diuen que s'enamoren contínuament, tots els mesos i tots els anys, però això és impossible. Donen el nom d'enamorament a l'aparició imprevisible d'una atracció, d'un desig eròtic. Denominen enamorament a l'amor sobtat, a una d'aquelles atraccions imprevisibles que només son *exploracions* i que després no es desenvolupen en un enamorament pròpiament dit.

L'amor autèntic és diferent. Partim del cas que ens relata Dino Buzzati en la seva novel·la *Un amor*. Un home madur, *Antonio*, després d'una vida solitària, s'enamora bojament d'una prostituta jove. I per què? Ens ho explica ell mateix al final del llibre, quan Laide, la prostituta de la qual s'ha enamorat i que li provoca una gelosia embogidora, es queda embarassada. Només aleshores ell té una sensació de pau i comprèn. Comprèn que, fins al moment en què es va enamorar, la seva vida va ser incompleta i mutilada. Sempre havia renunciat a les dones i a l'amor perquè no havia tingut mai el coratge d'arriscar-se. L'amor per Laide no és, per tant, un acte de follia, sinó un acte de maduresa que hauria hagut de succeir molts anys abans. I conclou: "Què havia estat Laide sinó la concentració en una sola persona dels desitjos crescuts i fermentats durant tants anys i mai satisfets?".[1] Laie encarna el desig cap a totes les dones que mai no va tenir la força o la capacitat de fer seves. "Quan les coneixia li semblaven criatures inassolibles, era inútil pensar-hi, mai no li haurien fet cas... Bastava una paraula perquè semblessin enfastidides, fins i tot es molestaven quan les mirava i, tan bon punt començava a observar-les, li giraven el cap."[2] D'aquesta manera, Antonio va renunciar a seduir-les, a conquerir-les, va renunciar l'amor durant tota la seva vida i sempre va acontentar-se amb relacions amb prostitutes. Fins al llindar de la vellesa, quan, de sobte, alguna cosa dins seu es rebel·la, trenca els murs de contenció i el duu a desitjar bojament no una meuca, sinó una dona que sigui tota per a ell, una dona que l'estimi. "Però no era estrany i còmic que aquests pensaments turmentadors li vinguessin a l'edat tendra dels cinquanta anys?"[3] es pregunta. No. L'enamorament és l'últim intent desesperat de canviar de vida, de posseir també tot allò que els altres van tenir abans, d'accedir a una completesa humana i a una dignitat a què tots els homes tenen el dret d'aspirar.

Tanmateix, el cas d'*Antonio* no és substantivament diferent del d'*Student*. *Antonio* és vell i *Student* és jove, però ambdós passen del desig sexual al desig de formar una parella. L'enamorament és un acte de maduresa que a *Student* li succeeix als vint anys i a *Antonio* molt més tard, quan la fi ja és a prop. En tots dos, però, l'enamorament és presenta sols quan s'ha acumulat tant rebuig del passat i tant desig de vida, tant impuls vital, que això fa possible un nou salt endavant, un renaixement nou amb tots els riscos que comporta.

Tot i això, hi ha períodes en què la persona no està en condicions d'enamorar-se, sigui quin sigui l'estímul o la seducció. Un d'aquests períodes es caracteritza per la depressió. El depressiu no pot enamorar-se perquè no té impuls vital, no té prou desig de viure,[4] no té esperança. Es necessita almenys una espurna d'esperança de poder ser correspost per tal d'enamorar-se.[5] Succeeix el mateix després de la mort d'una persona profundament estimada, en el *dol*, quan l'energia vital està concentrada en guarir la ferida[6] i el món sembla mancat d'atractiu.

L'altra situació en la qual podem enamorar-nos és quan ja estem enamorats, perquè l'amor de l'estimat o de l'estimada és la font dels nostres desitjos. Amb ells desitgem menjar, ballar, estar amb els amics. Sense ells l'ànima se'ns buida de tot desig, es petrifica. Quan estem enamorats, solament ens agrada una altra persona si estem segurs de ser correspostos. En el precís moment en què en dubtem, el desig desapareix i caiem en la solitud més profunda. La persona estimada no és un objecte d'amor entre d'altres. És la porta[7] que ens dóna accés a tots els altres objectes.

Si una persona ens diu que estava enamorada d'algú i que després s'ha enamorat d'algú altre de manera imprevisible, hem de tenir força dubtes sobre la primera classe d'enamorament i dubtes igualment importants sobre la segona. Enamorar-se vol dir elegir algú per damunt d'algú altre, viure'l com l'únic, l'insubstituïble, aquell que no podrà ser confrontat a cap altre. Roland Barthes escriu "l'altre que estimo i que em fascina és *atopos*. No puc classificar-lo perquè és precisament l'Únic, la Imatge irrepetible que correspon miraculosament al meu desig".[8] Quan algú diu que està enamorat de dues persones, en realitat vol dir altres coses: per exemple, que n'estima una però s'ha enamorat de l'altra, o bé que està fent *exploracions* amoroses. En efecte, l'enamorament sempre comença a través d'*exploracions*, intents, una part dels quals no es desenvolupa. Una persona pot trobar-se entre dos pols d'atracció i estar insegura quan explora. Encara no es pot dir, però, que estigui enamorada.

Perquè hi hagi enamorament és necessari, per tant, la incomoditat del present, l'acumulació lenta d'una tensió, molta energia vital i, finalment, un factor desencadenant, un estímul adequat. En termes sociològics, és necessària la crisi de la relació entre el subjecte i la comunitat i, a més, alguna cosa que arrossegui el subjecte cap a un tipus de vida nou, cap a un *llindar*, un punt de ruptura en què es llanci a allò que és nou. A l'enamorament veritable el precedeix una crisi de les relacions existents, la impressió d'haver-se equivocat, una impressió d'irrealitat, d'inautenticitat, i al mateix temps la nostàlgia aguda d'una vida més autèntica, més intensa, més real.

A la novel·la d'Edith Wharton *L'edat de la innocència*, el jove Archer Newland està a punt de casar-se amb May, però aleshores arriba d'Europa la comtessa Olenska, una dona fascinant i misteriosa. En aquest moment comença a dubtar del seu món. Els seus valors li semblen convencionals, falsos i poc autèntics. Archer es casa igualment amb May però, durant la cerimònia nupcial, reflexionant sobre si mateix, sobre el que fa, té la impressió que tot és irreal. I es repeteix que en algun lloc de la terra "deu haver-hi gent *autèntica*, [...] a qui succeeixin coses *autèntiques* [...]".[9]

A *L'amant de Lady Chatterley*,[10] Constance es casa durant la guerra i en acabar-se el marit torna a casa paralític i impotent. Se'n van a viure a una finca situada en una conca minera que fumeja dia i nit. Ella troba aquell lloc horrible i angoixant. La casa vella on viuen li sembla momificada i morta. "Pel que feia a la resta, cap sentiment donava unitat profunda a aquell organisme. La casa semblava miserable com un carrer abandonat. No es podia parlar de vida [...] hi havia el servei [...] però eren espectres i no tenien una existència concreta."[11] El marit li explica que "el que compta és la companyia de tota una vida, és la vida en comú [...] Tu i jo estem casats passi el que passi. Estem acostumats l'un a l'altre, i el costum, segons el meu parer, té una importància més vital que totes les excitacions momentànies [...] A poc a poc, a força de viure junts, dues criatures s'uneixen en una espècie d'uníson, perquè estan foses molt íntimament. Aquest és el secret veritable del matrimoni".[12] Això no obstant, ella experimenta una sensació de buit encara major, d'inutilitat total: "tot el que hi havia al món, a la vida, li semblava exhaust; i la seva insatisfacció era més antiga que els turons".[13] És en aquell moment quan apareix Mellors, el guardabosc, que es convertirà en el seu amant. La impressió d'irrealitat i de mort s'acabarà amb ell, per ell deixarà el marit i amb ell crearà una vida i una comunitat noves.

La distanciació, que aquí madura interiorment com succeeix a la major part dels casos, pot deure's en algunes ocasions a forces externes. Tots sabem que les exaltacions amoroses i els enamoraments són molt freqüents durant unes vacances llargues, perquè les vacances són com una illa separada de la resta del món. Els lligams habituals s'alenteixen i l'impuls vital prova de recrear-ne de nous. Pel mateix motiu, l'enamorament és més probable quan un noi o una noia va a la universitat. És un món nou, una vida nova a la qual, normalment, s'entra amb un amor. Algunes persones s'enamoren quan canvien de feina i de ciutat, sobretot si es queden lluny de la dona o del marit durant força temps. Estan obertes a allò nou, plenes de vida i desitjoses d'actuar. Les relacions antigues els semblen llunyanes i afeblides. El marit o l'esposa no participen dels seus problemes, no en poden ser companys ni còmplices, mentre que a la feina hi ha un col·lega, un home o una dona, amb qui passen junts el dia, amb qui lluiten, amb qui fan projectes i viatges. Lentament es fan amics i s'estableix una relació d'intimitat, fins i tot eròtica. I aleshores és fàcil que s'enamorin l'un de l'altre. És el que els succeeix als artistes de cinema amb certa freqüència quan treballen frec a frec amb un col·lega de l'altre sexe en un país estranger durant molts mesos, potser representant una història d'amor. Es troben en una situació que afegeix la comunió d'interessos a l'aïllament de les vacances i la intimitat.

De tot el que hem dit en deriva un corol·lari fonamental: quan una persona canvia, es transforma, té experiències profundament noves i es troba en condicions de poder enamorar-se una altra vegada. Per consegüent, una vida llarga i intensa ben difícilment podrà caracteritzar-se per un amor sol i únic. Certament, hi ha parelles que segueixen estimant-se tota la vida, però també és probable que almenys un dels dos tingui una experiència d'enamorament envers una altra persona. Tot i que després decideixi renunciar-hi per no posar en crisi la relació fonamental.

De qui ens enamorem?

La psicoanàlisi sosté que ens enamorem de qui ens recorda les persones estimades durant la infància. L'home s'enamora d'una dona que calca el model matern psicològicament o físicament; la dona, d'un home que calca el patern. Pot tractar-se d'una altra persona, sempre i quan pertanyi a l'univers de la infància. El paradigma de la psicoanàlisi requereix que tot allò important que s'esdevé a la vida adulta sigui la rèplica d'alguna cosa succeïda a la vida infantil. Per a la psicoanàlisi, tot és record. També l'enamorament.

Per explicar-ho, els psicoanalistes citen normalment l'assaig de Freud *El deliri i els somnis a Gradiva de Wilhelm Jensen*.[14] Aquesta és la narració resumida: un jove arqueòleg, Norbert Hanold, descobreix un baix relleu pompeià que representa una donzella tot caminant. En queda fascinat i li posa un nom: "Gradiva", la que avança. En un estat de deliri se'n va a Pompeia, on, davant de la casa de Meleagre, veu moure's la donzella del baix relleu. Primer creu que és una visió i després, un fantasma. Finalment, descobreix que és una dona real, de nom Zoe i que demostra conèixer-lo prou bé. És la mateixa Zoe qui li revela el misteri. Tots dos havien estat companys d'infància, havien jugat junts, s'estimaven molt i més tard es van perdre de vista. Quan Hanold va trobar el baix relleu pompeià, va quedar-ne fascinat precisament perquè Gradiva s'assemblava a Zoe. La història acaba amb el casament de Hanold i Zoe, enamorats i feliços.

Per la major part dels psicoanalistes, cada cop que ens enamorem ens atrau alguna cosa que ens recorda la nostra mare o una altra persona estimada. Sempre són les imatges i els amors del passat els que guien el nostre futur.[15] Una versió actualitzada d'aquesta mateixa teoria ens l'ofereix John Money, segons el qual els nens desenvolupen un mapa de l'amor entre els cinc i els vuit anys. Tot basant-se en les experiències tingudes, es construeixen una imatge mental del company ideal, de les situacions que troben seductores i excitants. Després, quan coneixen algú que correspon a aquests requisits ideals, se n'enamoren.[16]

La concepció que exposem en aquest llibre es mou en direcció contrària. L'amor, encara que parteixi dels desitjos i dels somnis del passat, és cridat i evocat des del futur. Els grans amors són acceleracions del procés de transformació, moviments endavant que tendeixen a reemplaçar la societat i la relació eròtica deteriorada anteriors per altres de noves, tot creant una parella i una comunitat noves. Naturalment poden fracassar, però la intenció, el significat, consisteix en explorar una possibilitat de vida més plena.

L'enamorament es dóna quan coneixem algú que ens ajuda a créixer, a realitzar possibilitats noves, a caminar en una direcció que respon a les nostres exigències internes, a les pressions que la societat exerceix sobre nosaltres. El fet que la persona estimada s'assembli a la nostra mare, a la nostra tia o a qualsevol altra imatge infantil només és el mitjà, l'instrument amb què es manifesta l'impuls vital. Si hem tingut somnis, si hem estimat i admirat un actor o una actriu famosa, la persona de qui ens enamorem ens la recordarà. L'escollim, però, perquè arriba en el moment oportú, perquè, almenys en el pla simbòlic, ens sembla idònia per resoldre el nostre problema existencial.

Wilhelm Meister, un personatge famós de Goethe,[17] llegia *Jerusalem alliberada* quan era jove i sanglotava quan arribava a l'escena on Tancred fereix mortalment Clorinda, a qui estima, i, desesperat, s'inclina sobre ella. Wilhelm somniava amb una dona guerrera com Clorinda. Un dia contempla una actriu jove al teatre, Mariane, vestida d'oficial amb un gipó vermell i un barret emplomallat. Una imatge de guerrera moderna que correspon a Clorinda. Se n'enamora, la segueix i ell mateix es converteix en actor.[18]

Què significa aquest esdeveniment? Que Wilhelm Meister s'enamora perquè ha trobat una dona vestida d'home que li recorda Clorinda? Certament, però amb l'afegiment que l'ha coneguda al teatre i que ella és actriu. I ell, Wilhelm Meister, ja havia somiat el teatre, ja havia somiat una vida lliure on expressar la seva fantasia i la seva vocació teatral. Així, el gipó activa una fantasia infantil, la necessitat d'amor i la vocació artística. Mariane no és tan sols la imatge mental de la dona ideal, Clorinda, sinó l'evocació d'una possibilitat, d'una vocació i d'un destí.

Tot gran canvi en la vida de Wilhelm Meister està marcat per un amor. Quan Mariane el deixa, duu una existència àrida i sense alegria durant anys fins que es troba de nou amb una companyia teatral. S'hi afegeix ple de felicitat i s'enamora de Philine, senzilla, despreocupada i alegre. Amb ella duu a terme la seva vocació teatral: esdevé director de teatre amb una companyia pròpia. És la segona etapa, a la qual seguirà una tercera quan s'incorpori a la societat dels nobles i al món de la cultura. Per aconseguir-ho s'enamorarà de Nadine. Aquí també s'activa un record infantil. De petit s'aturava força estona davant d'un quadre de l'avi on es representava el jove Antíoc, malalt, als peus de la reina Estratonice. Un dia, caminant per un bosc, fereixen i assalten Meister i, quan torna en si, veu una jove amazona, Nadine, ajupida davant seu i envoltada de soldats. En aquella

31

imatge es fonen dos records: el príncep malalt del quadre i Clorinda moribunda.[19] Així s'enamora de Nadine, que ja no és actriu, sinó germana del noble Lotari, del qual és convidada. Nadine es casa amb ell i Meister entra en una societat aristocràtica nova, impregnada dels valors de la maçoneria i de la Il·lustració.

És a dir, podem enamorar-nos d'algú que ens evoca una imatge infantil, una persona somiada, un ideal, un personatge de novel·la, del cinema o de la televisió, un famós o una famosa. El que compta, però, és el significat simbòlic que té en aquell moment, la porta que obre cap al futur. Erica Jong observa que moltes feministes, moltes escriptores, s'han enamorat bojament de subjectes malèvols, de rebels. Efectivament, escriu: "Les dones joves somien l'amor i la passió, així com els homes tenen somnis de conquesta, perquè aquests somnis són necessaris per sortir de casa i créixer [...] Com podríem, si més no, convèncer-nos del fet que les feministes més intrèpides han estat les amants més intrèpides? Ens equivoquem si pensem que només per aquesta raó han estat víctimes. En primer lloc, eren aventureres".[20] Doncs no, s'enamoraven del que els preparava el destí.

Si el subjecte ja està preparat per fer un canvi radical, n'hi ha prou amb un estímul mínim, gairebé un pretext, per desencadenar l'enamorament. Ens enamorem de veritat de la primera persona que passa en aquell instant, com li succeïa a tot aquell que bevia de la font de l'amor situada al bosc d'Ardenna d'*Orlando furioso*.[21] En tenim un exemple en el cas que anomenaré *l'home de Torí*.

L'home de Torí va casar-se sense estar enamorat de debò. Havia sofert una aguda decepció amorosa i, uns anys després, va conèixer una dona dolça i maternal i es va sentir segur entre els seus braços. Després del casament, es llança a la feina d'una manera obsessiva tot renunciant a les seves aspiracions artístiques. Té èxit, guanya molts diners, està satisfet de la posició que ha aconseguit i del prestigi social obtingut. Sent, però, que ha traït la seva vocació. S'ha revestit d'una cuirassa que no aconsegueix treure's i que l'ofega. Com més temps passa, més lletja i més pobra intel·lectualment troba la seva dona. El seu cos li repèl. Hi manté relacions sexuals com un deure i només experimenta plaer amb les prostitutes. A la feina, entra en conflicte amb el seu cap i se sent incomprès i perseguit. Comença a presentar símptomes psicosomàtics greus i inicia una psicoteràpia. Tot això, en un període d'agitació política i social. Un vespre que passeja més sol que mai i sense rumb per la ciutat, troba un amic que el porta a un cercle cultural d'avantguarda. En aquell lloc coneix una noia, vital i activa, que es diverteix punxant-lo. Li diu que vol ser directora de cinema i el convida a anar amb ella a un espectacle. Accepta. És un ambient desconegut que l'atrau i l'atordeix. Continuen parlant fins al matí, de tot, de la vida, de l'amor i del destí. Ella és una rebel i l'empeny a treure's del damunt totes les pors, a ser lliure, a fer el que vulgui. Es besen i fan l'amor, i aleshores s'adona que n'està enamorat.

És un amor-revolta, un amor que subverteix la classe de vida equilibrada i com cal que s'havia imposat; com el que va descriure Buzzati a la seva novel·la *Un amor*. És una revolta contra la classe de vida que ha fet fins aquell moment, revolta que s'esdevé quan la tensió ha assolit un *llindar crític*. Aleshores, les qualitats de la persona que desencadena l'enamorament compten relativament poc. Només han de simbolitzar una manera de viure lliure i joiosa i representar una transgressió. No cal que hi hagi una afinitat intel·lectual i emotiva profunda.

En tots els casos que hem vist fins ara, l'embranzida cap al canvi és tan forta que l'estímul provoca de seguida l'enamorament. Contràriament, però, sol passar que el subjecte no està preparat, que la persona que troba no és escaient o que hi manquen altres condicions. Aleshores el procés d'enamorament s'atura a l'estadi inicial i es presenta com a entusiasme breu o efervescència. Després s'esvaeix i més endavant el subjecte se sent atret per una altra persona. Encara és a la recerca d'algú que sigui capaç de resoldre-li el problema, de donar-li una resposta adequada a les seves preguntes. I així fa temptatives noves i *exploracions* noves.

Com en el cas que anomenaré *la dona de Milà*. Havia vingut de províncies i s'havia casat amb un directiu ambiciós dedicat en cos i ànima al treball. No n'havia estat mai enamorada, però li agradava, li donava seguretat i un bon estatus. Té dos fills amb ell. En els darrers anys el marit s'ha dedicat al món de les finances i ha guanyat molts diners. Ella esdevé una dona rica, però sola. Té diners per gastar, però s'avorreix. El marit sempre està ocupat amb els negocis i, quan torna a casa, es dedica als fills.

Un dia coneix un col·lega jove del marit que, per cortesia, la festeja una mica. Es descobreix a si mateixa com a dona i sent que l'envaeix un desig trasbalsador. Està a punt de perdre el cap per ell. Les vicissituds de la vida, però, els separen i no succeeix res. Això no obstant, n'hi hauria hagut prou amb una major insistència per part de l'altre i l'ocasió de quedar-se sols per desencadenar l'enamorament. *La dona de Milà* fracassa en la primera exploració, però d'aquesta en resta un desig de viure frenètic. S'aprima, va a l'esteticista, es gasta un dineral en vestits, rejoveneix i mira els homes amb ulls assedegats. En una festa que fa a casa, hi ha un conegut molt atractiu, un donjoan famós. Sap parlar a les dones amb veu seductora, toca el piano i canta. El compara amb l'estil planer del marit, que l'observa silenciós, i s'encolereix, desitja trair-lo i castigar-lo per venjar-se dels silencis i de l'aridesa de la relació. El donjoan la invita a casa seva i tenen dos o tres encontres sexuals. Està trasbalsada, i convençuda d'estar enamorada. Li escriu cartes apassionades que ell no contesta. Al contrari, ell cada vegada es deixa veure menys i li diu que marxarà de viatge durant molt de temps. Un dia, en una localitat estiuenca, se'l troba amb una amant i comprèn que l'ha traït i la trairà sempre. Furiosa, l'escridassa i ell l'engega. És la fi.

Temps després fa un creuer amb unes amigues i hi coneix un jove enginyer alemany apassionat per la música clàssica. Aquesta vegada torna a estar a punt d'enamorar-se, però l'alemany torna a Alemanya i desapareixerà per sempre més. Aleshores a ella li queda una malenconia profunda i la sensació que està buscant l'home de la seva vida. Colèrica per les frustracions sofertes, l'emprèn amb el marit, que representa la causa de la seva infelicitat. L'acusa de ser vell, lleig i insuportable. L'acusa d'haver-la violat i demana la separació. Mentrestant, coneix un jove brillant i agressiu als inicis de la seva carrera. Ell queda corprès per aquesta dona elegantíssima i enèrgica que pot ser la gran oportunitat de la seva vida. Ella se sent forta, lliure i enamorada. Quan obté el divorci, es casa amb ell.

L'enamorament, però, no és sempre una revolta contra una vida quotidiana avorrida i reprimida. De vegades és el camí per descobrir un món nou, com en el cas que anomenarem *l'executiu del Japó*. Se'n va al Japó a instàncies de la multinacional per a la qual treballa amb un contracte per diversos anys. Els seus col·legues no fan altra cosa tret d'esperar el moment de tornar a Europa, i ell se sent alhora atret i repel·lit pel Japó. Sent l'encant d'un país que li sembla tancat i inaccessible, i comença a estudiar-ne la llengua i a freqüentar-ne el teatre. Fins i tot té aventures breus mitjançant les quals assaboreix un erotisme diferent i misteriós, però se sent sol i trist, alhora que també ple de vida, àvid d'alguna cosa que no sap formular.

Aleshores coneix una jove professora universitària, casada i amb una relació matrimonial en crisi. El seu home és un home rígid i tradicional, mentre que ella vol canviar i està fascinada per la vida occidental. Comencen una relació que ambdós tenen la intenció de mantenir en el nivell de l'amistat eròtica. En comptes d'això, s'enamoren. A ell el conquereix la força de l'erotisme asiàtic. Aquesta dona li sembla una geisha experta en arts eròtiques emocionants i misterioses, que sap cobrir i descobrir el cos i moure'l per fer-lo desitjable com cap cortesana occidental podria fer. Al mateix temps, posseeix una puresa de passió, una claredat i una determinació que li recorden els samurais. Té la impressió d'haver-hi descobert l'essència de la feminitat, una feminitat totalment desconeguda a Occident. A través d'aquesta feminitat aconsegueix penetrar en el món asiàtic amb un acte immediat d'identificació, com si s'hagués enderrocat un mur o una barrera. Ja no se sent únicament occidental, sinó també japonès, i experimenta una sensació d'enriquiment extraordinari.

Quan una persona està enamorada, rep de l'altra un flux increïblement gran d'informació. És una vida sencera, és el món vist des de la vida en la qual l'altra persona està bolcada. Una experiència similar només poden tenir-la els pares quan segueixen els fills que creixen, participant-ne dels jocs i compartint-ne els gustos i les modes musicals. Certament, diem que els pares es mantenen joves gràcies als fills, però tot això es desenvolupa en el curs dels anys. En canvi, en l'enamorament, la irrupció de la vida d'una altra persona és quelcom que succeeix en pocs mesos. És com si un univers nou s'obrís, perquè tot ésser humà és un univers. Per tant, estimar significa renéixer també en aquest sentit, convertir-nos en l'altre, desdoblar-nos i tenir una segona vida paral·lela a la nostra.

A l'encontre entre persones provinents de cultures diverses, es produeix un transvasament de tota la cultura aliena, la qual ens penetra, ens trasbalsa, ens enriqueix i ens deixa estupefactes i admirats. El fet és que ja no la coneixem des de l'exterior, sinó des de l'interior, com si nosaltres mateixos hi haguéssim estat criats des de la infància. Els gestos més reservats, els poemes infantils, els diminutius afectuosos, les relacions amb els familiars, els carrers, les places i els colors del cel esdevenen nostres. I no tan sols els d'ara, sinó també els del passat, els que han vist els ulls del nostre estimat quan era petit. Coneixent-se i enamorant-se, *l'executiu del Japó* i la seva dona tenen aquesta experiència. Ell penetra en el món oriental i ella, en l'occidental. Un ajuda l'altre a completar-se i a assolir la meta respectiva.

Per contraposar de manera sintètica el nostre punt de vista al de la psicoanàlisi, direm que l'individu no s'enamora del seu passat, sinó del seu futur, d'allò que pot esdevenir.

La cosa encara quedarà més clara amb aquest altre exemple que anomenarem *la noia que volia estudiar*. Va néixer molt pobra en una província desolada del sud i sempre havia desitjat ardentment estudiar, anar a la universitat i convertir-se en una escriptora, però li semblava un somni impossible. Fins que se li presenta l'ocasió d'anar a Roma, on entra en contacte amb la massa enorme de persones que viuen al voltant del món de l'espectacle, del cinema i la televisió, on és possible fer fortuna de manera imprevista i també s'hi troben individus que viuen de l'engany, d'embolics i d'il·lusions. És un ambient en què una dona s'ha d'oferir amb facilitat si vol obtenir favors. A la nostra noia, que és molt bonica, aviat se li acosten diversos homes que li prometen una carrera ràpida.

Un dia coneix un funcionari de la televisió que la festeja i pel qual ella se sent atreta. És intel·ligent, culte i turmentat. Ella queda fascinada per la seva cultura. El veu com un mestre. Gràcies a ell, coneix un munt d'intel·lectuals i artistes i viu en una mena d'estat d'embriaguesa. Però ell és casat, i vol continuar mantenint bones relacions amb la seva dona, rica i poderosa. A poc a poc, la noia descobreix que, darrere la seva cultura, també hi ha vilesa i corrupció i, una tarda, se n'adona que té una altra amant. Amargada, decideix deixar-lo.

Es trasllada a Milà, es conforma amb un treball modest com a dependenta i es matricula a la universitat. Aquí descobreix la cultura acadèmica, seriosa i profunda. És un descobriment entusiasmador, és el que havia somniat. Treballa de dia i estudia a la nit, però és feliç. Tot i que la festeja una mica tothom, estudiants i professors, els evita i viu aïllada com si fos una vestal durant anys, fins que coneix un gran estudiós, un home excepcional. S'hi veu sovint, l'aprecia i l'admira. Treballen junts sense tenir relacions eròtiques i entre ells sorgeix una intimitat espiritual creixent. Ell sap apreciar la intel·ligència, la serietat moral i el coratge d'ella. Es passen llargues estones conversant i es fan amics. Un vespre, caminant al llarg dels Navigli, té la impressió que hi ha una llum diferent a l'aire i l'envaeix una sensació de pau i beatitud. Quan ell s'inclina per besar-la, comprèn que aquell serà el seu gran amor. "Era com si hagués arribat a la meta", explica, "com si hagués arribat a casa."

En aquest cas la preparació també ha estat llarga, hi ha hagut moltes exploracions. *La noia que volia estudiar* ja havia abandonat tots els camins més fàcils i havia après a reconèixer les coses de valor. I l'home de qui s'enamora no és el "primer que passa". És, certament, el "més adequat". És qui li permet esdevenir allò pel qual s'havia preparat.

Tenim una percepció obscura de les nostres capacitats i del nostre destí. I algunes persones la tenen en un grau més elevat. *La noia que volia estudiar* la tenia molt elevada des de la infància. Aleshores havia mirat massa amunt respecte de les seves possibilitats del moment. Avui podem dir, però, que havia mirat amunt perquè el seu destí era pujar.

L'amor fulminant

Podem enamorar-nos d'una manera imprevista, fins i tot en pocs dies o en poques hores, d'una persona que mai havíem vist. A aquesta experiència se li dóna el nom d'amor fulminant. N'hem tingut un exemple típic en el cas de *l'home de Torí*, per a qui tot s'ha esdevingut en el curs d'una nit. Tanmateix, estudiant altres casos d'amor fulminant, m'he adonat que acostuma a sorgir únicament després d'un cert nombre d'exploracions, després d'una sèrie de temptatives i errors.

Això es veu molt bé en el cas que anomenaré *l'home ambiciós*, un executiu que va casar-se amb una dona més aviat lletja però molt rica, i que va arribar al cim d'una institució de la mà d'un aventurer sense escrúpols. Té poder, prestigi, riquesa, i està envoltat de dones molt belles que fan que l'esposa li sembli insignificant. L'enganya i ella, com a revenja, fuig de casa amb els fills de tant en tant. Després, l'imperi de l'aventurer s'enfonsa, i també s'enfonsa el seu matrimoni. Se sent lliure i se'n va a viure amb una dona molt bella i molt més jove que ell, però la relació aviat s'acaba. Torna a provar-ho amb una segona, una jove igualment bonica, però se sent buit i sol. En aquell moment, troba un amic que li proposa entrar com a soci a la seva agència de publicitat, i ell ho accepta amb entusiasme. Li agrada la nova activitat, fa projectes i viatja molt. Un dia, a l'aeroport de Roma, coneix una senyora alemanya bellíssima i fan el viatge a Milà plegats. És l'amor fulminant. *L'home ambiciós* comprèn, desconcertat i torbat, que en realitat no s'havia enamorat mai. Havia pensat sempre en els diners i la professió solament, i veia les dones com trofeus per exhibir-los. Ara, en canvi, el nou sentiment que experimenta és l'amor, i per aquest amor val la pena combatre fins a la fi. La segueix per tot Alemanya festejant-la apassionadament, sense reparar ni en el temps ni en els diners, sense abandonar, fins que ella es divorcia del marit i es casa amb ell. Un matrimoni reeixit. El cas de *l'home ambiciós* ens mostra que l'amor fulminant és, en realitat, l'últim acte d'un procés llarg de recerca fins que l'individu arriba al grau de maduresa necessari i troba la persona que respon a les seves exigències profundes.

Moments de discontinuïtat. L'expressió amor fulminant, però, s'usa també amb un altre significat: com a moment màgic pel qual quedem colpits, embadalits i fascinats. En aquesta segona accepció no coincideix amb l'enamorament, només n'és un moment del procés. Certament, en tots els enamoraments, també en els que es desenvolupen de manera gradual entre coneguts i amics, tenim la impressió que hi ha un moment molt concret en què succeeix el canvi. Com si polséssim un interruptor, com si s'encengués una llum, com si caigués un vel. D'aquí provenen expressions com *tomber amoureux* o *fall in love*.

D'on deriva aquesta impressió de *discontinuïtat*? Per respondre-ho examinem un cas del qual ja hem parlat: *l'home de Torí*. L'*home de Torí* afirma que va enamorar-se en el precís moment en què la noia que va arrossegar-lo a la cursa nocturna després d'haver-li explicat la infantesa, l'abraça i esclata a plorar. En realitat, aquest gest no hauria tingut conseqüències si després ell no l'hagués tornada a veure en dies successius i si no haguessin anat a viure junts. El moment fatal, per tant, només es reconeix *a posteriori*, més endavant. Mentre l'estava vivint, ell no s'adonava que li estava succeint quelcom irreversible. Sentia una emoció particularment intensa, però res més. Tanmateix, va ésser aquell plor el que li va obrir la porta a l'amor, va fer caure les barreres amb què es defensava i va obrir una escletxa sense la qual el procés no hauria pogut prosseguir.

Examinem ara un altre cas que anomenarem *l'home de Bari*. Es tracta d'un individu que viu lluny de l'esposa. Un dia coneix una noia que el colpeix per la manera de mirar: una mirada irònica, seductora i inquietant. No torna a veure-la durant molts mesos. Mentrestant, la relació amb l'esposa s'ha deteriorat. Quan torna a trobar-se la noia, l'invita a sopar, surten, l'abraça i es besen. Sent el cos suau i rodó de la noia contra el seu. És una impressió fortíssima, però, fins a aquest moment, no podem dir que *l'home de Bari* estigui enamorat. Si no l'hagués vista mai més, li hauria quedat sols un record agradable però, justament aquells dies, li arriba inesperadament una notícia que precipita la relació amb l'esposa. Està trasbalsat i ple de còlera. Es troba amb la noia una altra vegada, i ara es deixa anar. Se'n van a un motel on ell la despulla i quan la veu nua damunt del llit, queda com fulminat per la bellesa del seu pit. Posteriorment sempre dirà que aquell va ser l'instant en què es va enamorar. Nosaltres, en canvi, recordem que n'havia quedat colpit uns mesos abans només en veure-la i, després, en abraçar-la. La "fulguració del pit" només succeeix quan, després d'una ruptura greu amb la dona, s'abandona a l'atracció i desarma les seves defenses.

Per tant, aquests *moments de discontinuïtat* són els instants en què el subjecte s'abandona i s'obre. Sempre ens resistim a l'amor, a l'impuls de deixar-nos anar. No percebem els estímuls que ens hi insten, però arriba un moment en què abandonem les defenses, ens obrim i ens rendim. Una mica com passa en la hipnosi, en què el subjecte abaixa la guàrdia arribat a un cert punt i col·labora amb l'hipnotitzador, mentre que qui no vol deixar-se hipnotitzar de veritat es tanca d'una manera impenetrable.

Què és aleshores l'amor fulminant? El producte de la decisió d'abandonar-se totalment, sense reserves, al procés de fascinació. En canvi, quan el subjecte es defèn de la seducció amorosa, quan no vol cedir-hi, el procés esdevé per etapes, per petites revelacions i per *moments de discontinuïtat* successius.

És el cas de *l'home prudent*, que havia sortit de dos divorcis i, a més, havia estat molt gelós tota la vida. Per tant, havia erigit barreres formidables contra un nou enamorament. Coneix una noia, molt bella, amb qui treballa un any sense veure-la ni tan sols com a possible objecte eròtic. Sap apreciar-la i considerar-la intel·lectualment i moralment. Es fan amics i parlen molt. Un vespre, en una recepció, la mira mentre ella s'ajup per servir els convidats i en queda profundament colpit per la bellesa de l'esquena i de les cames. Per primera vegada, "la veu". Una segona revelació violenta li esdevé quan se li presenta bronzejada en vestit de bany. Està literalment corprès per la seva bellesa. Tot i això, només comprèn que està enamorat amb bogeria més tard, quan ja viuen plegats i han tingut una petita discussió. Surt de casa per anar a la feina i, de sobte, l'envaeix el terror que ella, enfadada, no el vulgui veure més. Boig d'angoixa, corre a cercar-la i la troba somrient i serena. L'abraça tremolós. L'última barrera també ha caigut i ara sap que aquella dona li és indispensable, que no pot viure sense ella.

És a dir, un amor neix d'allò que és profund i mira cap al futur, però requereix que el subjecte l'accepti i el vulgui. En el conflicte entre el procés d'enamorament i les resistències del subjecte hi ha com una mena de salts, de cessions discontínues, de preses de consciència imprevistes. *L'home de Torí* comprèn de sobte que està enamorat i, de sobte, s'autodefineix d'aquesta manera. *L'home de Bari* només ho fa després de rebre una notícia que li trasbalsa la vida. En canvi, *Student* se n'adona molt tard, perquè el seu és un amor no correspost. Finalment, *l'home prudent* es defensa, tot i que la seva dona l'estima.

Per tant, l'amor fulminant no és un fenomen neuròtic com diuen molts psicoanalistes, que afirmen que no coneixem l'altra persona quan ho experimentem i que allò que hi veiem és una projecció nostra; mentre que quan la coneixem bé, l'amor sorgeix del principi de realitat. Els casos que hem explicat ho desmenteixen. La persona que veiem en l'enamorament sempre és alguna cosa misteriosa i desconeguda que ens crida. Àdhuc quan ens enamorem d'un amic nostre o d'una amiga nostra, sempre hi ha un instant miraculós en què l'observem amb ulls nous i descobrim, de cop, que posseeix qualitats extraordinàries que abans no havíem percebut.

El perill més gran que s'amaga darrere de l'enamorament imprevist deriva del fet que els dos enamorats poden tenir projectes completament diferents i no saber-ho. Això és el que succeeix als protagonistes de la pel·lícula de Visconti *Obsessió*. Ell és un camioner que vol viatjar i conèixer món. Ella és una dona jove i bella, casada amb un home ric, vell i rude. S'enamoren, maten el marit vell i simulen un accident. Són lliures d'estimar-se, però precisament ara, que poden fer allò que volen, tenen perspectives divergents. Ella és tot el que ell vol i ho li importa ni la casa ni la fonda. Vol seguir viatjant amb la dona estimada. Tanmateix, ella té un altre projecte. Ha assaborit el plaer de ser la mestressa de casa, el plaer de posseir béns, i vol compartir-los amb l'home que estima. Ell no vol quedar-se en el lloc del delicte, perquè sap que és perillós i que els descobriran tard o d'hora. En canvi, ella no vol marxar, vol assaborir el plaer de l'abundància. Aquella casa és el símbol de la seva conquesta, de la seva recompensa. Aleshores ell prova de marxar, de distreure's amb una altra noia, però és inútil. El reclam de l'amor és més fort i torna enrere. Ara ella també ha entès que han de marxar, però és massa tard. Fugen perseguits per la policia, el cotxe es precipita per un barranc i ella mor entre els seus braços.

Les afinitats electives

En la pel·lícula *El piano* de Jane Campion, una noia anglesa és lliurada com a esposa a un conreador de Nova Zelanda. La noia és muda des dels sis anys, es comunica per gestos i mitjançant l'escriptura, i toca el piano apassionadament. Quan desembarca a la costa, també baixen el seu piano, però no el poden transportar a través de la jungla i el deixen a la platja. Com que el marit i la cunyada no l'escorten, demana a un veí que l'acompanyi per poder tocar-lo de nou. El veí accepta i, després d'arribar plegats a la platja, la sent tocar, fet que el colpeix profundament. Aleshores compra l'instrument al marit, el transporta des de la platja fins a casa seva, el fa afinar i després demana a la dona que li doni lliçons de piano.

En veure-la tocar, se sent aclaparat per un desig irresistible i trasbalsador, un desig d'ella, dels seus sons i del seu cos. Adonant-se que el piano ho representa tot en la vida per a aquella dona, li fa xantatge: consent a donar-li si ella es deixa mirar les espatlles nues, si es deixa tocar i se li ajeu nua al costat. Li proposa comprar el piano amb el cos, tros a tros. I ella accepta. Amb tot, arriba un moment en el qual l'home s'adona que està enamorat de veritat i aleshores té una crisi. S'avergonyeix d'haver abusat de la necessitat d'ella i d'haver-la tractada com a una prostituta. Li regala el piano i se'n va. Donat que l'estima, no vol que faci res contra la seva voluntat. Aleshores la dona també s'adona que l'estima. L'estima perquè ha estat l'únic que l'ha entesa i ha comprès el seu llenguatge. Després d'un enfrontament violent amb el marit, fuig amb l'amant. Durant el viatge decideix alliberar-se completament del passat i fa llançar el piano a l'oceà, que, en caure, l'arrossega. No s'havia adonat que tenia un turmell agafat a la corda que lligava el piano a la barca. Ara bé, en un acte desesperat, aconsegueix alliberar-se'n i surt a la superfície. Des d'ara ja és lliure del passat i podrà començar una existència nova a Europa juntament amb l'estimat.

En aquesta narració deliciosa, l'amor sorgeix sobre la base d'una afinitat electiva. L'home queda fascinat per la dona que toca el piano: pel seu cos, pel seu rostre i per la manera en què s'expressa mitjançant la música. Un art desconegut que li revela l'ànima pròpia i la d'ella. La música és quelcom que ells tenen en comú d'una manera exclusiva. Només l'entenen ells dos. El marit solament pensa en adquirir terrenys i espera que l'amor conjugal neixi de la proximitat. Mentre que ell, tot i tractar-la com una prostituta, la desitja en la seva totalitat, en cos i ànima. Perquè la música és l'ànima d'ella. Ell és el primer home que no escindeix el seu cos de la música, que fon sexualitat i art. Això desperta l'erotisme de la dona, el fa sorgir bruscament i alhora li fa recuperar l'ús de la paraula. Per conseqüent, el que els uneix és una afinitat profunda: el respecte recíproc de les essències físiques i espirituals.

Un altre exemple d'afinitat electiva, en aquest cas real, és el del compositor Giuseppe Verdi i la soprano Giuseppina Strepponi. Verdi va néixer en un petit poble d'Emília i era pobre. L'havia fet estudiar un home generós, amb la filla del qual es va casar després. Ara bé, les dificultats de la vida i les incomprensions sofertes de jove li van deixar un caràcter tancat i taciturn. Com per a la noia de *El piano*, la seva forma d'expressió no era la paraula, sinó la música, i això és el que intueix en aquell compositor jove i ombriu Giuseppina Strepponi, una cantant bella i famosa. Penetra en la seva ànima i hi evoca el cant més bell. De la mateixa manera, Verdi entreveu en la Strepponi la realització de la música i la coronació de tots els valors de lleialtat i simplicitat en els quals creia. Restaran units tota la vida i ell no la deixarà mai.

Aquesta classe d'afinitat no s'ha de confondre amb la que experimenten tots els enamorats i que prové de les propietats de l'*estat naixent* amorós. Certament, tots els enamorats tenen la impressió que existeix una afinitat profunda entre ells, una essència comuna. És com si haguessin anat sempre a la recerca de l'estimat i finalment l'haguessin *reconegut* entre els mils rostres d'una multitud. El *reconeixement* és un fenomen que pot explicar-se tenint present que sofrim una profunda transformació emotiva i mental en la fase inicial de l'enamorament. La nostra sensibilitat s'eixampla i ens tornem capaços d'entendre, d'apreciar i d'estimar l'ésser en si mateix. És com si intuíssim l'essència de l'altre, que ell mateix no coneix. I és aquesta essència la que reconeixem, però aquest *reconeixement* no vol dir que existeixi entre nosaltres una *afinitat personal* profunda, una comunió de gustos i valors. L'enamorament pot atraure fins i tot persones que només en descobreixen la diversitat més endavant.

Això és el que li succeeix a *Madame Bovary*. No estima el marit i se sent incompresa al poble on viu. Llegeix llibres romàntics, històries d'amor i somnia amb aventures i viatges. Un dia arriba un universitari a la casa del davant per estar-se amb el notari, en Léon, amb qui comença a parlar de París, del mar i de viatges. Aleshores té la impressió d'haver trobat algú que posseeix la mateixa sensibilitat i els mateixos valors. Ara bé, és cert això? No. Léon és jove i té la sensibilitat i els somnis d'un noi, tot i que no té ni caràcter ni esperit d'aventura. Certament, acabarà fent-se mantenir per ella i ni tan sols aconseguirà adonar-se de la tragèdia de la dona que l'estima. No hi ha cap afinitat electiva veritable, sols una vaga concordança d'aspiracions i de somnis.

Passa el mateix en el cas del gran compositor simfònic Gustav Mahler i la seva dona Alma. Mahler dirigeix l'Òpera de la Cort de Viena i és famós com a intèrpret, però la seva gran música encara no és entesa pel públic. Lluita desesperadament per afermar-la i busca en la persona estimada també una aliada i una còmplice. Alma té vint-i-dos anys, és molt bonica, intel·ligent i fascinant, i també composa. Per bé que admira el director d'orquestra, no entén la seva música, que li desagrada. Malgrat estar bojament enamorat, Mahler li escriu algunes cartes dramàtiques on li exposa, amb claredat extrema, el seu projecte artístic. Per realitzar-lo ha de efectuar un esforç terrible, sobrehumà, i té necessitat d'ella, del seu ajut. Li demana que renunciï al tipus de música que agrada a tothom i que es dediqui a la que ell està creant.[22] La dona accepta, s'hi casa per bé que, en el seu interior, no n'està gens convençuda. Pocs mesos després ja és infeliç. El marit no li agrada físicament, sent la manca dels amics i admiradors, de la música pròpia. En realitat, entre els dos no hi ha cap afinitat electiva. Al final, Alma s'enamora de Gropius i, poc després, Mahler mor.

De l'amistat a l'amor

Existeix també una forma d'amor que floreix lentament de l'amistat. Un amor que no es presenta com una explosió entre dos desconeguts, sinó que sorgeix primer de la coneixença en el terreny delicat de l'apreci i la familiaritat recíproca i en el qual el desig eròtic apareix després. I l'erotisme és tan sols un afegit o un desig de conèixer-se millor. De fet, només la intimitat eròtica revela aspectes desconeguts i profunds de la persona. La familiaritat de l'amistat permet un abandonament serè. No hi ha cap posada en escena, cap necessitat de seduir o de mostrar-se.

A l'amor fulminant, fulgurant i terrible, els enamorats no es coneixen. Són dos desconeguts fascinats per l'afinitat i la diversitat pròpies que, en realitat, no saben res l'un de l'altre. En canvi, en l'enamorament que neix de l'amistat, ja existeix una *afinitat electiva* i també un fonament sòlid de confiança, d'apreci i de familiaritat.

Atenció. En el cas de l'amistat, l'enamorament continua essent un fet imprevist i imprevisible. Floreix per compte propi, brolla del món interior, de les profunditats. Sempre hi ha un moment màgic en què l'amic o l'amiga als quals creiem conèixer bé ens semblen diferents i meravellosos d'una manera imprevista, llunyans i alhora entreteixits d'aquell misteri que sols l'enamorament sap descobrir en els éssers humans. Aquest enamorament és absolutament idèntic en l'estructura al que apareix entre dos desconeguts. Nogensmenys, l'amistat, l'amistat llarga i serena, li confereix alguna cosa preciosa, tan preciosa com el mateix estat naixent. Car l'enamorament no és un acte, és un procés. És una successió de revelacions i preguntes, és una successió d'angoixes i de proves. L'enamorament, per esdevenir amor, ha de conèixer també allò que l'altra persona és empíricament. Podem enamorar-nos d'algú que es revela diferent de com l'havíem imaginat, que ens decep, que ens desil·lusiona. Tot això es descobreix amb el pas del temps. Com ens ho fem per saber que l'altre ens estima? que l'altre no ens menteix? Plantegem preguntes, plantegem proves, i l'altre ens les planteja a nosaltres. Solament així, l'amor es converteix en coneixement veritable i no en somni. L'amor, per durar, ha d'esdevenir familiaritat i també apreci. És a dir, ha d'adquirir algunes de les propietats de l'amistat.

L'amor que neix de l'amistat ja ha recorregut una etapa d'aquest camí. Nosaltres coneixem el nostre amic, els seus límits, però també les seves virtuts. Sobretot, ens refiem d'ell, de la seva lleialtat. Si no fos així, no s'hauria convertit en l'amic. L'amistat té una substància moral. És amb aquestes coneixences, amb aquestes seguretats morals silencioses, que pot comptar l'amor naixent. L'amor resta torbament, temor, commoció, plor, i resta desig indescriptible de tenir el nostre estimat amb nosaltres. Això no obstant, al costat d'aquests sentiments entreteixits, l'amistat hi insereix la familiaritat, la confiança recíproca i el respecte a la llibertat. L'enamorament que neix dins de l'amistat és, per consegüent, més net i serè.

3
Els lligams amorosos

Quins són els mecanismes fonamentals en els quals es basa l'amor, totes les formes d'amor? De quins altres en depèn, per tant, l'enamorament, la formació de la parella i també el seu destí? Són el principi del plaer, la pèrdua, la indicació i l'estat naixent.

El principi del plaer

Comencem amb *el principi del plaer*. És el punt de partida més difús i més acceptat universalment. Ens lliguem a les persones que satisfan les nostres necessitats i els nostres desitjos. Si una persona ens procura plaer, tindrem tendència a retornar-hi, a estar-hi més estona i a establir-hi relacions més estretes. El plaer reforça el lligam i la frustració el debilita. Aquest mecanisme és a la base dels reflexos condicionats i de totes les teories de l'aprenentatge. És basant-se en aquest mecanisme que el nen s'aficiona als pares, perquè li satisfan totes les necessitats fonamentals, l'alimenten, el mantenen viu i li donen l'afecte que necessita. També és el mecanisme que hi ha a la base de l'amistat. Ens fem amics de qui ens és simpàtic, de qui ens comprèn, de qui ens escolta, de qui està al nostre costat en els moments de joia, de tensió i de dolor. Estar amb l'amic ens procura plaer, ens diverteix i ens fa sentir bé. Cada trobada amb l'amic ens ajuda a descobrir alguna cosa de nosaltres mateixos i del món.[1] Ens enriquim a través de la seva experiència i ens fem més forts gràcies a la seva solidaritat. Ens refiem de l'amic, recorrem a ell en cas de necessitat per confiar-li un problema o un secret. I, atès que respon a les nostres preguntes i satisfà les nostres exigències, el lligam es reforça amb el pas del temps. Al contrari, si l'amic ens decep, ens enganya o ens traeix, el lligam es debilita i, en arribar a un cert punt, es trenca. Cada encontre eròtic plaent, cada èxtasi assolit, reforça la nostra necessitat de l'altre. Si l'experiència de plaer és bilateral, s'establirà un lligam durador entre les dues persones. Cadascú provarà de ser agraït, d'agradar a l'altre i de fer-lo feliç. Evitarà totes les situacions enutjoses i es comportarà de tal manera que l'encontre resulti alegre i perfecte. Perfecte per a ambdós, perquè puguin retrobar-se i continuar la relació.

L'amor floreix quan coneixem una persona que té les qualitats que són importants per a nosaltres, que satisfan ambicions, desitjos i somnis profunds formats en el curs de la nostra vida a partir d'una relació amb els pares que ha començat a la primera infància.[2] Necessitats reals i necessitats simbòliques, de vegades conscients i de vegades inconscients. És necessari que aquestes necessitats recíproques es corresponguin perquè l'amor sigui bilateral. Amb tot, la vida amorosa de la parella també requereix una activitat intel·ligent, una gestió de la relació. Cadascú ha de comprendre allò que plau a l'altre i tenir-ne en compte les exigències, les esperances i els temors. Solament així la satisfacció recíproca assoleix el màxim.

Ara bé, no n'hi ha prou amb el principi del plaer per explicar l'enamorament, ja que aquest mecanisme necessita temps per crear lligams forts. El lligam esdevé tant més fort com més es repeteix la satisfacció recíproca, com més temps passa. Com succeeix en la relació entre pares i fills i entre amics. El lligam fort és el resultat d'una història que ha sortit bé. Per contra, podem enamorar-nos en molt poc temps d'una persona que no coneixem, que no sabem si ens estima i que potser ens farà sofrir atroçment. L'amor de l'enamorament es presenta com allò que s'apodera de nosaltres, que ens lliga contra la nostra voluntat, potser com una follia o com una malaltia de la qual ens volem alliberar. Així, estimem persones de les quals no ens refiem, que ens traeixen. I continuem estimant-les mal que ens pesi el dolor, la desesperació i l'odi. Com deia Madame de la Fayette de la princesa de Clèves: "Ella es torbava en veure'l i, amb tot, n'estava contenta. I creia odiar-lo pel dolor que aquell pensament li provocava".[3]

La pèrdua

El segon mecanisme és el de la pèrdua. Sovint ens adonem que una persona ens és indispensable només quan correm el risc de perdre-la, quan s'allunya de nosaltres o quan una potència negativa, la malaltia, la violència o la mort, ens la sostreu. Posem un exemple. Tenim uns pares cansats i enfeinats, encolerits amb un fill rebel que no estudia i que no obeeix. L'escridassen. Ara bé, de sobte un dia s'adonen que el noi ha desaparegut i en un tres i no res obliden els retrets i els inconvenients. Ho deixen tot per anar a cercar-lo i pensen solament en trobar-lo. S'adonen que l'estimen desesperadament i que tota la resta no tenia cap importància. L'*ésser-que-es-perd* es converteix en un objecte absolut d'amor i retrobar-lo esdevé la condició necessària perquè totes les altres coses puguin adquirir sentit de nou. Trobar-lo es converteix en el fi últim i la resta es torna un mitjà per realitzar aquest fi. Per tant, *jerarquitza* totes les altres relacions i hi separa el que és essencial del que no ho és.

Si troben el fill unes hores després, llavors l'angoixa i el desig es dissolen com un malson. En queda, però, un residu: ara saben que és essencial per a ells, que l'estimen. Al contrari, si la recerca continua de manera espasmòdica durant dies i dies, mesos i mesos, aleshores tota la vida quotidiana es reestructurarà en relació al deure de retrobar-lo i abraçar-lo de nou.

Aquesta mena d'experiència ens revela que l'objecte estimat és més important que nosaltres mateixos, i això és tant cert com que estem disposats a sacrificar la nostra vida per salvar-lo. La pèrdua crea una discontinuïtat: d'una banda, hi ha allò que és essencial, de l'altra, allò que no ho és. I els dos plans són incommensurables i inconfrontables. Estem en el regne dels absoluts, on val la llei del tot o res.

El mecanisme de la pèrdua no funciona sols pels objectes individuals d'amor. La pèrdua també ens revela el valor dels nostres objectes col·lectius, el valor de la pàtria, del grup ètnic o de la llibertat. Ens envaeix quan estem amenaçats, quan un enemic ens envaeix o mata un dels nostres. Aleshores estem disposats a combatre fins a la mort per ells. A Masada, els zelots, assetjats, maten els seus familiars i després se suïciden per no ser esclaus dels romans. Els romans escullen morir a l'incendi de Sagunt abans que caure presoners dels cartaginesos. A l'extermini dels tutsi, a Rwanda, moltes mares van preferir matar els seus fills per no veure'ls torturats i després esquarterats amb el matxet.

Existeixen dues situacions de pèrdua diferents. A la primera, no hi ha un adversari, un enemic que ens amenaça i que vol apoderar-se o destruir els nostres objectes d'amor. És el cas del nen que es perd. És el cas de la malaltia. És el cas de l'angoixa que sentim quan tenim la impressió que la persona estimada ens negligeix i ja no ens estima. A la segona situació, la pèrdua depèn d'un *agressor*, d'un *enemic* que ens ataca i amenaça el nostre objecte d'amor. Com en la violació o en la invasió. La *gelosia* és un producte que té ambdós components. Evidentment, perquè hi hagi gelosia hi ha d'haver un rival, algú que ens sostregui l'objecte d'amor i ens prengui el lloc. Amb tot, també és necessària la complicitat, el consens de la persona estimada. A la gelosia, temem que el nostre estimat prefereixi l'altre. L'agressivitat, doncs, pot dirigir-se tant contra qui estimem com contra qui se l'enduu. Per indicar la força que ens sostrau la persona estimada, sigui quina sigui l'espècie de què es tracti (pèrdua, malaltia, seductor o enemic), usarem l'expressió *potència del negatiu*.

En la pèrdua, ens adonem que estimem algú que, en realitat, ja estimàvem abans. La pèrdua és una mena de confirmació dramàtica i brutal d'allò que ja hauríem hagut de saber. En realitat, l'experiència de la pèrdua no ens revela sols un amor preexistent. Hi afegeix alguna cosa, fa que ens aferrem a la importància de l'objecte d'una manera més profunda. Ens lliga més a l'objecte estimat. Per conseqüent, el lligam amorós es reforça a través de la successió d'experiències de pèrdua. La mare ja espera amb ansietat el nen abans que neixi, i el protegeix, doncs, dels perills i de les malalties, el salva i el fa néixer. Després l'alimenta, el vetlla, el bressa quan plora i el guareix quan creu que està malalt. Mentre dorm, és al seu costat tement que pugui despertar-se i plorar de por. El protegeix, el defèn de tots els perills, sempre a l'aguait. El salva de la *potència del negatiu*. I cada vegada el redescobreix com a fi últim, com a valor. Aquí tenim, doncs, la conclusió importantíssima a què hem arribat. *La pèrdua no es limita a desvetllar-nos un amor que ja existeix, contribueix a crear-lo.*

Hem dit, parlant del mecanisme del plaer, que el lligam amorós és el precipitat històric de les experiències positives passades. Podem afegir-hi també que els nostres objectes d'amor són el precipitat històric de la lluita que per ells hem sostingut contra les potències del negatiu. Així, estimem allò que ens ha donat plaer, però *també estimem el que hem salvat del no res, allò a què hem donat vida i que hem conservat en vida.*

Mitjançant la nostra feina, el nostre esforç i la nostra dedicació, estimem el que s'ha convertit en una objectivació de nosaltres mateixos, el lloc en què hem dipositat el millor de les nostres energies vitals. Estimem el producte de la nostra generositat, el do de la nostra vida que, objectivant-se en quelcom diferent de nosaltres, esdevé més important que nosaltres mateixos.

Els pares estimen els fills perquè els han nodrit i protegit, perquè han passat nits insomnes al seu capçal, perquè cada vegada, enfront d'un perill o d'una amenaça, l'han posat al primer lloc, perquè n'han fet un fi últim i han considerat tota la resta com un mitjà. Perquè han estat disposats, en fi, a donar la vida per ells. Estimem la pàtria i el partit perquè hi hem combatut, hi hem passat la nostra vida i hem estat sempre disposats a sacrificar-nos per ells.

Per aquest motiu, l'amor dels fills pels pares és diferent del dels pares pels fills. L'amor dels fills neix del principi del plaer, és a dir, de la satisfacció de les necessitats. Com l'amistat o el lligam eròtic. El dels pares, al contrari, neix de la dedicació, de l'oblit d'un mateix. Com l'amor per la pàtria. És obvi que els dos mecanismes es barregen sovint i l'amor concret brolla d'ambdós. Els pares s'alegren de la dolcesa i de l'afecte dels fills. Els fills passen ànsia per la vida dels pares i fan de tot per no fer-los sofrir i per fer-los feliços. No obstant això, és important tenir present que els principis generatius de l'amor estan separats.

A diferència del mecanisme del plaer, que produeix un lligam tant més fort com més es satisfà, el mecanisme de la pèrdua està sotmès a un procés de **saturació**. La lluita per mantenir viu algú que estimem produeix sofriment. I si la lluita es prolonga massa, si el sofriment esdevé massa gran, ens rebel·lem i ens defensem. És el cas del malalt crònic, del malalt incurable que assistim amb paciència i devoció. Al principi el nostre amor creix però, després, quan la situació es prolonga i no hi ha una millora o el resultat es fa inevitable, la pena i el sofriment comencen a pesar-nos cada vegada més. Llavors ve progressivament el distanciament. I comencem a desitjar que aquella tortura acabi.

El mecanisme de la pèrdua és en essència una lluita. I quan ja no hi ha esperança de victòria, quan la lluita apareix privada d'objectiu, el mecanisme s'exhaureix. Tanmateix, almenys hi ha dues altres situacions en què un amor basat en la pèrdua s'esvaeix o es transforma altrament en rancúnia. El primer cas és quan ens paguen amb la ingratitud després d'haver lluitat tant. El segon, quan ens adonem que l'altra persona ens ha fet xantatge, ha fingit estar malalta o ens ha fet engelosir per tenir-nos lligats. Amb la pèrdua, ens vinculem a allò que mantenim, a allò que se'ns sostrau. És una defensa d'una potència externa, la *potència del negatiu*. Nogensmenys, existeix igualment una tendència a apropiar-nos d'allò que és dels altres, a estendre el territori propi, a subjugar, a dominar i a vèncer. L'animal defensa el seu territori de l'agressor extern, però alhora prova d'envair el territori dels altres. Té tendència a l'*afirmació*. Pensem en dues figures com Don Joan i Casanova. Ambdós es consumeixen d'amor, de desig i de passió per una dona. I és per això que l'assetgen amb la seducció. Ara bé, un cop la dona es lliura, "capitula", l'interès desapareix. L'*afirmació* n'esgota l'efecte en la victòria. No crea un amor estable.

Moltes dones s'han afermat a si mateixes a través de la seducció. Quan seduïm algú i aquesta persona ens estima, adquirim un poder enorme sobre la mateixa. I aquest poder agrada a algunes dones. Els agrada sentir-se estimades i adorades. Els agrada dominar. Françoise Giroud atribueix aquest caràcter a Alma Mahler, la dona del gran compositor vienès. Quan encara no era famós, el pintor

Klimt va enamorar-se d'ella. Això no obstant, Alma va jugar a atreure'l i rebutjar-lo, però ell no va parar d'anar-li al darrera adorant-la. Aleshores va ser el torn del professor de música d'Alma, Zemlinsky. "El va fer embogir. Deixant-se abraçar i acariciar, consentint-li totes les llibertats, parlant de prometatge, refusant el matrimoni, fent i desfent, i mantenint-hi una correspondència inflamada, el va torturar durant dos anys".[4] El cas de Lou Salomé –del qual parlarem extensament més endavant– és del mateix tipus. Vol ser estimada per Rée, per Nietzsche i per Andreas, tenir-los a tots lligats, que tots l'adorin, sense entregar-s'hi mai. I en tots aquests casos, el mecanisme veritable que crea amor i dependència és aquell que reté i conserva: el mecanisme de la *pèrdua*.

La indicació

Aquest mecanisme ha estat analitzat profundament per René Girard,[5] que l'ha situat a la base de la seva teoria sociofilosòfica. Per a Girard, tots els desitjos neixen perquè imitem i fem nostres els desitjos dels altres. Si tenim dos germans petits i donem una poma al primer i al segon no li donem res, el segon també la voldrà al cap d'una estona. No pas perquè tingui fam, sinó perquè l'hem donada al primer. S'ha identificat amb el germà i s'ha apropiat del seu desig. Girard escriu: "L'home desitja intensament però no sap exactament què, car és l'ésser el que ell desitja, un ésser del qual se sent privat i del qual li sembla que qualsevol altre n'està fornit. El subjecte espera que l'altre li digui el que s'ha de desitjar [...] No és amb paraules, és amb el seu mateix desig que el model indica al subjecte l'objecte supremament desitjable."[6] És l'altre, amb el seu desig, qui ens *indica* què és desitjable.

Nosaltres volem una cosa sols perquè ens identifiquem amb algú altre que desitja el mateix. I com que volem exactament el mateix objecte, hi entrem en competició. Ens el trobem pel camí com a adversari. Segons Girard, "La rivalitat no és el fruit d'una convergència accidental dels dos desitjos en el mateix objecte. El subjecte desitja l'objecte perquè el desitja el rival mateix. Desitjant aquest o aquell objecte, el rival l'indica al subjecte com a desitjable"[7] i alhora li barra el pas perquè el vol ell. Tot amor és, doncs, triangular. Està construït de gelosia i competició.

Girard afirma que sempre ens enamorem de qui ja és estimat per algú altre (el mediador), que ens l'indica com a desitjable precisament amb el seu amor. La persona estimada ens sembla extraordinària i misteriosa perquè ens la imposa el desig del mediador. El subjecte exalta, transfigura i divinitza una persona quant més estimada i admirada és pels altres.

Això és l'*amor vanitat* del que ens parla Stendhal. L'enamorat s'adona d'aquesta il·lusió només quan aconsegueix assolir la seva meta, quan la persona estimada finalment li diu sí, quan l'adversari, derrotat a la fi, desapareix. Aleshores, però, desapareix també el desig. Esfumat l'antagonista del qual el preníem, la nostra idealització també s'esfuma.

Com veurem, aquest mecanisme és important per explicar certes formes d'amor competitiu o l'adreçat als ídols, que són estimats i adorats per milions de persones. És aquesta indicació col·lectiva la que ens els fa aparèixer bells, desitjables i extraordinaris. Ara bé, això també actua en les situacions normals. Tots sabem que sempre sembla millor allò que és d'altri.

Principi del plaer, *pèrdua* i *indicació* són tres mecanismes indispensables per explicar l'experiència amorosa. D'una manera aïllada, però, no són suficients per explicar com és possible l'enamorament imprevist. Evidentment, el mecanisme del plaer requereix temps. Requereix que hi hagi hagut moltes experiències positives capaces de reforçar el desig.

La pèrdua pressuposa un afecte anterior. Finalment, la indicació no pot explicar perquè sovint ens enamorem de qui ningú ens indica i sense que hi hagi rivals. És més, haurem d'identificar un altre mecanisme fonamental, el més important de tots i fins ara desconegut: l'estat naixent.

L'estat naixent

Quin és el principi base de l'estat naixent? El pas del desordre a l'ordre. La solució d'un problema.[8] Arthur Koestler, en el seu llibre *L'acte de la creació*, escriu: "Quan la vida ens planteja un problema, l'ataquem de conformitat amb un codi de regles que ens ha fet possible afrontar problemes anàlegs en el passat [...] Amb tot [...] la novetat pot arribar fins a un punt tal [...] a un nivell tal de complexitat, que en faci impossible la solució amb les regles de joc aplicades a les situacions passades. Quan això succeeix, diem que la situació està bloquejada... Una situació bloquejada incrementa la tensió d'un desig frustrat... Fins que el cas o la intuïció forneixen una connexió amb una matriu *completament diferent*".[9] Aleshores hi veiem i hi descobrim alguna cosa completament nova.

Quin és, però, el problema del qual l'enamorament és la solució? És aquest: nosaltres, els éssers humans, tenim necessitat d'objectes absoluts i totals d'amor des de la infància; com la nostra mare, Déu, la pàtria i el partit; alguna cosa més important que nosaltres i que ens transcendeix.

Tanmateix tots els objectes concrets d'amor són limitats i, sovint, esdevenen opressius i frustrants. D'altra banda, quant més importants són per a nosaltres, més possibilitats tenen de decebre'ns. Si una cosa ens interessa poc, tampoc ens pot fer gaire mal. Per contra, si és essencial per a nosaltres, fins i tot una desatenció lleugera ens fereix.

És així que acabem tenint sentiments agressius cap a les persones que estimem; els fills cap als pares i les esposes cap als marits. I viceversa. Freud va donar el nom d'*ambivalència* a aquest sentiment doble. *L'ambivalència és confusió, desordre* i ens produeix sofriment.[10] Aleshores intentem disminuir-la idealitzant-ne els objectes d'amor i carregant-nos al damunt la culpa de tot el que passa o atribuint-la a causes externes.[11] El marit se sent culpable si la dona està nerviosa i l'esposa prova de justificar-ho amb el cansament, amb la feina o amb les preocupacions el mal humor del marit. Tots els mecanismes pels quals ens carreguem al damunt l'agressivitat que no adrecem al nostre objecte d'amor els denominarem *depressius*. Tots aquells en què descarreguem l'agressivitat sobre qualsevol objecte extern els anomenarem *persecutoris*.[12]

Els nostres objectes d'amor (marit, esposa, amant, fills, partit, església i qualsevol cosa amb què ens identifiquem i que estimem) sempre són, doncs, un objecte ideal, el producte d'una elaboració. Se'ls situa en el terreny d'un mite personal, contínuament reelaborat i refet per reduir-ne les tensions i fer-los semblar bons i esplèndids, per rebaixar el nivell d'ambivalència. Tot i això, aquesta feina contínua de reparació, d'ajustament, de compromisos pràctics i de revisions ideals pot fracassar en certs casos. Al llarg de la vida canviem, i allò que primer ens anava bé, després ja no ens en va. Les experiències noves fan néixer en nosaltres exigències noves. Després d'haver arribat a una meta, ens afloren tots els desitjos als quals havíem hagut de renunciar; fins i tot es modifiquen les persones que estimem. Es tornen diferents i volen altres coses incompatibles amb les que ens agraden. Per aquesta raó es deterioren les relacions de parella. Per això la gent trenca amb els vells amics, es divorcia i es baralla amb els fills; o bé continua fingint que tot és com abans, mentre que, en realitat, tot ha canviat profundament. Continua recitant en una comèdia en què ja no sap què és veritat i què és fals. Ni tan sols sap ja el que vol.

Aquesta és la situació d'ambivalència, de desordre, d'*entropia* en què tant els mecanismes depressius com els persecutoris fracassen perquè ja no aconsegueixen idealitzar els objectes d'amor. El problema és insoluble amb els mecanismes tradicionals, que estan *sobrecarregats*. Són reemplaçats per una sensació de buit, d'inutilitat i de fracàs. Els impulsos vitals no saben on adreçar-se. Erren a l'atzar i busquen camins nous. L'individu experimenta una gran potencialitat vital malaguanyada i té la impressió que només els altres són feliços. Els veu riure, divertir-se i experimenta una enveja colpidora. És com si els desitjos profunds ja no poguessin revelar-se-li directament i els percebés com aliens. En el desert de l'ambivalència i del desordre, sent al seu voltant passions i desitjos desmesurats, felicitats que li són prohibides. Els adolescents es troben sovint d'aquesta manera. Plens de vida, però incapaços de dotar-la d'objectius i metes.

La solució d'aquest problema sempre és una *redefinició d'un mateix i del món*. Pot ser una *conversió* religiosa. D'una manera imprevisible, el subjecte s'adona que totes les coses que el feien sofrir no valen res, que les vies que seguia eren equivocades. A la nova secta i a la nova església, tot es torna simple i clar. O bé pot tractar-se d'una conversió política. Aquí també troba allò que és essencial i subordina la resta a allò que certament val més.

Finalment, pot ser l'*enamorament*. Aleshores la seva meta última esdevé una persona, perquè és a través d'ella que entreveu tot el que és desitjable i la perfecció de l'ésser. L'*estat naixent* indica el moment en el qual el món vell, desordenat i ambivalent perd valor i n'apareix un de nou, resplendent i lluminós. És el moment de la mort i del renaixement.

A l'inici de l'estat naixent la primera experiència és la de l'estupor. Estem estupefactes perquè el món habitual se'ns ha tornat estrany i mancat de valor. I de vegades ens embarga una sensació de tristesa i de precarietat; però, de sobte, una gran alegria s'apodera de nosaltres.

Sentim afluir dins nostre totes les energies vitals de la terra i és com si tot tornés a florir màgicament. A l'estat naixent de l'enamorament, aquest renaixement de la vida passa a través del contacte i la relació amb una persona ben definida. Ella és l'única porta d'accés al món nou.

Mentre ens acostem a l'amor, ens sentim per fi autèntics i lliures. Alhora, sentim que la nostra llibertat només es pot realitzar fent allò a què hem estat cridats: realitzar el nostre destí. Fins a la mort. La literatura amorosa, que tan sovint ens parla de la mort, no revela un joc macabre o un signe de neurosi del narrador, sinó que és un símptoma que sotmet a discussió el significat de la vida en l'enamorament. Ens plantegem sincerament la pregunta metafísica: "qui som? per què estem aquí? quin valor té la vida?". La nostra existència ja no ens sembla un fet natural, que és així perquè així és el món, sinó una aventura en la qual ens hem implicat i que podem rebutjar, una sendera vers la qual ens hem encaminat quasi a l'atzar però que podem canviar. El nostre passat ens retorna a la ment i l'analitzem i el jutgem. L'estat naixent també és el dia del judici.

Lentament, s'estableix dins la nostra consciència una divisió entre el que és essencial i el que no ho és. A la vida quotidiana, tot ens sembla essencial, fins i tot les coses més idiotes. Això no obstant, a l'estat naixent ens adonem de la inutilitat i la vanitat de moltes preocupacions que abans ens escometien quan les confrontem amb el que s'està convertint en el bé màxim per a nosaltres, en el sentit mateix de la vida.

Per a la persona més fatigada, l'amor també és com un despertar. El món es revela esbalaïdor. Qui està experimentant aquest estat, ja no tornarà a viure en la grisor inerta del passat. L'enamorat desitja estimar encara que sofreixi i es turmenti. La vida sense amor li sembla àrida, morta i insuportable. La persona que estimem no és solament més bella i desitjable que les altres. És la *porta*, l'única *porta* per penetrar en aquest món nou, per accedir a aquesta vida més intensa. És a través d'ella, en presència d'ella i gràcies a ella que trobem el punt de contacte amb la font última de les coses, amb la natura, amb el cosmos i amb l'absolut. Llavors el nostre llenguatge habitual es torna inadequat per expressar aquesta realitat interior. Espontàniament, descobrim el llenguatge del presagi, de la poesia i del mite.

L'estat naixent no és mai arribar, és entreveure. Com en el cas de Moisès, el més gran dels profetes, a qui va ser concedit veure la terra promesa de lluny però no arribar-hi. La persona estimada ens és infinitament propera, però també infinitament distant. D'entre totes les persones n'és la més preuada. Nogensmenys, la veiem com una meta ideal, incognoscible i inassolible. Si ens estima, certament no és perquè ens ho mereixem, sinó per una espècie de miracle. El seu amor és una gràcia. Aquesta mateixa persona és portadora d'una potència extraordinària que ens meravella, que ens sembla increïble. Com un somni que podria esvair-se.

La força de l'estat naixent és una potència redemptora que tot ho transfigura. De la persona estimada, n'estimem també els defectes, les mancances, els òrgans interns, els ronyons, el fetge i la melsa. La persona enamorada de veritat voldria acariciar-los i besar-los com s'acaricien i es besen els llavis, el pit i el sexe. És erroni parlar d'idealització. És una *transfiguració*, una redempció del que habitualment es considera inferior. Allò que està amagat és dut a l'exterior, al mateix pla del que és noble i admirat socialment.

L'enamorament recíproc és el reconeixement de dues persones que entren a l'estat naixent i que tornen a plasmar la vida pròpia a partir de l'altre. Perquè hi hagi enamorament bilateral és necessari, per tant, que l'altre també estigui disposat a respondre, a obrir-se de la mateixa manera, a renéixer.

El procés de l'estat naixent acostuma a iniciar-se en un dels dos i, després, es desencadena en el segon tot trencant l'estat d'equilibri inestable. L'estat naixent té una capacitat formidable de comunicació. És una potència de seducció extraordinària que envesteix l'objecte i l'arrossega, cosa que va entendre molt bé Dant. Efectivament, Francesca diu: "L'amor, que no perdona que no estimem".

L'enamorament recíproc, per consegüent, no és el reconeixement de dues persones en condicions normals i amb les qualitats definides, sinó el *reconeixement* de dues persones en un estat extraordinari, l'estat naixent. Dues persones que entreveuen la fi de la separació del subjecte de l'objecte, l'èxtasi absolut i la perfecció. Per això són l'una per l'altra, d'una banda éssers de carn i os, amb nom i cognom, adreça, necessitats i debilitats. De l'altra, son potències transcendents a través de les quals passa la vida en la seva totalitat.[13]

4
La comunitat

El "nosaltres", la comunitat

Amb l'estat naixent s'origina una classe particular de procés social que anomenem *moviment col·lectiu*. El moviment col·lectiu produeix, en un rampell de fe i d'emoció, una *comunitat* nova.[1] La nostra tesi és que l'enamorament és el moviment col·lectiu més simple. Està format de dues persones soles i no produeix ni una església, ni una secta, ni un partit, sinó la parella. *Per tant, la parella és la comunitat més petita*

A l'estat naixent, els individus que abans eren diferents, aïllats, separats i competitius, senten que tenen una afinitat profunda, que tenen la mateixa meta, el mateix somni i el mateix destí. Aquest procés comença abans que s'hagi constituït una ideologia, una explicació del món. Ambdós *es reconeixen* no pas perquè tinguin les mateixes idees, sinó perquè tenen el mateix impuls i la mateixa esperança. I tendeixen a unir-se, a fondre's i a formar una col·lectivitat compacta, una comunitat i un *nosaltres* solidari.

Els moviments son làbils i canviants en el seu estat naixent però amb el pas del temps tendeixen a convertir-se en estructures socials permanents i molt sòlides: *les institucions*. Institució és allò que ha estat escollit, volgut i definit. Ara bé, en el moviment, la institució no neix sols de la raó, neix de l'encontre dramàtic entre l'esperança utòpica de l'estat naixent i la necessitat de viure i realitzar-se en el món. Exemples de moviments col·lectius són el cristianisme, l'islam, el franciscanisme, el luteranisme, el calvinisme, el metodisme, el cartisme, el marxisme i també els moviments nacionals. Tots ells creen aquelles comunitats que anomenem sectes, esglésies, partits, sindicats i nacions.

La parella també comença amb l'estat naixent de l'enamorament, però després pot estabilitzar-se i esdevenir una institució. L'estat naixent de l'enamorament té propietats particulars respecte dels altres. Sobretot, l'erotisme. Les persones s'estimen en tots els processos d'estat naixent, però sols en l'enamorament hi ha la felicitat eròtica, el joc amorós, la fusió física dels cossos i dels esperits. D'altra banda, l'enamorament crea un lligam íntim, intens i joiós entre dues persones exactament iguals. A l'estat naixent de grup emergeix un cap carismàtic; en canvi, en l'enamorament, cadascú és el cap carismàtic de l'altre, no hi ha jerarquia.

Creació i destrucció

Fins ara hem descrit l'enamorament com una força que crea i que uneix, però també és una força que divideix i destrueix. Per a Tristany i Isolda, per a Lancelot i Ginebra i per a Pau i Francesca l'enamorament és una força creativa que uneix; per al rei Marc, per al rei Artur i per al marit de Francesca de Rimini el mateix amor és traïció, adulteri i ruïna. L'amor actua aquí com a potència revolucionària que trenca els lligams més sagrats del matrimoni i la fidelitat al rei. L'amor de Lancelot per la reina Ginebra, esposa del rei Artur, produeix una violència i una ruïna que involucren no solament els amants, sinó tota la societat. És amb aquell adulteri que comença la sèrie de guerres i tragèdies que finalment destruiran el regne.[2]

L'estat naixent amorós és l'intent de canviar la vida pròpia d'una manera radical, justament el que fa respecte de la societat un gran moviment col·lectiu, i està animat per un entusiasme irrefrenable. Qui hi participa, té la impressió que tots els mals, totes les injustícies, es poden resoldre. Per això topa amb les institucions existents i prova de crear relacions socials alternatives. En els casos extrems, el moviment subverteix allò que existeix de veritat i destrueix sense pietat el passat.[3]

Tot enamorament és potencialment revolucionari. L'efecte de l'enamorament sempre és doble. Allò que per a un és joia, alliberació i renaixement, per a l'altre és devastació i ruïna. D'una manera inevitable, produeix enfrontament i conflicte entre els que pertanyen a la nova comunitat emergent i entre els que es troben a la que s'esquinça. Aquest conflicte pot ser molt lleu en el cas de dos joves enamorats que no troben oposició familiar i tranquil·lament se'n van a viure junts o es casen: només revolucionen les seves vides, sense trencar brutalment amb el passat. És ben diferent si els enamorats estan casats o si estan vinculats amb compromisos i lleis sagrades, com ara l'ordre sacerdotal.

En l'enamorament sempre és present la violència. Tot el que destrueix els lligams passats, tot el que subverteix les relacions existents, és violent. L'enamorat no vol fer mal, però, per realitzar el seu somni, per donar vida a la comunitat nova, pot fer-ne. Pot ferir persones que estimava fins fa ben poc, els pot fer un mal terrible i els pot destrossar el cor. Simone de Beauvoir ha donat veu a aquest dolor a *La dona trencada*.

Naixement i moralitat

En aquest segle, sota la influència de la psicoanàlisi, s'ha difós la idea que totes les experiències entusiasmants i exaltants, tots els impulsos apassionats del cor i les emocions més profundes, són únicament supervivències infantils. No és així. L'experiència d'exaltació que es viu a l'estat naixent, quan percebem que estem en contacte amb l'absolut i amb l'essència, quan entreveiem l'harmonia que existeix entre natura i cosmos i entre plaer i deure, és una propietat fonamental de la *ment humana*.

La vida humana no posseeix un sol naixement i una sola infància, sinó que està feta de renaixements i d'infanteses diferents. L'estat naixent sempre és una mort-renaixement, la destrucció i la reestructuració del subjecte i del seu món. Això és el que passa en l'enamorament individual, que és un *imprinting* nou, als descobriments científics, a les conversions religioses i al sorgiment de grups polítics, religiosos o científics nous.

L'experiència extraordinària, l'*incipit vita nova*, és un rejoveniment de l'individu i del seu cosmos mitjançant el qual tot torna a ésser intens i vibrant, ple de vida. És un salt endavant, sortir d'allò existent, d'allò quotidià, i entreveure una manera extraordinària d'ésser, que el subjecte o el grup provaran de realitzar després en el món. La llibertat, l'evolució i la perfecció no són el resultat de la renúncia al somni per adequar-se a la realitat, sinó de la temptativa de realitzar-lo, de modelar la realitat d'acord amb el somni, amb l'ideal.

L'home sap superar l'existent i pot viure en una dimensió on tot aspira a la perfecció pròpia. La idea del paradís terrenal no és sols un record de la infància, una regressió que s'ha de superar. Si no hi hagués aquesta aspiració altíssima, aquest somni extraordinari, no hi podria haver cap somni ni cap ideal ni cap civilització. La idea del paradís terrenal és l'estrella polar que guia l'home vers la perfecció.

Tota societat envelleix, es torna rígida, s'esclerotitza, exactament com tot individu. Aleshores, emergeix una potència regeneradora del seu si que la subverteix i la destrueix per crear una entitat nova. Aquesta potència es presenta com un despertar, com una visió indistinta d'una vida nova. I és aquesta visió la que dóna a la societat, als pobles i a la història el seu caràcter evolutiu. Els moviments, les seves esperances i utopies, han estat el llevat que ha dut els homes a intentar realitzar societats més bones i més justes, encara que hagi estat a través d'errors i fracassos infinits. És sota aquest impuls que han sorgit els grans ideals de la humanitat. La potència regenerant es revela en el moment inicial com una intuïció sobtada, com un llampec, que després es torna una llum resplendent, difusa, solar i universal que s'estén a tothom fins abraçar l'univers sencer. L'estat naixent, doncs, és la visió d'un món nou. I qui ha vist aquest món el vol traslladar a aquesta terra i, per això, en fa un projecte concret i històric. Tot allò que és ideal es realitza també en l'acció concreta, en forma d'*institució*. En part, la institució és la custòdia i l'hereva de la promesa de l'estat naixent.

No obstant això, el que està naixent es contraposa sempre a alguna altra cosa. El que s'allibera sempre és alliberament d'alguna altra cosa. Néixer també vol dir destruir. La potència regenerant que vol allò nou es contraposa amb ràbia i a vegades amb ferotgia a qui l'obstaculitza. Els enamorats estimen el món i l'univers i desitgen que tots els éssers vius siguin feliços, però no suporten que se'ls separi i estan disposats a tot per realitzar el seu amor.

L'enamorat descobreix que el món és paradís, però també obstacle. El món nou li va a l'encontre amb tota la seva magnificència i carregat de promeses. Ara bé, li imposa uns deures desmesurats i ell s'adona que no pot realitzar tot allò que ha entrevist. Haurà d'enfrontar-se amb l'existent, subjugar-lo i destruir-lo per no ser dominat; o bé doblegar-se i arribar a compromisos. Els enamorats somnien que tots els estimen i els donen l'aprovació, i queden colpits dolorosament quan s'adonen que això no és cert. Es mouen en el món vell com nens ingenus i, desencaixats, veuen els obstacles que aquest món posa en funcionament per impedir-los la seva nova manera de ser, els obstacles que s'amunteguen en el seu camí. Aleshores, es baten d'una manera salvatge per no ofegar-se i per no aturar-se. Tot i això, no són indiferents, no són cobdiciosos ni immorals. Encara més, són molt sensibles al mal i al dolor.

L'estat naixent ens mostra amb horror l'elecció a fer, precisament perquè atorga un valor absolut a tot allò que estimem, tant al que és nou com al que és vell. Car no és una elecció entre el millor o el pitjor, o entre el bé i el mal, sinó entre dos béns que apareixen amb el llampec del primer dia. Per aquest motiu, l'elecció es presenta com a *dilema*.[4] Quan s'aboca al món, cada ésser que reneix es troba com el seu progenitor al jardí de l'Edèn, i ha de fer una elecció que l'allunyarà del paradís. Sigui quina sigui l'elecció que faci –obeir el grup propi o afirmar-se a si mateix, escollir el nou amor o restar fidel al vell–, ha de renunciar a una de les dues alternatives. A partir d'ara el món estarà escindit. El deure i el plaer seguiran dos camins diferents. Haurà de guanyar-se la vida amb la suor del seu front, en altres paraules, amb la vigilància, la sospita i la lluita. Ara, li quedarà el record d'una cosa infinitament més elevada i més bella.

La *moralitat* que emergeix de l'estat naixent no té un sol rostre, sinó que en té dos d'oposats.[5] El primer rostre de la moralitat és el que precedeix l'elecció i la rebutja. Vol existir sense negar, existir sense destruir i existir sense contraposar-se. Aspira a un món divers, indivís, a un món harmònic i conciliat. Tendeix a evitar la separació absoluta entre el bé i el mal. Tendeix a evitar el judici. El segon rostre és el de la moralitat del viure, que justifica la lluita i la resistència i els dóna legitimitat. És la moralitat que divideix l'amic de l'enemic, que jutja i condemna.

Mascle i femella

L'enamorament és idèntic per a l'home i per a la dona, per al jove i per al vell, per a l'homosexual i per a l'heterosexual; però el sentiment de culpa, el dilema, està influenciat profundament per la cultura, la història i el tipus de moralitat apresa. Malgrat l'aproximació progressiva dels dos sexes, en l'actual moment històric encara existeixen diferències.[6] En general, la dona considera l'amor un acte positiu i moral. La moral tradicional li diu: si estimes algú, ves amb ell. En canvi, per a l'home, l'amor pertany al domini del plaer. La seva moral tradicional li diu: sigues fidel als pactes, tingues cura d'aquells que depenen de tu, no facis sofrir els que t'estimen i depenen del teu sosteniment. Per a l'home, sols l'enamorament produeix una legitimació parcial de l'amor. És com una explosió que subverteix les regles morals corrents. Interiorment, sent que té dret a seguir l'amor, tot i que l'altra moral, la moral de la responsabilitat, continuï actuant.[7] És per això que molt sovint l'home enamorat continua preocupant-se de la persona que deixa, se sent responsable del seu sofriment. I és la nova estimada qui l'empeny a deixar l'altra. Sol ser la dona qui li explica que té el dret de fer-ho, que té fins i tot el deure de fer-ho, perquè si es queda amb l'altra sense estimar-la només li farà mal.

És erroni veure en aquesta conducta una particular competitivitat femenina en relació amb el propi sexe. La dona creu que, si s'estima algú, l'ha d'estimar només a ell i que no hi ha altres compromisos ètics més dignes de respecte que aquest. Quan se'n va amb l'home que estima, la dona ha respectat els seus compromisos morals. L'home, en canvi, ha après durant milers i milers d'anys que el primer deure és cap a la comunitat, la família, la dona i els fills. I que l'erotisme és quelcom de més a més que pot obtenir-se de l'esposa o bé de les concubines i les esclaves, que també pot posseir gràcies a la guerra i el saqueig. Ara bé, tot això no ha d'interferir en els seus deures primaris, que no són eròtics.

Quan les dones diuen que els homes són més insegurs, incerts i dubitatius que elles en els assumptes amorosos, diuen la veritat. Elles estan a favor o en contra, sense posicions intermèdies. I quan una relació s'ha acabat, s'ha acabat per sempre, no continuen sentint deures de solidaritat amb qui han deixat d'estimar. Françoise Giroud fa dir a la protagonista d'un dels seus llibres a propòsit del marit: "Tanmateix la psicologia femenina no era assumpte seu. No sabia que una dona que ha deixat d'estimar anul·la senzillament i naturalment aquell que va ser objecte del seu amor? que l'aboleix?".[8]

Per contra, durant mil·lennis, l'home s'ha acostumat a creure que té responsabilitats, deures i drets que també continuen després. Només recentment, amb la desaparició del patriarcat, la independència femenina, la caiguda de la natalitat i l'assistència social, tant les càrregues com les pretensions tradicionals de la responsabilitat masculina van atenuant-se. El que queda és un costum mental, una classe de sensibilitat moral que ja no té una justificació objectiva. És per això que el model femení predomina cada vegada més. I l'home sent actualment la incertesa, la indecisió, no com una virtut, sinó com una debilitat culpable. Viu la incertesa, un cop més i paradoxalment, com a *sensació de culpa*.

Qüestions morals

El món antic tenia regles morals rígides en el camp de l'erotisme i de l'amor. Prohibia l'incest, establia compromisos matrimonials, condemnava l'adulteri i el trencament del prometatge, i establia l'obligació de casar-se amb la noia que s'havia deixat embarassada. Aquestes regles han envellit i van perdent importància dia rere dia. Les relacions eròtiques i amoroses es deixen cada vegada més a l'expressió individual lliure, a la preferència i al plaer. Ho veiem entre els adolescents. Si un noi s'encaterina d'una noia més bonica, no es plantegen problemes per deixar l'anterior. Si una noia coneix un altre noi que li agrada més, ho comunica al seu xicot habitual. I si continua estimant-la? I si sofreix i se suïcida? És el seu problema. En el camp amorós, el subjecte no se sent responsable del que sent o fa l'altre.

Aquesta classe de conducta adolescent s'està estenent a la vida adulta. La moral propugnada per les sèries de televisió i les telenovel·les sosté amb claredat que l'única força que manté unit el matrimoni és l'amor. L'amor ho justifica tot. La moral nova té un manament únic: "Vés on et porti el cor".[9] Si algú ja no estima, si se sent ple de còlera i odi, se'n va sense girar-se i ovbservar el dolor i la devastació que ha deixat enrere. El resultat és que, a la vida real, el món de l'amor i el de l'erotisme cada vegada estan més dominats per la lògica de la preferència i de la sobreria. Prenguem el cas d'una dona que ha ajudat el marit a fer carrera, li ha donat fills i l'estima amb tendresa. Ell s'enamora d'una noia més jove i s'hi casa. La dona comença a beure i mor de cirrosi hepàtica uns anys després. L'exmarit no es considera moralment responsable d'aquesta mort. Prenguem un altre cas: un home de seixanta anys té un daltabaix financer, emmalalteix i, llavors, la dona que viu amb ell el deixa. Ell mor d'infart. En aquest cas, ella tampoc es considera en absolut culpable, atès que ja no l'estimava. Però tot això és just?

Òbviament no hi ha cap contracte ni cap llei moral que pugui imposar-nos estimar una persona que no estimem. Això no obstant, d'aquí no se'n deriva automàticament que no siguem responsables de les conseqüències provocades per les nostres accions. Fer-ho significa violar els principis fonamentals de la nostra civilització: el manament bíblic de no fer a altri allò que no voldríem que ens fessin a nosaltres, l'ensenyament de Kant d'actuar sobre la base de la màxima que voldríem veure aplicada per tothom i l'ètica de la responsabilitat de Max Weber. Sempre som responsables del mal que provoquem als altres i hem de mirar de reduir-lo al mínim. Si és veritat que no podem obligar-nos a estimar qui no estimem, és igualment veritat que podem actuar amb prudència, tractar-lo amb gentilesa, ajudar-lo en la necessitat i respectar-ne la dignitat i el valor.

Molta gent afirma que a l'amor no se li donen ordres. Depèn de quina classe d'amor. Molts grans amors només són arravataments passatgers, capricis i dèries. A més a més, l'enamorament veritable sempre comença amb exploracions i necessita el nostre assentiment i complicitat per desenvolupar-se. Què direm aleshores de les falsedats, l'egoïsme i les maldats fetes en nom de l'amor? Quan hi ha l'amor pel mig, hem de justificar totes les vileses? Amb tot i això, avui en dia un nombre important de persones considera que anar on les porta el cor sempre és just, sempre és legítim. I s'indignen quan senten parlar de responsabilitat.

5

L'enamorament veritable

Com ens ho fem per distingir un enamorament veritable d'un enamorament fals, d'un amor sobtat? Hi ha una experiència típica i inconfusible de l'enamorament veritable? Creiem que sí. L'enamorament veritable està dominat pel mecanisme de l'*estat naixent* i els altres no. Si examinem l'experiència típica de l'estat naixent amb cura, tindrem la clau per entendre en quin moment ens podem trobar davant d'un enamorament veritable. Aquesta experiència és més aviat complexa, però val la pena conèixer-la. Examinem-la amb detall. Sols quan coneguem totes les característiques que exposem a continuació, podrem parlar d'enamorament de veritat. En els altres casos, no.

1) *L'experiència d'alliberament*. Tenim la impressió que un període d'empresonament ha acabat. Hem trencat les cadenes i hem sortit a l'aire lliure. Hi assaborim la llibertat. Estàvem doblegats per la mandra, la passivitat i la por. Ens obligàvem a fer el que els altres ens demanaven. Seguíem les regles en lloc de les nostres aspiracions més profundes. Ja no érem nosaltres mateixos. Ens havíem reclòs a poc a poc en una presó invisible. Ara n'hem arrencat els barrots i, finalment, hem esdevingut allò que volíem ser.

2) *La il·luminació*. És com si, quasi per art de màgia, hagués caigut el vel que ens cobria. Ara sabem quins són els nostres desitjos veritables. Ara coneixem de veritat la nostra essència. Sabem el que és just i el que és correcte de fer. Estàvem encegats, adormits, com gairebé tots aquells que ens envolten i que ara mirem amb estupor, perquè ens sembla impossible que s'acontentin amb el que són i amb el que tenen. Abans nosaltres també érem així. No erem autèntics, no estàvem vius. Ara sabem què vol dir viure de veritat, i que tot depèn de l'amor. L'amor és un do meravellós, per bé que faci sofrir. Perdre'l significa tornar a estar entre els cecs, recuperar la condició de zombis.

3) *L'únic*. El nostre estimat no és comparable a ningú altre. Ell és l'únic, absolutament l'únic ésser vivent que podem estimar. Cap altre que coneguem pot reemplaçar-lo, ni que sigui el nostre ídol preferit. No en trobarem cap altre com ell o millor que ell. Si ens correspon, si ens estima, ens meravellem de la sort increïble i extraordinària que hem tingut. Sentim que ens ha estat donada alguna cosa que ni tan sols hauríem imaginat poder obtenir. És per això que la dona enamorada troba de veritat el príncep blau que existeix solament als contes, i l'home enamorat troba l'actriu divina, la reina inaccessible que mai no hauria gosat mirar. El do és tan gran, tan increïble, que no ens el creiem del tot. Per aquesta raó, sorgeix en nosaltres la determinació de protegir-lo contra totes les adversitats, de cultivar-lo amb tremolosa cura.

4) *Realitat-contingència*. Ara que reeixim a veure l'essència de les coses sabem que tot està animat per una força ascendent que aspira a la felicitat, a la joia i a fer totes les coses harmòniques i perfectes. Aquesta és la veritat profunda del que és real. El dolor, la imperfecció i la maldat són, per tant, només aparença i contingència. Un dia desapareixeran per a nosaltres i per a tothom, i la veritat de l'amor i la felicitat s'afermaran. Per això és necessari tenir fe i resistir l'espera.

5) *L'experiència de l'ésser*. Sentim que totes les coses existents, tots els éssers animats i inanimats, tenen un sentit. L'alè de l'absolut emana de totes les coses. Tot és bell quan ho il·lumina la llum de l'ésser. L'ésser és bell, lògic, necessari, admirable i magnífic en si. És així com totes les coses existents –un turó, un arbre, una fulla, un mur al capvespre, fins i tot un insecte– semblen belles d'una manera commovedora.

6) *La llibertat-destí*. Quan estimem, entrem en el gran alè de l'univers. N'esdevenim part del moviment i de l'harmonia. Ens sentim governats i travessats per una força transcendent. Som com una nota musical d'una gran simfonia. Tanmateix no ens en sentim presoners. Més aviat ens sentim lliures i estimem aquesta llibertat nostra sobiranament. Responem a la crida de l'ésser anant cap al nostre estimat. Realitzem la nostra voluntat i el nostre destí alhora. Ser lliure és voler el bé màxim, és voler el destí propi. Ningú no és "esclau" de l'amor, perquè és la seva veritat, la crida i el destí.

7) *L'amor còsmic*. Quan estem enamorats, ho estimem tot: les muntanyes, les plantes, els rius i tots els éssers vius. Ens inclinem al

món plens de comprensió i d'amor. Estimem les persones que ens envolten encara més, i voldríem fer-les felices a totes. Sentim que *deure i plaer haurien de coincidir*. Quan això és impossible, quan se'ns imposa escollir entre el nostre estimat i les altres persones que estimem, aleshores ens esquincen i ens divideixen. És *el dilema ètic*. Moltes persones renuncien a l'amor, i n'hi ha que se suïciden amb l'estimat, perquè el dilema ètic els sembla irresoluble. Per salvar l'amor, renuncien a la vida; però qui és fort, qui vol salvar la vida i l'amor, es prodiga per trobar una solució acceptable per a tots. Qui està enamorat de veritat està preparat per suportar renúncies i fer sacrificis. I si fa mal a algú, experimenta un sentiment de culpa i de dolor.

8) *El renaixement*. La persona enamorada trenca el cercle màgic que la tenia lligada a la seva comunitat com un autòmata. Modifica les relacions que tenia fins aquell moment. Es torna diferent, un altre home o una altra dona. El vell individu ha mort i n'està naixent un altre al seu lloc. Ha sofert un canvi interior, la *metanoia*, de què parla San Pau, la mort-renaixement. L'enamorat és un renascut. No hi ha enamorament de veritat si no hi ha aquesta experiència de renaixement.

9) *Autenticitat i puresa*. Car el nostre vell Jo, àvid, inautèntic i fals, és mort, volem ser *autèntics i purs*. Les persones enamorades es diuen la veritat per necessitat interior. No es menteixen ni a elles mateixes, com succeïa en el passat. L'enamorament veritable és fresc, lleuger i plàstic. Ja no és àvid ni avar ni envejós, perquè només li interessa l'amor. El sentit d'aquesta experiència queda recollit en la frase religiosa: "Cerca el regne de Déu i la resta se't donarà amb escreix". Justament perquè ha entrevist l'essència de la vida, no tem els obstacles. Sent que podrà superar tots els odis, les dificultats i les incomprensions. Aquest sentit d'invulnerabilitat no li ofusca la raó. Altrament és pacient, atent i enginyós.

10) *L'essencial* és l'estimat. Així com abans la persona tenia milers d'exigències i de costums, ara que està enamorada li semblen fútils. No li importa el que l'altre posseeix, com va vestit o com viatja. Li basta amb *l'essencial*. Essencial és allò que serveix per agradar a l'estimat, per fer-lo feliç i viure al seu costat. Pensa realment que en té prou amb "passarem les penes plegats". L'enamorat sap prescindir, renunciar i s'acontenta amb poc. Suporta la fatiga, la son i la fam amb serenitat. Per contra, si roman àvid, si no sap renunciar, vol dir que no està enamorat. Si es lamenta, vol dir que no està enamorat.

11) *El comunisme amorós*. Si algú s'enamora d'una persona rica, el fa feliç que sigui rica i no li importa ser pobre. No vol tornar-se ric com ella, no vol convertir-se en ella. Si és ric, en canvi, sent el deure de donar i de reduir la desigualtat. Les persones enamorades de veritat no porten una comptabilitat del deure i de l'haver. Cadascú "dóna segons les seves possibilitats i cadascú pren segons les seves necessitats".[1] Cosa que és possible sols si ambdós enamorats autolimiten les seves necessitats materials. Ho fan perquè són feliços d'estar junts i tenen necessitat de molt poques coses. Mengen un entrepà tot mirant-se als ulls i els sembla exquisit, s'allotgen en un hotel brut i deixat i els sembla una *suite* de luxe.

Quan hi ha avidesa o avarícia, no hi ha enamorament veritable. D'altra banda, en l'enamorament, les pretensions de tots els altres membres de la família, del clan i del partit es mantenen convenientment allunyades. Entrem a l'estat naixent com a individus. Per consegüent, hi ha un excés de recursos respecte de la necessitat. Si s'hi verifica escassetat, si un dels dos demana massa, vol dir que no està enamorat.

12) *La historiació*. Atès que hem renascut, construïm la nostra nova identitat. Tornem al passat per entendre tot el que ens ha succeït, per jutjar tot el que hem acomplert, per entendre què ens ha allunyat del camí correcte i com hem trobat l'amor de veritat. És la *historiació*. Tots els vells traumes, dolors i amors s'esborren i perden el seu valor. N'emergeixen de nous, sense rancúnies i sense vincles. Aquest procés l'acompleixen els enamorats, junts, explicant-se la vida. Es confien les debilitats i els errors. Fins i tot descobreixen les empremtes i els presagis de l'amor que els uneix en aquell moment. A través de la narració de l'estimat, cadascú veu el món com ell l'ha vist. D'aquesta manera es fonen no solament les vides actuals, sinó també les vides passades. Les integren i les harmonitzen fins a construir una història comuna, fins a tenir una identitat comuna en el temps.

13) *L'amor com a gràcia*. Encara que ens haguem prodigat per conquerir-lo, si l'altre ens estima, ho vivim com un miracle, un do o una gràcia. L'amor no té explicació, és un acte totalment lliure. És per això que volem que l'altre ens estimi lliurement. Fins i tot quan voldríem empresonar-lo i lligar-lo perquè restés amb nosaltres, volem que ens digui "t'estimo" espontàniament. El "filtre d'amor" dels mites és allò que predisposa l'ànim de l'estimat al nostre favor i produeix el mateix canvi en ell que el que nosaltres hem sofert, la mateixa *metanoia*. No es pensa com una esclavitud, sinó com una alliberació. Ell, en beure la poció màgica, ens veu com som de veritat.

14) **La igualtat**. En l'enamorament, cadascú és l'únic i l'insubstituïble, el que val més que qualsevol altre. Per tant, cadascú se sent enlairat al cim del món. En termes sociològics, cadascú és el cap carismàtic de l'altre i no pot ser substituït. Per conseqüent, els enamorats són *absolutament iguals*. No és concebible una diferència de graus o de jerarquia entre ells.

15) **El temps**. La persona estimada és com l'aurora: anuncia la vida nova. És com el capvespre: en constitueix el límit. És a dir, és tota la nostra vida, com un dia de sol: comença amb ella i acaba amb ella. És el principi i la fi del temps. Sabem que el destí, donant-nos aquell amor, ens ha donat el màxim. Per això, en el futur, només esperem caminar al seu costat, afrontant tots els daltabaixos i totes les dificultats. Podem imaginar-nos tota la vida al seu costat, fins a la mort. Tant se val si és llarga o no. Una vida amb el propi amor és, doncs, completa i perfecta. L'amor i el temps són el mateix.

Abans de renunciar al nostre amor, estem disposats a morir. Alhora estem plens d'un desig de viure, però només amb l'estimat. El cicle de la vida nova s'hi inicia i s'hi acaba. Aquesta impossibilitat d'imaginar el temps sense ell ens omple de terror. Viure sense ell significa caure i precipitar-nos a l'abisme, mentre que amb ell podem créixer, millorar i elevar-nos.

16) **Transfiguració**. En l'enamorament transfigurem la persona estimada. En el moment de la transfiguració tenim una *experiència doble*: tot el que existeix és meravellós però alhora és perfectible, es mou cap a un punt més alt. És d'aquesta manera com la mare mira el fill malalt. Sap que allò és una malaltia i voldria que el nen estigués bo, voldria poder-lo guarir. Amb tot, no pot deixar de veure com a bells i encantadors aquell cosset extenuat i aquella carona exsangüe. La transfiguració ens fa estimar el que existeix en la llum de l'Ésser. Cal no confondre, però, la *transfiguració* amb la *idealització*. En la *idealització*, identifiquem els valors reconeguts de la persona estimada. Prescindim dels seus defectes, els anul·lem i posem de relleu solament les seves dots, les exagerem.

Quan estem enamorats, és la transfiguració la que ens permet d'estimar l'altre tal com és, de fondre'ns-hi. N'acceptem el cos i l'esperit. Ens obrim, estem disposats a canviar, a plasmar-nos en els seus desitjos. Volem esdevenir perfectes als seus ulls.

17) **Perfeccionament**. Descobrim una força en nosaltres que ens empeny a superar-nos. Jo entreveig la meva essència i la seva. I la seva no és solament allò que ara es manifesta, sinó totes les seves

possibilitats ocultes i que ell mateix ignora.[2] És com si la meva obligació fos fer la persona estimada semblant a allò que Déu podia tenir al pensament per a ella.[3] Per tant, jo l'empenyo a canviar. Ara bé, el mateix procés actua en mi. Jo també vull fer emergir la meva veritat profunda i dur-ne a terme l'essència. Així que estic obligat a cercar-la no tan sols en allò que m'indica, sinó també en mi mateix, amb esperit de veritat.

Tots volem ser perfectes per agradar a l'estimat. L'escoltem i ens modelem segons els seus destjos, però alhora busquem la nostra vocació autèntica. I podem topar amb les exigències de l'estimat en aquesta recerca. Ambdós, en substància, tendeixen a la pròpia perfecció i a la de l'altre,[4] però el que veuen i el que proposen, ara coincideix, ara s'enfronta. D'això se'n segueix un procés complex que no pot anomenar-se adaptació recíproca, perquè és molt més: és un acte de re-naixement, una re-invenció i una re-creació d'ell i de l'altre, de la relació pròpia.

En aquest procés de co-creació són possibles molts malentesos, errors, adaptacions, correccions i recomençaments, ja que pot ser que l'altre no tingui les possibilitats que hi he entrevist ni jo aquelles que ell m'ha atribuït; o bé perquè algunes coses que semblaven veritables es demostren falses. L'estat naixent és una exploració del possible. Procedint amb aquesta exploració, el possible es redueix i apareix l'impossible: la "realitat" en contrast amb la fantasia i l'esperança.

La parella es forma i dura sols si aquesta "realitat" no entra en contrast mortal amb la transfiguració, si no l'anul·la. La transfiguració continua a la parella feliç, sols que no s'estén a l'àmbit de tot el possible. S'han determinat àmbits d'impossibilitat, límits, però el flux vital es renova perennement a l'interior.

18) *La fusió*. És l'encontre místic que es basta a ell mateix, que està disposat a replegar-se sobre ell mateix. El que compta és el contacte amb l'absolut, l'èxtasi. El seu temps és el present, el seu desig és aturar el temps, el *nunc stans*, l'etern. Quan el temps s'atura, les coses revelen la perfecció de la seva essència i cessa tota aspiració, perquè hom està més enllà del desig.

La fusió és fusió dels cossos, identitat dels esperits. Escalfa i il·lumina. Purifica com una aigua miraculosa i ens fa invencibles i invulnerables com un sagrament. L'individu es rendeix a qualsevol cosa que el transcendeix i en què es realitza. Els dos cossos, abans d'unir-se, esdevenen sagrats, *sacrum facere*, consagració i santuari. Aleshores es complex el miracle del contacte entre cel i terra, de la fusió amb l'univers. El cel i la terra són cridats com a testimoni i s'ho miren tot beneïnt-los. Això és el matrimoni, la unió consagrada. És la celebració de la parella nupcial i de la natura, que ara no són diferents. És la unió de la diversitat de la qual tot neix. És *transsubstanciació*: el cos esdevé diví, s'uneix a l'altre i simbolitza tot el que neix i germina.

19) *El projecte*. De la fusió brolla el projecte: el miracle de veure junts, con-veure, i de voler junts, con-voler. De la mà, els dos amants recorren els camins del món, que sembla totalment bell i nou. Tot és resplendent en la llum de les lluminàries nupcials. L'ésser està predisposat a acollir la vida naixent. Abans tot era purament llavor i potencialitat. El projecte és definició. El projecte es projecta en el temps i el construeix. El temps neix amb el projecte. El temps floreix del *nunc stans*, de l'etern en forma de projecte.

El projecte germina i sorgeix absolutament lliure i capriciós com a moviment cap al món, com a joc en el món. El projecte és possible perquè el món està transfigurat i preparat per acollir-lo. No és esforç ni pena. És dansa i creativitat. Pot generar un activisme frenètic, la construcció d'una casa o d'una família, o bé la reclusió en una torre (passar les penes plegats) o en el bosc (com en el mite de Tristany i Isolda). Ara bé, tot es fa en nom d'aquell encontre, d'aquella unió mística i vivificant que és la matriu i la font, el principi i l'origen últims. Totes les altres determinacions, la construcció de la casa o del refugi, marxar o quedar-se, són totes camins que en parteixen, modes d'estar en el món, encarnacions de la seva sacralitat, emanacions.

La cultura, l'experiència acumulada, les pors, les angoixes o els amors infantils, les desil·lusions sofertes, els somnis i els desitjos insatisfets juguen un paper determinant en la producció d'aquestes coses. El projecte és el producte de la fusió i de la seva voluntat de viure, d'esdevenir matèria viva, natura, cos i estructura. N'és l'encarnació en el món i la realització. És germinació, empremta deixada per l'impuls creatiu, per l'impuls vital que cerca la seva perfecció però que s'objectiva de tota manera en tot el que viu, en el que resta.

20) *El dilema ètic*. L'absolut, l'entrevist, ha d'encarnar-se. L'enamorament no és sols idil·li, no és sols anar somniant més enllà del bé i del mal. És realitzar el bé en el món, i això implica redescobrir la moralitat. La moralitat sempre es presenta com una elecció entre coses que tenen la mateixa dignitat a la llum de l'ésser. Aquell que estima voldria que tothom fos feliç, però fa infeliços a d'altres. Conseqüentment, està obligat a afrontar el dilema, que és una recerca lenta i fatigosa no pas del que està bé, sinó del que redueix el mal i el sofriment.

6
Altres formes d'amor

Existeixen els enamoraments falsos, les exaltacions amoroses i altres formes d'amor juntament amb l'enamorament veritable. Hem d'aprendre a identificar-los i a distingir-los.

En l'enamorament veritable *l'estat naixent subordina tots els altres mecanismes a ell mateix*. A les altres formes amoroses, en canvi, generalment n'actua *un de sol*. Per exemple, quan l'estat amorós està determinat *només* pel mecanisme de la *indicació*, tenim les formes d'amor a l'ídol. Per contra, quan només actua el mecanisme de la *pèrdua*, es té l'amor competitiu, que necessita una amenaça, una dificultat o un rival. En els casos en què actua solament el mecanisme del *plaer* es tenen les exaltacions amoroses eròtiques.[1] Després hi ha d'altres formes d'amor en les quals juguen altres factors. Les examinarem totes en aquest capítol i en el següent.

Amor a l'ídol

1) *L'adoració a l'ídol.* La posa en funcionament el mecanisme *de la indicació* i s'adreça a aquells que tots coneixem, que tots indiquem i adorem. En els moviments polítics, socials o religiosos, a les esglésies, als cultes i a les sectes, el cap carismàtic, el líder, el sacerdot, el sant i el gurú sempre estan envoltats d'una multitud de seguidors que els adoren; però també els milionaris, els actors de cinema, els grans cantants, els campions esportius, aquells que a Itàlia anomenem *divi* són admirats, estimats i desitjats. Aquesta admiració sovint es converteix en desig eròtic per a les dones.

En totes les societats i tots els grups existeix una jerarquia eròtica que té al vèrtex les persones considerades més desitjables i a la base, les que ho són menys. El *rang eròtic* és la posició ocupada per una persona en aquesta escala de preferències. N'hi ha que es troben al vèrtex de la classificació internacional, d'altres al de la nacional i d'altres al de la local.

Les persones del mateix rang són intercanviables, mentre que les de rang eròtic superior prevalen sobre les de rang eròtic inferior. A la pel·lícula de Woody Allen *La rosa púrpura del Caire*, hi ha una pobra mestressa de casa que adora un personatge de la pantalla, un explorador. En un moment donat, ell surt de la pantalla i la festeja. Ella se n'enamora de seguida, però després arriba l'actor en carn i ossos, que encara és més atractiu que el personatge, i aleshores passa a estimar l'actor. En arribar a un cert punt, tant l'un com l'altre se'n van, i la pobra dona, decebuda, torna al cinema on s'havia produït el miracle. S'hi projecta una nova pel·lícula amb Fred Astaire, que balla amb Ginger Rogers, i en queda fascinada immediatament. En un instant oblida els amors anteriors pel nou.

El *rang eròtic* és una qualitat social que desdibuixa les preferències individuals. És el producte de l'opinió col·lectiva. Després, cada individu té les seves modalitats personals de reacció davant dels estímuls eròtics. Sempre hi ha qui no és sensible a la fascinació dels ídols, però a la major part de nosaltres ens influencien els gustos col·lectius.

Els estudis sobre la idolatria duts a terme fins ara mostren que les noies estan més influenciades pel rang eròtic en el moment de l'elecció amorosa que els nois. L'erotisme, quan es desperta, tendeix a les altures. Els atrauen immediatament les persones que tenen el rang eròtic més elevat en la seva petita comunitat, però també els ídols internacionals. Per tant, la noia somia el campió de tennis local i Tom Cruise. Només pren els altres en consideració en qualitat de recurs, per necessitat. Aquest mecanisme és molt antic. Des que el món és món, el mascle busca totes les femelles. La femella, en canvi, es posa bonica i provocadora per atraure el nombre més gran possible de mascles i, sobretot, els més valorats. Després, n'escollirà el millor.

Als nois també els atrauen les actrius bellíssimes i apreciades universalment, però no creuen que les dones tan belles, tan fascinants i tan famoses puguin interessar-se per ells. I en el cas que ho fessin, no tindrien res per oferir i no sabrien com retenir-les. Per això els manca un dels factors bàsics de l'enamorament: l'esperança. Aquesta renúncia acaba per estendre's també a les companyes més boniques i més buscades. Molts mascles acaben per renunciar a la gran bellesa, aquella que tothom admira i vol. La deixen pels ídols, pels rics i poderosos. Acostumen a mirar cap a una altra banda, on podran trobar un somriure que sigui tot per a ells. En renunciar a la bellesa, no aprenen ni tan sols a analitzar-la ni a distingir entre bellesa i atracció eròtica. L'erotisme masculí acostuma a reaccionar exclusivament davant d'un nombre limitat d'estímuls físics bastant grollers. El mascle s'excita per un escot accentuat, per una gran massa de cabells, per unes cames molt llargues, i també per unes cames curtes si es creuen d'una manera provocadora.³

D'altra banda, les noies es desfan per fer-se notar davant de l'estrella local, el fill de l'empresari ric, el campió esportiu o aquell que tothom jutja bell. Dels altres, no saben què fer-ne. No es dignen a dirigir-los ni tan sols una mirada. Aquesta elecció coratjosa d'apuntar a les altures també té un aspecte negatiu, perquè sovint es veuen obligades a acontentar-se amb un home que no correspon als ideals que tenen. D'aquí el vel de decepció que sovint es troba en les dones joves i casades.⁴

2) Les propietats extraordinàries que la persona veu en l'ídol no són el producte de la seva *transfiguració personal*, sinó de la *indicació col·lectiva*. És la societat que el declara com a tal, que ens l'assenyala amb el dit com a figura exemplar i divina. L'*adoració a l'ídol* és un procés col·lectiu que porta a estimar allò que la col·lectivitat ja ha escollit. Moltes noies se senten més atretes per un ídol que pel noi de carn i ossos amb qui surten. Això no obstant, no podem dir que estiguin enamorades, perquè el procés no l'ha posat en funcionament la transfiguració amorosa personal, no l'ha generat l'estat naixent personal. Elles participen del somni col·lectiu i veuen el que la societat els indica com el millor.

Milions de dones russes s'han consumit d'amor per Lenin o Stalin, com les italianes per Mussolini, les alemanyes per Hitler i les americanes per Franklin Delano Roosevelt o per John F. Kennedy. Tots els individus estimen el cap, però les dones hi afegeixen un interès eròtic personal similar al que experimenten pels ídols. Aquí són la societat o el departament de propaganda corresponent els que s'encarreguen de fer allò que l'individu fa sol a la transfiguració amorosa.

A la *transfiguració amorosa personal*, en canvi, som capaços de trobar valors en el nostre estimat, siguin quins siguin. I sigui quin sigui el judici que d'ell en fan els altres. Una dona pot enamorar-se d'un home molt lleig, d'un delinqüent o d'un marginat social; un home, d'una prostituta, d'una drogoaddicta. Car és l'*ésser en si mateix* el que li sembla admirable a l'enamorat, fins i tot amb la seva misèria, amb la seva malaltia. Com la mare que continua estimant i trobant bell el seu fillet minusvàlid. I no pot dir-se que s'equivoqui, perquè se li ha accentuat la sensibilitat, perquè hi veu alguna cosa que els altres no hi veuen. L'amor li obre una porta de coneixença que és barrada a qui no estima. L'enamorat descobreix allò que val en la persona estimada i ho afirma davant de tothom. Quan mira la seva dona, la troba preferible a l'estrella més bella i més famosa de totes. Quan ha d'escollir no té dubtes, l'escull a ella. L'enamorament es rebel·la contra el sistema de valoracions eròtiques col·lectiu contraposant-hi l'ordre de valors propi. No s'inclina davant del carisma que tots reconeixen, sinó que, com si d'un moviment col·lectiu es tractés, genera una figura carismàtica pròpia i l'eleva damunt de les altres. L'enamorat veu en la persona estimada els signes lluminosos del carisma que en fan l'única persona dotada de valor: l'elegida.

3) *Idolatria i gelosia*. És molt poc freqüent que una persona conegui el seu ídol preferit i que ell s'enamori d'ella. Generalment, l'ídol queda lluny i és l'objecte d'una adoració a distància que no es converteix en enamorament veritable. En l'adoració per l'ídol, la persona adoradora no sofreix per no ser corresposta. De vegades hi ha senyals de gelosia però, en conjunt, la *fan* accepta que el seu estimat tingui una esposa, una promesa i també moltes amants ocasionals. Car ell és lluny i ella no pot actuar; perquè, faci el que faci, no pot suscitar-ne l'amor. En la idolatria, la distància física i social confina l'amor naixent al regne de l'imaginari, de la fantasia i del somni, al lloc de la satisfacció al·lucinatòria dels desitjos.

Podem enamorar-nos d'algú només quan, amb raó o sense, creiem que podem ser estimats i esperar-ne reciprocitat. Quan no l'esperem, som al terreny de l'adoració per l'ídol i no al de l'enamorament. En aquest cas, si l'altre no ens estima, no sofrim. Mentre que en l'enamorament veritable, si l'altre no ens estima, sofrim terriblement.

Per regla general, la *fan* sap perfectament que el camí que la duu a l'ídol o al cap li és barrat. Per això s'acontenta estimant-lo a distància. S'acontenta amb una fotografia, amb un pòster, o veient-lo a la pantalla. Ara bé, si aconsegueix acostar-se-li, el desig creix. Tot i això, sap que, també en aquest cas, molt difícilment podrà ser corresposta. És així com s'acontenta igualment amb una relació sexual, que viu com un privilegi.

De vegades se li llança als braços per no deixar-lo escapar. Hi ha dones que arriben a tenir una col·lecció de famosos. En aquests casos, no solament està funcionant el mecanisme de la indicació, sinó també el desig de mostrar el poder de seducció propi, de dominar. Només quan la *fan* s'adona que l'ídol l'estima al seu torn, esdevé exclusiva i gelosa.

4) *L'exaltació amorosa per l'ídol*. Es presenta com un enamorament veritable, encara que la transfiguració s'hagi produït sols per la indicació col·lectiva. Pot descobrir-se si no és enamorament de

veritat veient si existeixen els caràcters de l'experiència fonamental de l'estat naixent, descrita al capítol cinquè. En tot cas, el pseudoenamorament es descobreix a la fi perquè, en cessar l'aplaudiment social, l'amor s'esvaeix. La persona enamorada de veritat lluita contra la societat, l'exaltada per l'ídol segueix les directrius i se sotmet a les fantasies. Quan se'l troba, quan pot viure al seu costat a la vida quotidiana, s'adona que no el coneix i descobreix que és diferent de com l'havia vist al cinema i a la televisió, de com l'hi havien descrit els altres. I sovint té una gran decepció.

Com va succeir a una noia que anomenaré *la fan*. Sempre havia adorat una estrella de Hollywood molt coneguda, que era el seu ideal i del qual creia que estava enamorada. Atès que freqüentava els casinos i l'ambient de l'espectacle, un dia va tenir la sort de conèixer-lo. Es llança amb ardor a l'aventura, el sedueix i hi comença una relació eròtica. Quina decepció, però! L'home juga sense mesura, beu, s'emborratxa i tan bon punt acaba de fer l'amor, s'adorm i ronca. D'altra banda, té una pell lletja que fa mala olor. La nostra noia, que creia haver tocat el cel amb les mans, és ben feliç d'acompanyar-lo a l'aeroport uns dies després i de no veure'l mai més.

L'exaltació amorosa per l'ídol també pot succeir-li a algú que no pertanyi al món de l'espectacle. Ens ho mostra el cas de *la noia que busca marit*. Quan tenia dotze o tretze anys, aquesta noia sentia una gran passió pel cantant Al Bano. L'estimava amb deliri, tenia el dormitori ple de pòsters seus i somiava amb trobar-se'l. Uns anys després, coneix una celebritat local molt admirada per les seves companyes, en part gràcies al seu automòbil descapotable. Oblida Al Bano, s'enamora completament de l'altre i li fa la cort sense pietat. El segueix, se li acosta, li posa paranys, es doblega a tots els seus capricis, li fa d'esclava i accepta les situacions més humiliants. Fins que, a la fi, venç. Ell es torna amable, considerat, s'enamora i vol casar-s'hi. La presenta als familiars i viuen junts. Aleshores ella comença a notar-ne els defectes. Li sembla deixat, banal i mancat de fascinació. Convertit en un home domèstic, ja no és la celebritat inaccessible i disputada per les altres.

I aleshores, un vespre, apareix un nou ídol a l'horitzó. És pilot d'aviació. Bell, alt, moreno, amb el rostre d'un actor de Hollywood i també adorat per les dones. El que la fa embogir, però, és l'uniforme. Se n'"enamora" perdudament i l'amor pel promès es transforma en disgust i repulsió. No vol veure'l més, no li contesta les cartes ni les telefonades.

El que desitja aquesta noia es cremar, cremar d'amor, però el seu amor no és capaç de transfigurar una persona qualsevol. Ha d'escollir necessàriament com a objecte d'amor el que li assenyala l'admiració de les altres dones. I encara que ella no ho sàpiga, el seu no és un enamorament veritable. Evidentment, tan bon punt se sent estimada, tan bon punt l'estimat deixa de ser inassolible, l'amor s'esvaeix. I està disposada a llançar-se als braços d'una nova celebritat, porti o no uniforme.

La psicòloga americana Dorothy Tennov ens parla també d'un cas anàleg. Tennov, però, confon l'arravatament eroticoamorós amb l'enamorament de veritat. A les primeres pàgines del seu llibre *Love and Limerence*, parlant d'una estudiant que passava d'un amor a un altre amb facilitat, escriu: "Terry sempre estava enamorada d'algú. A la mateixa classe va tenir un amor sobtat terrible amb Smith Adam, el noi més popular de l'escola... A continuació va haver-n'hi d'altres en una successió tan ràpida que el dolor de l'amor anterior desapareixia amb l'aparició del nou".[5] Tennov bescanvia *la transfiguració* per *l'enamorament*. El seu concepte de *limerence* no ofereix cap element que permeti distingir entre dues experiències tan diferents.

5) *L'enamorament de l'ídol*. També és possible que *la indicació* sigui el punt de partida d'un *enamorament veritable*. En aquest cas, el subjecte troba més fàcil transfigurar la persona estimada, ja que la societat la indica com algú extraordinari i superior. És el cas d'una noia sud-africana de vint-i-dos anys, molt rica i promesa, que havia de casar-se uns dies després. L'anomenarem *la noia promesa*. Era l'estiu i ella estava de vacances amb els pares i el promès. Un vespre, es dirigeix cap a un local nocturn on actua un cantant que ha admirat sempre, des de ben petita. I s'adona, amb estupor, que ell la mira i la busca amb els ulls. Ella ja està torbada per les seves cançons i per la seva proximitat. Una amiga li presenta i ell s'asseu a la seva taula. Després, li dedica una cançó d'amor, la convida als assaigs del seu concert i la festeja. La noia sent una atracció irresistible. Aquest home és el seu somni, el seu ideal. Davant d'ell, la imatge del promès es descoloreix. És un amor fulminant. El veu els dies següents i els pares i els amics es preocupen i proven de dissuadir-la, però ella no cedeix. Trenca el prometatge i se'n va a viure amb ell. Dos mesos després es casen.

Queda clar que si l'ídol no s'hagués fixat en ella i, sobretot, si no l'hagués festejada, tot hauria quedat a l'àmbit de la fantasia. Tan sols n'hauria conservat un record romàntic. En aquest cas, però, l'ídol actua en la realitat com només podria fer-ho en el somni d'una adolescent. Se li acosta, la busca, li diu que la desitja i que l'estima. Com es pot resistir un estímul tan intens? Com es pot resistir si es troba l'ideal? *La noia promesa* ha trobat el seu ideal i no l'ha decebut. La indicació, en aquest cas, desencadena l'estat naixent i l'enamorament.

Això no obstant, entre l'enamorament veritable per l'ídol i l'enamorament normal hi ha una diferència subtil. En l'enamorament normal, la persona estimada sempre queda una mica sorpresa i meravellada de veure que l'altra troba admirables tots els detalls del seu rostre, tots els seus gestos i els seus pensaments. Aquesta adoració sense motiu, gratuïta, li dóna una seguretat profunda, anàloga a la que tenia de petita quan se sentia estimada pels pares, quan sentia que tenia un valor intrínsec gràcies al seu amor. Aquesta admiració inesperada, aquesta familiaritat, té l'efecte d'empènyer-la a fer més, a millorar-se, per ser digna de l'altra.

En canvi, l'ídol ja és amunt, ja és conscient del seu valor. Tothom li diu. I això pot crear problemes en el procés d'enamorament, perquè l'enamorament veritable és un renaixement, és recomençar i examinar de nou críticament tota la vida anterior. Qui és massa amunt, qui està massa segur de si mateix, pot dir: "jo sóc així, prenme com sóc, sense discutir-me".

Perquè hi hagi amor, és necessari que l'amant faci germinar possibilitats latents o contingudes en el nostre ésser. Ens ha d'oferir alguna cosa nova. Què està donant un home qualsevol a Marilyn Monroe, Claudia Schiffer o Kim Basinger si els diu que són belles? Res. Elles ja saben que ho són. Què els pot dir que milers d'altres homes no els hagin dit ja? Quins regals els pot fer que milers d'homes més no els hagin fet ja?

L'amor necessita entreveure alguna cosa desitjada i no assolida, alguna cosa que esperava despuntar, alguna cosa que prometi una dilatació de l'experiència, una vida digna de ser viscuda. Pot ser la bellesa, la força, la intel·ligència, l'art, la sorpresa, l'excés, el risc o el poder. A l'*Orlando furioso*, Angèlica, adorada per tots els poderosos, escull un simple soldat, Medoro, perquè és el més bell. Marilyn Monroe escull primer Joe Di Maggio, l'esport, després, Arthur Miller, la cultura, i a la fi, Kennedy, el poder. Com Cleopatra, que va enamorar-se de Cèsar.

6) *Cap carismàtic i ídol.* Les relacions entre els seguidors i el seu cap carismàtic són diferents de les que tenen les *fans* respecte del seu ídol. En els moviments col·lectius, els seguidors no estimen només el cap, sinó també la col·lectivitat que els és comuna. Els catòlics estimen i admiren el Papa, però també la seva Església. Els musulmans estan lligats emocionalment no només al seu *imam*, sinó també a l'*umma*, la comunitat dels creients. En conclusió, en els moviments col·lectius no és solament el cap qui és extraordinari i carismàtic. Són carismàtics la comunitat i el moviment mateixos.[6]

En canvi, la relació amorosa que s'estableix entre l'ídol i els seguidors és de tipus estelar.[7] L'ídol és al centre i tots els altres l'admiren, l'adoren i l'estimen només a ell. Els *fans* de Rodolfo Valentino, Clark Gable, Paul Newman, Tom Cruise, Frank Sinatra o Luciano Pavarotti estan lligats al seu ídol com individus a un individu.

Freud va cometre un error greu a la seva teoria de les masses.[8] S'imagina que el grup es forma perquè tots els fills estan lligats individualment al pare, com els *fans* a l'ídol. I, com que tenen en comú el mateix objecte d'amor i d'identificació, també s'identifiquen horitzontalment entre ells. Aleshores però, com s'ho fan els germans per rebel·lar-se i matar el cap, com ell mateix escriu a *Tòtem i tabú*?[9] Si odien el cap i hi trenquen, deixen de ser un grup. Com poden aleshores organitzar-se per matar-lo? Freud no pot donar una solució a aquest problema.

La nostra teoria dels moviments, sí. Trencades les relacions amb el pare, es produeix un *estat naixent* que fon els germans individuals en un grup nou. Un "grup revolucionari", "una germanor jurada" d'on emergeix un cap nou. Aquest canvi l'ha representat molt bé Shakespeare a la seva obra *Juli Cèsar*. L'admiració s'ha transformat en odi entre molts seguidors de Cèsar. Volen la seva mort però cap d'ells, pres individualment, té el coratge d'alçar el punyal. Ho aconsegueixen només quan formen un grup que es cohesiona a l'entorn d'un cap nou, Brutus. Elaboren una ideologia que justifica el gest i es juren lleialtat. Després, just quan maten Cèsar al Senat, amb les dagues encara regalimant de sang, repeteixen el ritus de la conjuració estrenyent-se les mans ensagnades.

Els sentiments experimentats vers un ídol o vers un cap són molt diferents. El cap del moviment és vist com aquell que ens condueix cap al futur, cap a la *salvació*. En canvi, els admiradors de Paul Newman, de Madonna o de Richard Gere poden tenir estremiments quan el coneixen, sentiments d'adoració veritables i autèntics, però no tenen un sentit de destí col·lectiu. Per tant, en el terreny eroticoamorós no hi ha diferència entre el cap carismàtic i l'ídol. Aquesta és la raó per la qual hem usat una única expressió, *amor a l'ídol*, per indicar totes les classes d'interès amorós que es dirigeixen a aquell que és admirat, estimat i adorat per un gran nombre de persones, bé sigui un cap carismàtic o un ídol.

Amor competitiu

L'amor competitiu és aquell en què la persona crema d'amor només si troba un obstacle, només si l'altre li diu no, o només si existeix un rival, sigui un pare, un marit o una esposa, que li barra l'entrada. Quan aquest obstacle desapareix, quan s'ha assolit la meta, l'amor desapareix. L'amor competitiu és, per tant, un producte de la *prevalença dels mecanismes de la pèrdua i l'afirmació* sobre altres mecanismes amorosos.

A diferència del que succeeix en el cas de l'amor a l'ídol, un enamorament competitiu veritable és molt rar. Només solem veure formes de pseudoenamorament o *arravatament eroticoamorós competitiu*. Són formes d'arravatament molt difuses, tot i que no adoptin la forma extrema d'un Don Joan o d'un Casanova. Don Joan és una figura literària, però Giacomo Casanova és un personatge històric, que ens ha deixat fins i tot unes *Memòries* cèlebres.[10] Quan Casanova crema d'amor per una dona, està absolutament convençut d'estar-ne enamorat i usa totes les estratègies i adulacions possibles per conquerir-la. Ara bé, tan bon punt ella cedeix, el seu amor s'esgota. A la pel·lícula *El retorn de Casanova*, amb Alain Delon, es representa el gran aventurer venecià com un home madur. Casanova arriba a un poble on viu una dona que va estimar només una nit, mentre que ella va continuar estimant-lo tota la vida i ha estat esperant el seu retorn. En veure'l, creu que ha tornat per ella, però no és així. Casanova li diu que està enamorat de la seva néta, que té vint anys. Una noia moderna i estudiosa que el refusa i el menysprea, en part perquè està enamorada d'un lloctinent jove amb qui passa nits d'amor ardents. Boig de passió, Casanova ho intenta tot. Fins i tot intenta suscitar-li pietat i compassió, però és inútil. Aleshores, l'última nit abans de marxar, Casanova juga una partida de cartes amb el lloctinent i li guanya una suma de diners que el jove no posseeix. A compte del deute, li demana l'uniforme per poder entrar, a les fosques, al dormitori de la noia. El jove accepta i Casanova aconsegueix posseir-la gràcies a aquesta estratègia. Al matí, la passió li ha desaparegut. Puja a la seva carrossa i marxa, però el lloctinent jove, furiós, l'espera fora del poble i el desafia a un duel. Casanova se li enfronta i el mata.

L'exemple no necessita gaires comentaris. Casanova no està gens enamorat de la noia. La desitja perquè ella li diu no i perquè hi ha un rival. No hi ha cap estat naixent, cap procés de fusió. El desig d'afirmar el poder de seducció propi i la competició dominen per damunt de qualsevol altra consideració. I, evidentment, aquest gran amor s'acaba quan posseeix la dona i mata l'adversari.

El pseudoenamorament competitiu és molt comú, tant entre els homes com entre les dones. Al llibre de Carlo Castellaneta *Les dones d'una vida*,[11] el protagonista, Stefano, s'enamora apassionadament d'Ida, una dona casada. La convenç de deixar el marit i anar-se'n a viure amb ell, però un temps després s'adona que ja no l'estima. Tornarà a desitjar-la sols quan ella s'hagi tornat a casar amb un altre home. També actua de la mateixa manera amb els altres amors que té. Amb Flora, amb Valèria, que abandona el marit i els fills, però de qui es cansa tan bon punt ella comença a comporta-se com una dona que l'espera, fidel i gelosa, quan fa tard. I ell, just el dia en què va a comprar la casa on hauran d'anar a viure junts, coneix Giorgina. Amb Giorgina també passa un període d'amor foll i extàtic que dura, però, fins que se sent estimat. Aleshores està preparat per una altra aventura.

No és diferent del cas de la dona jove que, en converses, ens confia desesperada que encara és a la recerca d'un home que vulgui casar-s'hi. Ja l'hem coneguda. És *la noia que busca marit*. No parla de res més, no pensa en res més, fins i tot posa anuncis matrimonials. S'"enamora" contínuament, però ningú no es casa amb ella. D'altra banda, si escoltem la història de la seva vida, n'emergeix un quadre més complex. Quan era molt petita, les estrelles del cinema i els cantants la corprenien. El seu primer amor va ser una celebritat local que va deixar per un pilot, que també era una celebritat i era admirat i festejat per les noies. Va perdre el cap per ell, va fer bogeries, el va seduir i després se'n va cansar. Sempre experimenta fantasies idòlatres. Un temps després, s'encaterina d'un professional conegut, ric i casat. Com en el cas anterior, el festeja despietadament, aconsegueix seduir-lo i n'esdevé l'amant, però no s'acontenta amb una aventura eròtica, vol fer pública la relació, i ell hi trenca.

Mentrestant coneix altres homes que, per atractiu, cultura, intel·ligència i estatus, estan al seu nivell. N'hi ha que la festegen i n'hi ha fins i tot un que voldria casar-s'hi, però a ella no li interessen. Sempre mira més amunt, busca algú de rang eròtic més elevat. S'encaterina d'un advocat, d'un ginecòleg, d'un professor universitari, tots ells coneguts, rics i casats. Es llança a l'aventura sense reserves i aconsegueix anar-se-n'hi al llit. Quan ho aconsegueix, comença a comportar-se com una doneta enamorada amb els coneguts i els amics, no sols en privat, sinó també en públic, fins que el "promès" de torn se'n cansa i la deixa.

En altres paraules, cada vegada que aquesta noia aconsegueix de veritat que l'altre s'enamori, cada vegada que l'home està disposat a casar-s'hi, ella se'n cansa, es fa enrere i perd l'interès. Al contrari, l'erotisme i l'amor se li desperten quan l'altre és ric, poderós i casat; és a dir, quan pot sentir el seu poder de seducció, el seu encant eròtic i, especialment, quan ha de derrotar altres dones.

Si *la noia que busca marit* repeteix el mateix esquema malgrat totes les decepcions, vol dir que n'extrau plaer. I el plaer consisteix justament a reeixir en la seducció de l'home de manera eròtica. A arrencar-lo, ni que sigui per un moment, de la seva dona i del seu ambient. És la conquesta el que l'excita, la seducció. I les conquestes que descriu com una successió de desenganys amorosos, perquè tots els homes que estima no volen casar-se amb ella, són en realitat altres tantes victòries. Jeanne Cressanges ens descriu un cas semblant, *Nicolle*.[12] Nicolle s'enamora d'homes tan difícils de conquerir que d'altres hi haurien renunciat, però ella aconsegueix superar tots els obstacles mitjançant la seducció i la tenacitat. Un home casat, després del seu festeig acarnissat, gairebé es divorcia de la seva dona. Un turc, per casar-s'hi, arriba a fer-se naturalitzar francès; un delinqüent es redimeix. Tanmateix, cada vegada que la victòria és a tocar de la mà, cada vegada que pot produir-se el matrimoni, ella perd l'interès i s'adona que ja no està enamorada. Les coses continuen així fins que apareix un personatge, Paul, encara més difícil que els altres: fascinador, misteriós i inaccessible. Corren rumors que és un espia. Nicolle embogeix per aquest home misteriós que sempre se li escapa. Li fa la cort sense treva durant dos anys i, finalment, s'hi casa. S'hi casa perquè, en realitat, ell continua escapant-se-li psicològicament, perquè la victòria no és definitiva, i el matrimoni és en aquest sentit el primer signe tangible del seu èxit. Després d'un temps, l'enigma es resol: aquell home tan misteriós i inaccessible és en realitat un boig. Un esquizofrènic amb deliris paranoides i crisi depressives. Efectivament, se suïcida.

Tots els casos que hem examinat són casos d'arravatament. Però existeix també algun *enamorament competitiu veritable*? En el cas dels personatges dominats pel mecanisme de la competició, quelcom que s'assembli a l'enamorament només és possible si són derrotats d'una manera contínua i repetida. Si els estimats no s'abandonen mai del tot, si els refusen, els tenen amb l'ai al cor. Això manté en vida la idea d'un rival, artificiosament i tot. Aleshores, l'amor pot durar anys i anys. És el que ens explica Carlo Castellaneta a la seva novel·la *Passió d'amor*.[13] Diego s'enamora de Leonetta i continua estimant-la només perquè ella se li lliura i alhora se li escapa.

En els encontres amorosos, Leonetta li explica els seus amors, els seus vicis, les seves prediccions i les seves experiències amb altres amants. I Diego es torba i s'excita, estimulat per un desafiament continu. Leonetta està casada i no renuncia al marit. No hi renuncia perquè està acostumada a la riquesa i en té necessitat per ser ella mateixa, una reina que s'ofereix. En té necessitat per ser bella. Si visqués amb Diego, hauria d'adaptar-se a la mediocritat, renunciar als vestits costosíssims, al gran perruquer i a l'esteticista personal. Leonetta, però, s'aferra al marit per un altre motiu. Ella sap que Diego necessita l'obstacle, el rival i la lluita. Sap que ella li interessa sols com una presa per arrencar a un altre home. Sap que l'amor boig de

Diego, que dura des de fa tants anys, desapareixeria en el moment en què ella, la deessa inaferrable, esdevingués una possessió segura. Aleshores li semblaria insípida i molesta.

En arribar a aquest punt hem d'introduir una distinció. En el cas de *Nicolle*, l'arravatament neix de la necessitat de demostrar la capacitat de seducció pròpia. Paul, l'home misteriós, l'atrau perquè és inaccessible i fred, perquè no respon al seu amor. Ella vol demostrar-se a si mateixa que és una seductora i, per això, el desig d'un esquizofrènic incapaç d'estimar esdevé màxim i paroxístic. *La noia que busca marit*, en canvi, desitja afirmar la superioritat pròpia per damunt d'altres dones, de les rivals. El cas de Diego i Leonetta està certament al límit, perquè és un gran amor que dura deu, vint anys. I conté moltíssims elements de l'enamorament veritable: la fusió i el desig d'una vida en comú. Tots ells, però, frenats, bloquejats, per un mecanisme infernal.

Per acabar, veurem què succeeix en un llibre i en una pel·lícula que han tingut una gran importància en la història de les emocions femenines, *Allò que el vent s'endugué*. A primera vista, l'amor d'Escarlata O'Hara per Ashley sembla de tipus competitiu, perquè dura mentre ell és fidel a la seva dona i desapareix en el moment en què Melània mor. En realitat, Escarlata es va enamorar d'Ashley abans de saber que estava promès amb Melània i continua esperant conquerir-lo fins i tot després perquè, de fet, ell no la refusa mai amb claredat. La relació entre Rhett i Escarlata també és psicològicament correcta. Escarlata no pot enamorar-se de Rhett, perquè ja està enamorada d'Ashley. Només podrà fer-ho quan aquest amor s'hagi acabat. L'amor de Rhett per Escarlata, en canvi, es fonamenta en la percepció d'una afinitat profunda entre ells. Rhett comprèn que junts poden fer coses extraordinàries. Ara bé, Escarlata vol afirmar la seva personalitat i la seva independència, i tem que la personalitat de Rhett l'esclafi. Per això s'ha de casar amb algú a qui no estimi i escull homes dèbils que es deixin dominar.

Interès econòmic i estatus social

La riquesa, la classe social, la possessió d'automòbils, de cases, d'embarcacions de luxe, el nivell de vida i la roba contribueixen a fer una persona més atractiva. Tots ells són factors que poden desencadenar l'enamorament. L'enamorament també brolla de somnis, d'esperances i d'aspiracions socials. En el conte de *La Ventafocs*, el príncep s'enamora de la noia pobra sols perquè ella, gràcies a la fada, assisteix a la festa amb un vestit meravellós. Si se li hagués aparegut amb els parracs habituals, ni tan sols s'hi hauria fixat. El mateix passa a *Pigmalió* de Shaw. Primer Higgins menysprea la noia bruta i ignorant que ha tret del carrer. Solament se n'enamora quan es torna elegant i refinada. Hem vist que *Student* s'enamora d'una companya d'universitat que pertany a un ambient social superior al d'ell. No hi ha cap càlcul ni cap interès econòmic en aquesta elecció. La noia simbolitza el món que l'atrau, la mena de vida que el fascina.

A la literatura trobem la descripció de molts enamoraments activats, desencadenats o facilitats per la riquesa. Per exemple, *El Gran Gatsby*, de Francis Scott Fitzgerald. Gatsby té vint anys quan veu Daisy per primera vegada. La veu en una recepció on ha estat convidat amb altres oficials. Ell és molt pobre, però l'uniforme els fa a tots iguals. Resta bocabadat per la casa, perquè mai no n'havia vist cap de tan bonica. Està commogut, extasiat i colpit.[14] I la rica i bellíssima Daisy correspon al seu amor sense saber qui és. Després, Gatsby marxarà cap al front i la perdrà de vista. Ella es casarà, però ell continuarà estimant-la. Es prodiga, doncs, i acumula una fortuna per poder-la conquistar. Hi ha molt d'autobiogràfic en aquesta història, perquè Fitzgerald també va enamorar-se de Zelda Sayre, la filla d'un magistrat ric, quan feia el servei militar a Alabama. Aleshores Zelda era inassolible, pertanyia a un ambient social més elevat que el d'ell. Aconseguirà casar-s'hi sols després de l'èxit de la novel·la *A aquesta banda del paradís*.

És a dir, la riquesa forma part de l'enamorament veritable com un dels components que permeten l'activació de l'estat naixent. Exactament com el plaer eròtic, les bones maneres o la fascinació de l'uniforme o del poder. Les persones que sempre han somiat amb una vida més elevada en els seus projectes vitals inconscients, tendeixen a enamorar-se d'algú que la simbolitza. L'escriptor Honoré de Balzac, quan tenia vint-i-dos anys, es va enamorar de Laure de Berry, que en tenia quaranta-quatre. Elena Gianini Belotti ho descriu amb cura d'aquesta manera: "Si el petit burgès Honoré s'enamora de l'aristocràtica Laure de Berry és perquè està enlluernat i atret pel seu estil de vida, pel seu ambient social, i té ànsia de pertànyer-hi: està afamat d'atencions, compliments i estímuls constants amb què alimentar el talent propi, encara poc cultivat, refinar-lo i expressar-lo. Té la urgència de rescabalar-se de les ofenses que li havien inflingit en el seu ambient d'origen. Té la urgència de ser reconegut per les seves dots, del valor de les quals és conscient. Totes aquestes exigències no les poden satisfer de cap manera donzelles inexpertes, ingènues, mancades de llibertat i més aviat necessitades d'ajut que capaces d'ajudar".[15]

Tanmateix, molt sovint la riquesa i l'interès econòmic no són la porta cap a un amor veritable. N'hi ha que es casen fredament per pur interès, com el caçador de dots que fingeix estar enamorat d'una hereva, o la grimpadora que fingeix estar enamorada del milionari. Com fa Escarlata O'Hara quan sedueix fredament un negociant ric per salvar la propietat de Tara i es casa amb ell a *Allò que el vent s'endugué*.

L'interès sol, sense amor, certament no està en condicions de crear una relació de parella estable. No és fàcil representar una ficció durant anys i anys. L'home a qui no li agrada la dona es veu obligat a inventar tota mena d'excuses per no semblar impotent. La dona experimenta un estat d'irritació i de repulsió física. A la novel·la *Paolo i Francesca*, Rosa Giannetta Alberoni[16] descriu l'esforç fet per una dona que s'ha casat amb un home ric i famós. El seu cos es rebel·la a poc a poc i sent aversió per l'olor i el contacte de les mans d'ell, fins al moment en què l'amor esdevé odi.

Amb tot, hi ha moltes formes intermèdies entre, per una banda, la situació en què la riquesa és un element desencadenant de l'estat naixent i, per l'altra, el pur càlcul econòmic. Hi ha molts casos d'arravatament on la riquesa i els seus símbols (un cotxe esportiu, un iot, una casa sumptuosa, un nivell de vida milionari i regals impressionants) produeixen una atracció similar a la del cap carismàtic o la de l'ídol. Sembla enamorament, però no ho és. Per conseqüent, un cop assolida la meta, un cop obtinguda la riquesa, l'amor desapareix ràpidament per ésser substituït pel desig d'independència i d'autonomia, pel desig de tenir per un mateix tots aquells diners. Les persones molt riques, com els ídols, sempre estan envoltades de festejadors que se'ls llancen als braços i els declaren el seu amor. Ara bé, és amor o arravatament? O simple càlcul? Per això tendeixen a casar-se amb persones del seu ambient, entre iguals.

La falsificació

En l'enamorament veritable, tothom cerca la veritat. Tothom explora dins seu per expressar les seves exigències més profundes, el que desitja autènticament, i no menteix ni a l'estimat ni es menteix a si mateix. De tant en tant, pot representar el paper de l'inaferrable per seduir l'altre, per encuriosir-lo i per posar-lo a prova. De seguida, però, hi posa remei i s'abandona al desig de revelar-se sense reserves amb una confessió autèntica. També hi ha persones que necessiten compensar defectes i pors i, aleshores, en comptes d'expressar les seves ànsies veritables, les amaguen i mostren qualitats que no tenen.

Si el procés es dóna en tots dos i cadascú s'aferra a la mentida pròpia, se'n deriva el que els psicòlegs anomenen *col·lusió*. Col·lusió vé de *cum-ludere*, i significa pactar secretament en perjudici d'algú. Cada persona compensa les mancances pròpies posant un jo fals en escena. I l'altre ho accepta, ho dóna per bo i, al seu torn, li fa acceptar la imatge falsa d'ell mateix que posa en escena. Així fingeixen entre ells, i ja no poden deixar de fingir.

En aquest cas també estem davant d'un procés d'enamorament incomplet o de pseudoenamorament. L'estat naixent no es desenvolupa a fons perquè està bloquejat per la mentida. El procés d'historiació no pot prosseguir. El passat, doncs, no s'allibera, no es redimeix, i acabarà tornant i reproduint la situació de la qual el subjecte havia intentat escapar.

Prenguem un cas exposat per J. Willi.[17] Un jove tenia un pare dèbil i impotent i una mare agressiva. Per por de caure en la mateixa situació, busca convertir-se en el contrari del pare. Es mostra actiu, fort i segur de si mateix. La que serà la seva dona també va tenir un pare dèbil i una mare dominant i masculina. Va desenvolupar una actitud femenina, fràgil i malaltissa per defensar-se. Tots dos es coneixen en un restaurant freqüentat per estudiants. Ell es fixa en ella, li agrada, però no sap com abordar-la, està paralitzat per la timidesa. Després, en un acte de valor, la convida a prendre un cafè. Ella, que l'havia jutjat dèbil, se sorprèn d'aquest acte i té una impressió de seguretat viril. D'aquesta manera, ambdós comencen a mostrar a l'altre qualitats que no tenen: ell, la força, i ella, la debilitat. Després del casament, exageren la posada en escena. La dona es fa tant la dèbil que arriba a emmalaltir i l'han de posar en tractament. En arribar a aquest punt, ell ja no pot mostrar una força que mai no ha posseït, i té una crisi nerviosa. Aleshores, la dona reacciona agressivament. D'aquesta manera, ambdós acaben revelant la seva naturalesa autèntica i es troben, així, en la situació que haurien volgut evitar: ell, passiu i ella, dominant.

De vegades, una relació amorosa comença amb engany i falsificació, però després esclata l'enamorament autèntic que fa emergir la veritat. L'argument ha estat objecte de moltes comèdies brillants, com *Ningú no és perfecte*, amb Jack Lemmon, Tony Curtis i Marilyn Monroe. Tony Curtis fingeix ser un milionari per conquerir Marilyn. Jack Lemmon és còmplice del transvestiment de l'amic. En realitat, tots ells són músics d'una petita orquestra. Sense voler, han presenciat un homicidi perpetrat per uns gàngsters, que els busquen per eliminar-los i els descobreixen justament quan Tony Curtis havia aconseguit conquerir Marilyn. Els dos joves es veuen obligats a fugir i, aleshores, Tony Curtis revela la seva identitat autèntica a Marilyn, però a ella no li importa. És així com ambdós descobreixen que estan enamorats de veritat.

Amor consol

És el pseudoenamorament que segueix a una decepció amorosa. Després de la fase dolorosa de *petrificació*, el nostre impuls vital reprèn força i busquem nous objectius d'amor. Tanmateix, la ferida és massa recent i encara no ens podem enamorar. Aleshores anem a la recerca d'una persona de confiança, que ens estimi i amb qui puguem abandonar-nos sense temor. Això no vol dir que aquesta persona hagi de ser monòtona i pesada. Més aviat solem buscar algú que estigui ple de vida, que ens estimuli i que ens faci sortir de la vida quotidiana. Volem, però, que sigui ella qui es comprometi la primera i més a fons. Busquem algú que ens estimi, i nosaltres ens deixem estimar.

Ja hem parlat de *l'home de Torí*. Havia sofert una decepció amorosa que li havia deixat una ferida oberta durant molts anys. Vol enamorar-se una altra vegada per oblidar aquell amor desgraciat i, en un moment donat, se sent atret per una noia francesa molt bella. Creu que l'estima, però la distància i les dificultats econòmiques li impedeixen continuar la relació. Després té una aventura eròtica amb una col·lega que acaba ràpidament, perquè tant ell com ella es veuen obligats a admetre que no estan enamorats. Així, li queda al cor una necessitat d'amor segur, càlid i afectuós: el substitut del gran amor que ha perdut. En aquell moment coneix una dona jove, vital, simpàtica i alegre, i com que li transmet una gran necessitat d'amor, ella hi respon enamorant-se'n. El presenta als seus, una família benestant que l'acull amb afecte. Es prometen i després, quasi naturalment, es casen. La dona s'ocupa de la casa i ell continua la seva feina serenament. Mai no tenen ni un conflicte ni una discussió. *L'home de Torí* hauria jurat de bona fe que estimava la seva promesa, convertida després en la seva esposa. De fet, només la volia molt, però continuava estimant l'altra. I només s'hauria alliberat d'aquest amor amb un altre enamorament nou i gran. Sols l'enamorament té el poder de penetrar en el passat i redimir-lo. Després del casament, doncs, s'adona que aprecia la seva dona, que li té afecte, però que ella no li agrada físicament i no l'enriqueix espiritualment. Comença un període confús i turmentós que només acaba quan s'enamora bojament d'una altra.

És més dramàtica la *història de Chiara*. Chiara vivia a Nàpols. Era molt bella i els pares la protegien. A casa no feia res, i era la princesa de l'escola i del barri. Als divuit anys, en ocasió d'una estada a casa d'una tia a Milà, coneix un noi de vint anys. S'enamoren. Quan ella torna a Nàpols s'escriuen i es telefonen durant mesos. Ell va a veure-la, però no tan sovint com ambdós desitjarien. El noi té una feina modesta i no s'ho pot permetre. I als pares de Chiara no els agrada. Volen algú més important per a ella. Chiara no té forces per deixar la família i marxar amb ell. Plora i no surt del dormitori. Els seus pares confien en el pas del temps i estan segurs que la filla l'oblidarà. No tornen a tenir notícies del noi de Milà. Passen alguns anys i, durant una altra visita a la tia del nord, Chiara coneix un home que li presenten com un terratinent llombard ric. Aquesta vegada, els pares en són favorables i l'empenyen al matrimoni. I ella accepta, perquè té un gran desig d'amor i aquest home li diu que l'estima. Altrament, també perquè viu no gaire lluny de Milà i li sembla que així estarà més a prop del seu gran amor perdut.

Es casa amb ell, però l'home sols és un pagès benestant que viu en una granja on cria animals. La casa és lletja, bruta i té els establs al costat. Put. El pati està ple de fang. Ella, acostumada a la ciutat, servida i afalagada, no sap com afrontar aquells treballs manuals tan pesats. De seguida queda embarassada i es troba, doncs, amb un nen als braços, malvestida i escabellada en un lloc de malson. Plora cada dia i el seu pare, que ha entès l'error comès, va sovint a veure-la. Li porta vestits i li fa companyia. Un vespre ennuvolat d'hivern, però, un automòbil envesteix el pobre home i mor. Chiara, aterrida, agafa el nen i fuig a Milà a la recerca d'ajut. La tornen a dur a casa. Desvarieja. Després es tanca en un silenci absolut, un silenci catatònic. Un dia obre la porta i s'allunya, al·lucinada i sense ni un abric. Es perd així, en el gel de la planura llombarda, i ningú no l'ha trobada mai més.

7
L'erotisme

L'erotisme en l'enamorament

En l'enamorament, l'erotisme i la sexualitat esdevenen paroxístics i extraordinaris. El cos de la persona estimada ens sembla diví i sagrat, i ens hi volem fondre. Els enamorats poden viure dies i dies abraçats fent l'amor i el seu desig, a penes satisfet, es renova més fort que abans. Estem habituats a pensar en el desig com en el menjar, el beure i el dormir, impulsos en els quals el desig, un cop satisfet, s'aplaca i desapareix. Tota la psicoanàlisi concep el desig com una tensió que es descarrega. Per contra, a l'estat naixent amorós volem estimar més, volem desitjar més. La felicitat no es busca en la descàrrega de la tensió, sinó en el creixement, en l'increment perenne.[1]

L'erotisme quotidià es multiplica per cent i fins i tot per mil en l'enamorament. Tota la vida s'erotitza. El cos de l'estimada es converteix en un món que t'acull i on vius, esdevé la font del teu aliment i tot el que produeix és meravellós. Els psicoanalistes ho expliquen amb el record del nen que viu del cos de la mare, que s'alimenta del pit matern. Jo més aviat penso que s'activa el mateix engrama genètic que al nen li fa possible la recerca de la mare i a l'adult la recerca de l'estimat.

Potser l'enamorament comença com un desig sexual obsessiu i trasbalsador i sols després es revela com passió amorosa. En el llibre de Woods Kennedy, *Un any d'amor*,[2] un noi s'enamora descobrint la bellesa i la sexualitat d'una dona. És una sexualitat excessiva i trasbalsadora que esclata al primer contacte amb el pit femení, i ell mira estupefacte i amb adoració el cos de la dona, tot descobrint-hi la forma dels mugrons, el mont de Venus, els clots del sacre i els llavis de la vagina. Un univers deliciós, que desitja i estima més com més el posseeix. En el cas de l'*home de Bari*, també un gran amor comença amb una fulguració eròtica.

D'altra banda, el retrat més aconseguit de la sexualitat que esdevé amor és el de *Lolita* de Nabokov. Nabokov, gràcies a la ironia, aconsegueix expressar el desig sexual paroxístic, foll i obsessiu sense ni tan sols fer-nos sospitar que estem davant de l'inici d'un gran amor. Humbert està assedegat del cos d'aquella noieta de dotze anys, la petita nimfa, com ell li diu. Escriu: "La meva bellesa s'ha ajagut bocaterrosa mostrant-me els omòplats lleugerament prominents, mostrant als milers d'ulls oberts de la meva sang, el borrissol al llarg de la curvatura de l'espina dorsal, les dues inflors de les natges, tenses i estretes, revestides de negre, i el perfil de les cuixes de col·legiala".[3] Un vespre, mentre és assegut al porxo al costat de la mare de Lolita i la nena es fica entre tots dos, se n'aprofita: "He aprofitat els meus gestos invisibles per tocar-li la mà, l'esquena i una ballarina de llana i tul amb la qual jugava i per posar-me-la tot seguit a la falda; i finalment, després d'haver embolicat el meu tresor lluminós completament en aquesta trama de carícies etèries, he gosat acariciar-li la cama nua al llarg del borrissol de la canella; mentrestant em reia de les meves ocurrències de mal gust, tremolava i ocultava aquestes tremolors, i un o dos cops he sentit als llavis la calidesa dels seus cabells".[4] L'amor es presenta només com desig sexual que esgota totes les situacions. Una vegada, jugant amb una revista, aconsegueix atraure Lolita cap a ell. "Un instant després, en la temptativa simulada de renyar-la, va caure tota damunt meu. Vaig aferrar-li el pols subtil i ossut. La revista va fugir pel terra com una gallina espantada. Es va alliberar, es va tirar enrere i es va recolzar, deixant-se caure, a l'angle dret del sofà. Després, amb una simplicitat perfecta, la petita impúdica va allargar les cames damunt la meva falda. Em trobava aleshores en un estat d'excitació vorejant la bogeria, però encara posseïa l'astúcia dels folls."[5] A aquesta escena en segueix la descripció més increïble de les maniobres amb què ell obté l'orgasme, un èxtasi eròtic veritable que després es repetirà altres vegades, sempre robat, sempre amagat, sense que mai no aparegui un gest afectuós o un pensament d'amor; solament el desig, obsessionant i tèrbol, que Humbert sent com a prohibit i obscè, però al qual no sap resistir-se i que satisfà amb tota mena d'embolics, fins i tot el de casar-se amb la mare per estar a prop de la filla. I després, en una cursa boja a través dels Estats Units, d'un lloc turístic a l'altre, d'un cinema a l'altre, omplint-la de gelats, impedint-li d'anar a escola i de conèixer qualsevol noi de la seva edat, negocia les seves atencions sexuals. "Que n'era d'agradable portar-li el cafè i llavors negar-l'hi, fins que no hagués complert el seu deure matinal. Quin amic tan sol·lícit, pare tan afectuós i pediatre tan hàbil era jo, sempre tenint cura de satisfer totes les necessitats del cos bru de la meva petita! La meva única rancúnia contra la natura era la impossibilitat de capgirar la meva Lolita de dins a fora i d'aplicar els meus llavis voraços al seu jove úter, al seu cor ignot, al seu fetge de mareperla, als raïms marins dels seus pulmons i als seus bells ronyons bessons."[6] Aquí, tot i la ironia, reconeixem el signe inconfusible de l'enamorament. L'amant ho estima tot, absolutament tot, de la persona estimada, fins i tot els òrgans i també les vísceres. Acuradament ocult per l'artifici literari, veiem que aquesta passió eròtica és un amor total.

Altres vegades, al contrari, l'enamorament comença com atracció espiritual, malenconia i desig de proximitat. Ho hem vist en el cas d'*Student*; o bé en forma d'amistat, de tendresa i d'afecte, com en el cas de *l'home prudent*. Car *Student* era en una fase de la seva vida en què la necessitat de tenir una dona, de viure amb una dona, madurava en ell. *L'home prudent*, en canvi, estava acostumat a buscar la sexualitat sense haver-s'hi d'implicar emocionalment. L'enamorament s'obre camí sols quan l'amistat, l'estimació, la familiaritat i la confiança han abatut les defenses i les pors.

Ara podem plantejar-nos una pregunta. Quan una persona està enamorada de veritat, profundament enamorada, pot tenir desig sexual per una altra i trair la que estima? Certament hi ha diferències individuals molt grans, però plantejada en aquests termes, és a dir, de pura possibilitat, la resposta és sí. I és sí sobretot per a l'home. Ho és menys per a la dona, si més no en els temps actuals. Pot ser que aquesta diferència desaparegui amb l'adopció progressiva de models de tipus masculí. Per ara existeix. La dona prefereix sentir-se festejada i desitjada per escollir després, per dir que sí o que no. Si està enamorada, ja ha fet la seva elecció i rebutja tota altra proposta. Per contra, l'home té l'esquema oposat. Cerca i proposa. Quan està enamorat, tot el món li sembla bell, beslluma en totes les dones alguna cosa de la seva estimada. Si s'abandona al seu sentiment espontani, l'home enamorat està preparat per abraçar-les totes. Per tant i paradoxalment, també està disponible per un encontre eròtic si una altra dona l'amanyaga, l'anima i l'invita. Ell no pren la iniciativa, però pot cedir a la seducció. Aquesta disponibilitat eròtica de l'home cessa immediatament quan creu que perdrà l'amor de l'estimada. Aleshores, l'erotisme desapareix.

Quan la dona intueix que l'home que l'estima ha tingut una relació eròtica amb una altra, la seva còlera esclata, i no brolla només de la gelosia, de la sensació de possessió, sinó de la consciència que aquella relació eròtica li ha donat ella. És ella, amb el seu amor, qui li ha ofert l'energia vital que l'ha fet vulnerable al reclam eròtic. Per això se sent desposseïda d'una potència sagrada, d'una cosa que ell ha envilit, malgastat i profanat donant-la a una qualsevol. I voldria castigar-lo amb la seva fúria. Certament, l'home, per descriure l'estat colèric de la dona traïda diu: "Sembla una fera". I tremola mentre ho diu, perquè té por de perdre-la, de ser abandonat per un acte al qual ell no dóna cap valor. A més, sap que ella no solament l'amenaça, sinó que és capaç de destruir l'amor realment. Per això vigila i li promet que no ho farà mai més, que li serà fidel.

Per a la dona enamorada, un acte sexual fora de la parella és una profanació, perquè ella consagra el cos propi a l'estimat i té horror al contacte amb un "cos estrany". Viu el cos de l'estimat com part del cos propi que s'ha transfigurat a l'amor. Renascuda en l'amor, vol ser pura, amb el cos, amb el cor i amb la ment. Aquest *cos amorós* espiritualitzat pertany a ambdós exclusivament. S'ha convertit en un *santuari* que ha de protegir-se de tot contacte blasfem. Un santuari al qual l'home s'ha d'acostar amb el respecte pertinent.

Tots els gestos de la dona enamorada són ritus sagrats. Consagra el cos i l'espai que el circumda. Fa sagrat el llit sobre el qual fan l'amor. Ningú no pot acostar-s'hi. Ningú no pot dormir-hi, ni tan sols els pares o els germans. Al llit de la dona enamorada solament podrà entrar el fruit de la potència sagrada generada per ambdós: els fills.

Altres formes d'amor eròtic

L'aventura eròtica és una experiència en la qual el subjecte no es compromet totalment, no entra en el joc, no accepta fondre's amb l'altre i canviar. I té un final, a més a més. Des de l'inici el subjecte sap que aquella experiència tindrà una durada limitada. La idea d'aventura ja engloba la fi. El lema de l'aventura eroticoamorosa s'escriu en temps passat: "va ser bonic". És el cas de la senyora que se'n va de vacances al Club Méditerranée i coneix un home que li agrada. El marit és lluny i la relació amb ell s'ha tornat monòtona. Sent el calfred de l'aventura romàntica, de la transgressió, del que està prohibit, de l'èxtasi eròtic. D'altra banda, sap que tot acabarà a la tornada. Potser tot és més simple per al seu company. Ell només buscava plaer sexual i ha cedit a la posada en escena romàntica per complaure la dona. No obstant això, si hagués estat per ell, s'ho hauria estalviat.

L'aventura amorosa. També hi ha casos en què la relació amorosa és molt intensa. És un enamorament inicial autèntic i veritable que, tot i això, no va més enllà perquè el subjecte no aconsegueix imaginar-se un futur. No pot elaborar un projecte. Aleshores el procés es bloqueja. Amb tot, si no hi hagués aquell obstacle, aquell impediment, podria convertir-se també en un gran amor autèntic. Aquesta experiència ha estat ben il·lustrada per Elena Gianini Belotti,[7] que ha estudiat l'amor de les dones per homes molt més joves. Aquesta mena de relació encara es considera anòmala o excepcional a la nostra societat. La dona espera que el jove de qui està enamorada, tard o d'hora, acabi per cansar-se'n o per enamorar-se d'una altra. Aquesta és la raó per la qual ella frena l'enamorament i impedeix que esdevingui un projecte per sempre. Escoltem el que diuen algunes d'aquestes dones. *Marta* afirma: " Quan pensava en ell, mai no havia cregut que la meva història amb Marco pogués durar gaire temps, i no solament perquè fos més jove, sinó perquè tots els amors s'acaben i jo tinc una gran tendència a estar sola".[8] I *Sandra*: "Estic convençuda que una història bonica només pot ser limitada en el temps. Els lligams de parella m'aterren i amb el temps, tot es consumeix. M'interessa més la intensitat que la durada, prefereixo la precarietat i la inseguretat a l'estabilitat i la previsibilitat, que m'avorreixen. Amb els homes joves no he fet mai projectes, ja que sabia que eren històries que acabarien aviat". *Elisabetta* diu: "La relació entre Riccardo i jo estava mancada de projectes. Hi havia una consciència per part dels dos, tot i no ser mai verbalitzada, de la seva fi inevitable. La durada no comptava, sinó la intensitat mentre durés. Pensava que, tard o d'hora, s'enamoraria d'una dona més jove". I *Laura*: "M'he imposat no pensar ni el més mínim en un futur amb ell, deixar-lo lliure per tenir altres relacions perquè, a causa de la diferència d'edat, em semblava que el bloquejava en una relació impossible".[9]

L'enfervoriment eròtic, en canvi, no és una aventura amb un final. El subjecte hi està profundament implicat i voldria continuar-la. El desig i el plaer sexuals esdevenen importantíssims, impregnen tots els àmbits de la seva vida. Quan pensa en l'altre, el desitja, i quan estan junts, no es cansa de fer l'amor. L'enfervoriment eròtic, però, es fonamenta essencialment en el *principi del plaer*, sense que hi hagi estat naixent. Per tant, entra dins les formes de pseudoenamorament.

En l'enfervoriment eròtic, solem sentir-nos atrets sexualment per una persona que intel·lectualment no ens diu res o de qui no ens podem refiar, o bé que té costums o amics que no acceptem. No volem fondre-hi la nostra vida i no pensem construir-hi res de meravellós. Ens agrada, la desitgem, en desitgem el cos i els petons, desitgem rebolcar-nos amb ella fent l'amor. I aquest desig pot ser tan fort que ens faci creure que no podem estar sense ella, que n'estem enamorats. Amb tot, sols que l'encontre no sigui agradable, sols que s'escaigui una incomprensió, una baralla, aleshores alguna cosa es trenca, ja que tot es fonamenta en el principi del plaer i això requereix un reforç continu.

Quan el subjecte decideix convertir l'*enfervoriment eròtic* en una relació permanent, en una intimitat espiritual veritable, en una vida a dos, l'amor s'esquerda. I el primer símptoma de la ruptura és precisament la desaparició de l'erotisme. L'erotisme de l'arravatament eròtic es pot manifestar solament quan pot concebre's com quelcom lliure, discontinu i separat de la resta. Si està obligat a creure's durador, etern, si s'ha d'inserir la frase "t'estimo", s'afebleix o s'esvaeix.

És el cas d'un home que anomenaré *el comandant*, perquè tenia un alt càrrec militar. *El comandant* acabava de sortir d'una decepció amorosa. S'havia enamorat d'una dona que havia posat en crisi la seva carrera militar i havia estat a punt de malmetre-la. Després d'un període de sofriment atroç, busca la companyia d'una dona que correspon a totes les seves fantasies eròtiques més desenfrenades: alta, rossa, formosa, sensual, amb molt de pit, un personatge tipus Anita Ekberg a *La dolce vita* de Fellini. Una dona de caràcter dolç, més aviat beneita, que ha tingut una quantitat innombrable de pretendents. La relació dura quasi dos anys. Es veuen ocasionalment i passen dies d'orgia eròtica. La dona té una casa situada a l'escullera, amics rics i transgressors, elements tots ells que contribueixen a augmentar-ne l'erotisme. Les relacions entre els dos són bones, amistoses i plenes de confiança. A la dona li agrada aquell home, li agraden l'uniforme i el grau. Un dia li proposa d'anar a viure junts i, si ell ho vol, casar-se. Al *comandant* no li desagrada la proposta. Aquella dona l'asserena i, a més, li satisfà els sentits i la vanitat. Per tant, s'instal·la a casa seva i comencen una vida en comú. La primera impressió és positiva. Ella és gentil i l'ambient divertit. Ara bé, pocs dies després s'adona que el seu interès eròtic disminueix. En dues setmanes, desapareix gairebé del tot. Al mateix temps, nota una sensació de buidor, d'inutilitat i d'avorriment. Té la impressió d'haver fet malbé alguna cosa. Necessita una mica de temps per entendre que viure amb aquella dona no li interessa. No li ensenya res, no li dóna res, i el seu món li és estrany. La vida amb ella seria estúpida i no tindria sentit. No pot imaginar-se un futur amb ella. Solament li agrada com a amant ocasional. En realitat, no n'està enamorat.

Efervescència eròtica i enamorament frenat

De vegades l'enamorament topa amb un obstacle intern insuperable. Aleshores no evoluciona cap a la fusió total, s'autolimita i es restringeix al camp eròtic.

Ens en dóna un exemple la novel·la de Marguerite Duras, *L'amant*. La noia, una jove de quinze anys que ve d'una família empobrida, estudia en una escola de Saigon. Durant un viatge coneix un jove xinès de trenta anys. És molt ric, bell, amable i refinat. El segueix al seu apartament. Ho fa per fugir de l'angoixa de la tensió amb la mare, dels conflictes amb els germans, de la pobresa i de la duresa del col·legi. Tot i això, també ho fa per demostrar que el seu cos té valor, i perquè aquell home l'atrau. Ell n'està bojament enamorat, però és xinès. El seu pare, un comerciant molt ric, no li consentirà mai casar-se amb una occidental. Ja ha acordat el seu matrimoni amb una noia xinesa de la seva mateixa regió. I un dia l'obliga a deixar l'amant europea.

En aquell apartament es desenvolupen encontres eròtics febrils i extenuants. La noia se sent implicada profundament: "El desitjo. Li dic el desig que tinc d'ell [...] Ho dic jo en lloc d'ell, perquè no sap que té una elegància suprema [...] Però descobreixo que no té la força d'estimar-me contra la voluntat del pare, d'agafar-me i endur-se'm. Plora perquè no troba la força d'estimar-me més enllà de la por [...] Així, en saber que és impossible un futur en comú, evitem parlar del futur".[10]

L'estat naixent amorós no és solament fusió, també és projecte de transformació del món, creació d'una col·lectivitat que construeix l'hàbitat. Si aquest procés es bloqueja, s'inverteix, es transforma i s'adapta. En aquest cas, els obstacles són tres. Un prové dels familiars de la noia, que fan de tot per abusar del "xinès" i humiliar-lo. L'altre, del propi jove xinès, que té por de ser acusat d'haver seduït una menor blanca. El tercer, del seu pare. Per tant, els seus encontres resten secrets i confinats a una fusió eròtica espasmòdica i paroxística. Amb tot, ell sap que l'estima i prega al seu pare "que també li deixi viure, una vegada, aquella passió, aquella follia, aquell amor desmesurat per la noia blanca";[11] però el pare és irreductible.

Aleshores prova de distanciar-se'n, però, quan això succeeix, és ella qui li suplica i ell "li crida que calli, que ja no la vol, que ja no vol gaudir d'ella, i així tornen a abraçar-se, encadenats junts en el temor, i el temor es dissol i ells cedeixen amb llàgrimes encara, desesperats i feliços".[12] Però l'èxtasi eròtic no surt de les parets de la cambra. La fusió dels cossos no esdevé fusió dels esperits, recreació del món. Tot i que sempre és a punt de fer-ho, l'amor exhaureix tota la seva càrrega subversiva dins la sexualitat.

Compromesa als ulls d'ambdues comunitats, la noia ha de deixar Saigon i tornar a França. No es pregunta si l'estima. Li assalta el dubte solament quan ja es troba en el vaixell, en el camí de retorn. Una nit esclata a plorar i voldria llançar-se al mar, però és sols un resplendor, un llambreig. Quan arriba a París, ja no sent l'absència de l'amant. Molts anys després, el seu amant xinès arriba a la capital amb la seva dona i li telefona. Li diu que la seva vida ha estat marcada per aquell amor d'una manera irreparable, que sempre l'ha estimada, que encara l'estima i que l'hauria estimada fins a la mort.[13]

D'una banda, per tant, un gran amor impedit des de l'exterior i des de l'interior. Per a ell, xinès, la noia és l'Occident, el valor, la perdició, rebel·lar-se contra el pare, morir i renéixer. És una aspiració a la totalitat. L'erotisme és un xoc desesperat contra les barreres de l'impossible. En canvi, el procés s'atura abans en la noia. L'enamorament no aconsegueix despuntar perquè a ella no li atrau el món xinès com a ell l'occidental. Sobretot, però, perquè no pot imaginar-se el futur amb ell ni un sol instant. Ell espera i renuncia, ella no comença ni tan sols a esperar. Aleshores s'implica en l'erotisme, però separa l'erotisme de la resta. La seva passió es converteix en un arravatament eròtic que, això no obstant, és el producte d'un enamorament mancat o avortat.

Vegem ara el cas d'una dona que, per contra, s'acontenta amb una relació eròtica amb un home que admira molt, un ídol. L'anomenaré *l'admiradora*. Un dia, durant un viatge, es troben en una sala fosca, molt a prop, i les seves mans es toquen. En lloc de retirar-se, s'agafen. És el senyal d'un interès eròtic recíproc que està a punt d'esclatar, sobtat i violent. S'abracen, fan l'amor d'una manera trasbalsadora, i continuaran així durant un parell d'anys, tenint encontres sexuals frenètics un cop al mes. Xerren i parlen de les feines respectives, s'abracen, però ni una sola vegada l'un diu a l'altre "t'estimo" o "et vull". No hi ha projecte, no hi ha futur. S'ha establert un acord tàcit entre ells de no fer-ho, perquè la relació s'hauria trencat.

En aquest cas, però, les posicions de l'home i de la dona també són diferents. L'home se sent atret d'una manera purament sexual. Li agrada el seu cos, la manera com fa l'amor. Li agrada perquè el rep en secret, sense demanar-li res, sense pretendre enriquir la relació eròtica amb elements emotius. Ara bé, considera que no està a la seva altura ni des del punt de vista físic ni cultural.

Per a la dona és diferent. Aquell home li agrada bojament, se n'aniria a viure amb ell, estaria orgullosa d'exhibir-se al seu costat i s'hi casaria, però sap que és impossible. Aleshores l'accepta tal com ell se li ofereix i es disposa a ser com ell la vol. S'acontenta amb una relació purament sexual. De vegades, voldria dir-li "t'estimo", però sap que seria la fi. I llavors accepta tenir només el seu cos i la seva amistat. Modela els seus desitjos sobre allò que és possible i aprèn a extreure plaer de la fusió sexual. A més, redueix l'exaltació amorosa a la dimensió d'una aventura. Sap que tot acabarà. No vol temptar la sort. Aconsegueix apartar de la seva ment els pensaments amorosos. Com que l'ha bloquejat durant força temps, l'estat naixent no es desencadena. A més, està orgullosa de la seva conquesta. És justament ella qui ha aconseguit atrapar un home extraordinari com a amant, un home desitjat per moltes dones, un home que la desitja, que l'aprecia i que l'omple de plaer. Es considera afortunada i privilegiada. I no vol arriscar el que té. Fins i tot resisteix a la temptació de presumir d'ell davant de les amigues. D'aquesta manera, els encontres eròtics continuen durant molt de temps, feliços i serens. I, molts anys després, encara sobreviu una amistat confiada.

Amor platònic

És el tipus d'amor en què s'allibera l'encontre emotiu i espiritual però es bloqueja la sexualitat i la fusió sexual. Un cas conegut i important, pels personatges que van estar-hi implicats, és el de Lou Salomé.[14] Lou era filla d'un general del tsar. Tenia una intel·ligència i un encant extraordinaris. En viure entre cinc germans i ésser adorada pel seu pare, aviat va entendre que, si es casava i tenia fills, seria com les altres dones, sotmesa i dependent del marit. En canvi, ella volia conservar la seva independència. Per això sempre va buscar una altra mena de relació amorosa, una comunió espiritual sense sexualitat, sense fills i sense compromisos de fidelitat. Va experimentar la fórmula molt aviat quan, de molt jove, va quedar fascinada pel pastor protestant de la seva comunitat, Gillot. L'adora i n'esdevé una alumna assídua. L'abraça, se li asseu als genolls i beu les paraules que surten de la seva boca. Una altra noia hauria arribat a la conclusió que estava enamorada, però Lou no ho pensa, no ho vol, ja que això no entra dins el seu projecte amorós. Per contra, qui se n'enamora és Gillot i li proposa que es casin. Lou refusa i decideix, per contra, deixar Sant Petersburg. Marxa a Zuric, on coneix un filòsof, Paul Rée, amb qui es repeteix la mateixa història. Som l'any 1882 i Lou té vint-i-un anys. Rée li demana que es casi amb ell, però ella li proposa d'anar-se'n a viure junts com a amics fraterns, potser amb una tercera persona, amb qui formarien una comunitat espiritual.

El tercer serà Friedrich Nietzsche, que aleshores tenia trenta-vuit anys. Nietzsche també s'enamora immediatament de Lou, un gran amor, trasbalsador i exclusiu, que il·lumina la seva vida com un sol càlid i resplendent. Gelós de Rée, Nietzsche intenta quedar-se sol amb Lou i finalment, al Mont Sagrat d'Orta, ho aconsegueix. Li declara el seu amor i potser rep un petó cast. Es convenç que és correspost, és feliç, està transformat i radiant, vol casar-s'hi i tenir-hi un fill, però Lou continua tenint el seu projecte al cap. Efectivament, li proposa que se'n vagin a viure tots tres junts a Viena. És gentil i persuasiva. El filòsof, amb recança, hi consenteix. Aleshores, Lou es baralla amb la germana de Nietzsche i després se'n va a viure amb Rée a Berlín, on és acollida per la comunitat intel·lectual i fa altres conquestes, sempre conservant la seva castedat. Nietzsche espera inútilment, li escriu cartes d'amor, cartes doloroses que ella no contesta. Quan comprèn que Lou no l'estima, se sent destrossat.

La casta vida en comú amb Rée continua durant bastant de temps, tot i que Rée, que realment està enamorat, sofreix atroçment. En un moment donat no ho resisteix més i se'n va. Uns anys després se suïcida. L'any 1887 Lou coneix Friedrich Carl Andreas, un estudiós germano-persa. Ell també se n'enamora i li demana que es casin. Lou, però, refusa i després d'un seriós intent de suïcidi d'Andreas hi consenteix a condició de no tenir relacions sexuals i de viure com a bons amics. Andreas accepta esperant canviar la situació, però tot serà inútil. Continuaran casats durant quaranta anys sense tocar-se.

Podem dir aleshores que Lou Salomé va enamorar-se de veritat de Rée, de Nietzsche i d'Andreas? Segons la nostra concepció de l'enamorament, no. Ella diu que els estima, però cap d'ells no esdevé mai l'únic, aquell que és preferible a qualsevol altre. Cap d'ells es converteix en la porta a la felicitat, a l'ésser. Per a Lou, és una exploració. Potser comença a encendre's l'estat naixent, però Lou l'interromp de seguida, li dóna una altra direcció. Exclou estimar una sola persona. Busca una pluralitat d'amics i voldria viure a la mateixa casa, a la mateixa cambra, amb Rée, amb Nietzsche, amb Andreas i amb els altres. Tot això no té res a veure amb l'enamorament. Al contrari, és un mirall de l'estructura típica de l'*amistat*: no és una comunitat tancada, sinó una xarxa oberta. En l'*amistat*, l'energia vital no s'atura mai en un punt, recorre una xarxa, l'encén en un nus, després en un altre i encara en un altre més tard. I la xarxa, d'altra banda, no s'acaba mai. A penes inicia una relació, Lou en comença una altra, i encara una altra després. Marxa, torna, marxa de nou amb l'un o amb l'altre sense plantejar-se cap problema. En l'amistat no hi ha exclusivitat, no hi ha gelosia. Sempre són encontres nous i possibles i, per tant, noves amistats. L'amistat és una filigrana d'encontres.

L'enamorat vol estar sempre amb l'estimada i sofreix la seva absència. El temps de l'enamorament és dens, continu i espasmòdic. En canvi, el temps de l'amistat és discontinu i granular. Dos amics es poden deixar en qualsevol moment, fins i tot poden estar lluny durant anys i, en retrobar-se, continuar el discurs deixat en suspens. Com que la seva relació no està basada en la fusió i en la historiació, el temps no compta.[15] L'amor platònic de Lou Salomé, per tant, no és un enamorament. És una forma de pseudoenamorament. En realitat, és una amistat asexuada.

8
La passió amorosa

L'amor passió

Què és la passió amorosa o l'amor passió?[1] Una mena d'enamorament desesperat, paroxístic i trasbalsador. *Passió* vé de *patire, subire*. L'amor passió és com una follia, com una malaltia de la qual ens defensem. Per això la tradició va imaginar que podia dependre d'un filtre. Ludovico Ariosto diu a l'*Orlando furioso* que al bosc d'Ardenna existeixen dues fonts: una de l'amor i l'altra de l'odi. Si algú beu de la font de l'amor, s'enamora de la primera persona que troba. Orlando beu de la font de l'amor i s'enamora d'Angèlica.

En el mite de Tristany i Isolda l'enamorament també es deu a un filtre d'amor. La història és prou coneguda. Tristany és un orfe que creix a la cort de Marke, rei de Cornualles, i mata el gegant Morholt, que aterreix el país, però resulta ferit en el combat. Les onades el porten a Irlanda, on la princesa Isolda, la Rossa, té cura d'ell i el guareix. Molts anys després, el rei Marke l'envia a Irlanda per escortar Isolda, la promesa del rei. En el viatge de retorn, Tristany i Isolda beuen el filtre d'amor que havia estat preparat per als esposos i s'enamoren bojament l'un de l'altre. Tanmateix, Tristany condueix Isolda al palau del rei. Isolda es converteix en reina, però l'amor continua. Aleshores, tots dos fugen a un bosc on viuen fins que el filtre ja no fa efecte. En tornar a la cort, l'amor es renova. Després de moltes aventures, Tristany es casa amb una altra Isolda, la de les Mans Blanques, però com que sempre ha estat enamorat d'Isolda, la Rossa, no consuma el matrimoni. Ferit de mort, fa cridar la seva estimada reina de Cornualles, que arriba alçant una vela blanca, símbol d'esperança, però la seva dona, gelosa, li diu que la vela és negra. Tristany mor. La rossa Isolda mor també abraçada al seu amant.

El de Tristany és un cas d'impediment extrem, perquè té en contra la inviolabilitat del matrimoni i la fidelitat al rei. D'altres vegades els impediments són inferiors. En el llibre de Tolstoi *Anna Karenina* la societat és hostil al divorci. Anna està casada amb un alt funcionari i té un fill. L'amor per Vronski irromp brutalment a la seva vida i la capgira. Estima el marit, que és una persona excel·lent, i durant molt de temps viu en un dilema. Després, quan s'adona que espera un fill de Vronski, li parla del seu amor i se'n separa. Quan neix la nena i ella està a punt de morir, el marit li proposa tornar amb ell. Aleshores, Vronski intenta suïcidar-se. En aquell moment, Anna decideix divorciar-se i anar a viure amb l'home que estima. Marginats per la societat de Sant Petersburg, es traslladen al camp, on viuen com dos exiliats. Això no obstant, a ella li basta l'amor, mentre que a Vronski, no. Té nostàlgia de la vida militar, dels seus companys d'armes. Anna també sofreix, sent la mancança del fill que resta amb el marit però, sobretot, està angoixada perquè s'adona que Vronski divaga i somia la vida d'abans. L'exili amorós ha esdevingut una mena de presó per a ell. Anna, en no sentir-se ja estimada, es mata.

Quan assumeix l'enamorament una forma paroxística i passional? Quan està obstaculitzat. La passió amorosa s'inflama quan un amor veritable troba obstacles tant externs com interns. No és suficient un impediment exterior. És necessari també el conflicte interior, el dilema.

Els drames amorosos de l'època medieval són l'expressió d'un conflicte mortal entre l'individu i la societat de l'època. L'enamorament és l'expressió de l'elecció de l'individu contra les imposicions i les regles de la col·lectivitat on viu. Els matrimonis eren arranjats per les famílies, des que els cònjuges eren petits, per raons econòmiques o dinàstiques. El celibat era obligatori per al clergat. Per això l'enamorament es presentava com una infracció de les regles socials més sagrades i era antitètic a l'ordre matrimonial mateix. Amb tot, aquesta potència naixent encara no podia subvertir l'ordre constituït. L'enamorament encara no tenia la força suficient per esdevenir la base del matrimoni. Fins i tot Eloïsa, al principi, refusa casar-se amb Abelard, perquè creu que el matrimoni no té res a veure amb l'amor. Ella aspira a una unió dels cossos, dels cors i de les intel·ligències, de la qual no veu cap exemple en les famílies del seu voltant.[2]

Els amors de Tristany i Isolda i de Lancelot i Ginebra il·lustren aquest estat de conflicte del qual són exemples històrics concrets els episodis de la tragèdia d'Abelard i Eloïsa o de Pau i Francesca. La passió és el producte d'una lluita mortal pel propi amor que, sens dubte, acaba precisament en la mort. La proximitat entre amor i mort és el producte d'un drama social, el fracàs d'un deure revolucionari.

A partir d'aquests exemples, Denis de Rougemont s'equivoca quan sosté que la passió amorosa és un desig de mort. Observa que els amants són plens de contradiccions. S'estimen i lluiten contra l'amor, es penedeixen i continuen pecant, menteixen i es declaren innocents, es deixen i després es busquen. Conclou l'autor: "En realitat, tots els grans amants se senten transportats més enllà del bé i del mal en una espècie de transcendència que els valora per damunt de les condicions comunes, en un absolut indicible i incompatible amb les lleis del món, però que els és més real que aquest món. La fatalitat que els domina, a la qual s'abandonen gemegant, suprimeix la contraposició del bé i del mal i, a més, els condueix més enllà de l'origen de tots els valors morals, més enllà del plaer o del sofriment i més enllà de l'esfera on són possibles les distincions, en la qual els contraris s'exclouen".[3]

Hem après que aquestes propietats extraordinàries són típiques de l'estat naixent. De fet, a l'estat naixent, no valen les dicotomies de la vida quotidiana. Va efectivament "més enllà del bé i del mal",[4] i el deure hi coincideix amb el plaer. Ara, l'estat naixent també és sempre projecte, reestructuració de la vida quotidiana. Descendeix al món i es fa institució. Quan aquest projecte fracassa, quan li és barrat el camí de la construcció d'una comunitat, preval el desig de fugir de la realitat i apareix, quasi seductor, el desig de mort. La mort és una alternativa que els enamorats tenen sempre present, perquè senten que no poden viure sense la persona estimada, perquè saben que existeix alguna cosa més important que les vides personals. Tanmateix, això no vol dir de cap manera que desitgin morir. Desitgen viure, desitgen viure desesperadament, però tenen un ideal de vida al qual no poden renunciar.

La passió neix a la novel·la *Lolita* perquè Humbert no aconsegueix fer-se estimar per la noieta. Està convençut que ella no pot estimar-lo perquè ell és un home adult i ella massa jove. En realitat, ella estima un altre home i fuig amb ell. Humbert la troba sols uns anys després, envellida i embarassada, i s'adona que continua estimant-la, que l'hauria estimada sempre. Amb tot, ara Lolita està marcida i destruïda pel gran amor que l'ha decebut, per l'home que li "ha trencat el cor". Aleshores Humbert li deixa els pocs diners que li resten i se'n va a matar l'home que li ha fet tant de mal i li ha destruït la vida. La història, que al principi sembla un afer eròtic indecent, resulta ser finalment una passió, una temptativa de transformació revolucionària per ambdós i que, per ambdós, fracassa.

L'amor secret, l'illa daurada

Usaré la vida i els llibres publicats i no publicats d'un escriptor que no puc anomenar per explorar aquest aspecte. L'anomenaré *l'es-*

criptor. Són llibres escrits quan un amor acaba, quan l'ànima està dominada pel dolor d'haver-lo perdut; però són llibres d'amor, llibres en què s'expressa la passió, una passió recordada i reviscuda. L'amor és aquest recordar i reviure.

L'home del qual parlo mai no s'ha separat de la seva esposa, no s'ha divorciat mai. Ha mantingut ocults els seus amors i, per tant, l'enamorament mai no ha pogut florir amb la formació d'una parella, amb la fundació d'una llar. Ha buscat un altre camí i s'ha expressat d'una altra manera. Va crear una relació clandestina que ja li estava bé. Ha estat sempre la dona qui s'ha cansat i ha posat fi a la història i, en dos casos, qui ha acabat casant-se amb un altre.

Es tracta, doncs, d'un enamorament veritable, d'un amor veritable on el subjecte, però, ha decidit irrevocablement no trencar amb l'esposa, encara que l'amant li ho demani; un amor que no es projecta per esdevenir vida social en comú, sinó com a relació secreta, circumdat pels murs del silenci i la dissimulació. La institució a la qual tendeix i en la qual desemboca no és la convivència i el matrimoni, sinó la figura de l'amant clandestina.

La relació amorosa queda separada del món i protegida dins la seva puresa, arrencada de la vida de cada dia, dels discursos de la gent i del control social. Aleshores, tot el deure i tota la fatiga queden fora i tot el bé, tot el desenfrenament, tota la llibertat i tota la joia, dintre. És com el diumenge o el dissabte o el divendres, el dia del Senyor, el moment del contacte amb la divinitat, amb allò sagrat i separat del profà. Aquesta classe d'amor no aspira a modificar l'existent, sinó a defugir-lo. Aspira a la perfecció de l'encontre místic i el seu model no és la família, sinó el convent o bé el culte mistèric, orgiàstic i secret, que separa del món. Els encontres amorosos són orgies sagrades protegides pel secret iniciàtic. El model no és la celebració nupcial manifesta, la llar oberta als amics, sinó la secta on els adeptes es vinculen a una germanor jurada i, fins i tot, a l'obligació de la dissimulació. Com els Döhnmeh, hebreus de la secta de Sabbatai Zewí, que van fingir ésser musulmans durant segles celebrant la seva fe autèntica en secret.

Amor secret, clandestí, protegit i aïllat. Tots els deures conjugals han estat complerts i totes les tasques professionals han estat acabades. Aleshores se'ns concedeix, merescuda, la festa de l'ànima i del cos, el tripudi. Tota la resta, tots els deures mundans solament són actes rituals, gestos cerimonials necessaris per consagrar l'espai-temps sagrat de l'amor, que és el premi suprem i el fi últim, el paradís a la terra. Com el navegant que se sotmet a fatigues inenarrables, que afronta perills terribles, però un dia torna a casa per trobar l'estimada. Com qui s'oculta i desafia la mort per veure una dona d'amagat.

Una altra analogia és la de la dona que ha tingut un fill i el posa a estudiar en un internat llunyà. Fa un treball abjecte i miserable per ell, fa de prostituta. No li importa ni la fatiga ni la vergonya ni el sacrifici. Tot adquireix un significat en vista d'aquell encontre. És ella qui l'ha parit, qui l'ha alimentat i n'ha tingut cura quan estava malalt, qui el manté allunyat de la misèria de la vida. Està disposada a fer qualsevol cosa per preservar-lo de la contaminació de la seva existència. Accepta tots els deures i fins i tot els compleix escrupolosament per no posar en perill allò que li interessa més que res. I no el vol amb ella perquè la seva vida no és l'adequada per al fill, perquè la relació, que solament pot ser perfecta si ell és lluny i no en sap res, es corrompria.

En aquesta mena d'amors, l'encontre té un valor en si; no és un mitjà, sinó un fi; no és una etapa, sinó una meta. No es projecta en el futur i de projectes no en fa. Cada vegada podria ser l'última i s'assaboreix, doncs, fins al fons. En això conserva les característiques que hem trobat a l'estat naixent: el *nunc stans*, el present. Els enamorats s'abracen com si fos l'última vegada, i sempre estan disposats a acceptar la mort, perquè el que estan vivint és l'essència de la vida, el fruit més preciós de la vida respecte del qual tota la resta és instrument fred i inert. Ara bé, aquesta experiència de seguida es transforma en el contrari a l'estat naixent, en impuls vers el futur, en projecte. Aquí es tanca en si mateixa, exactament com a la mística. La mística no és estat naixent, és institució[5] i, com tota institució, conserva alguna cosa de l'experiència originària, n'és la custòdia, però perd la resta. En aquest cas, reté el present i perd el futur. Aleshores és necessari que l'encontre sigui l'absolut, allò que no és confrontable, allò que aplaca la set vertadera. I n'hi ha prou amb un glop d'aquesta aigua per viure en el desert.

Un símbol, un tros de cel blau, una fotografia esgrogueïda o una carta li basten per evocar l'estimat que està lluny; per escalfar el cor i perquè li aflueixin totes les energies miraculoses de la vida. Aquest símbol és el manteniment per viure, allò que ens manté en vida, allò que confereix sentit a la vida. És amb aquest record, amb aquest símbol i amb aquest talismà que podem travessar el mar, l'oceà i el bosc. Hi ha gent que sempre duu alguna cosa de l'estimat, de l'estimada o del fill. És bonic aquest amor de l'espera, aquest amor dedicat, aquest amor llunyà, aquesta fidelitat del cor.

Els encontres ocasionals i secrets conserven un caràcter extraordinari també a l'erotisme. Si aquells encontres haguessin de tornar-se quotidians, si la relació hagués d'esdevenir manifesta, si l'amant hagués de convertir-se en el marit o l'esposa, potser l'encant s'esvairia. Alguns arravataments eròtics molt intensos aconsegueixen durar anys precisament perquè són discontinus i secrets, perquè no han de transformar-se en projecte de quotidianitat. I, aleshores, assumeixen algunes característiques de l'estat naixent, de la passió.

És el cas del llibre *Passió d'amor* de Carlo Castellaneta. Diego somia arrencar Leonetta del seu marit, anar-hi a viure, fer-la la seva esposa i tenir una llar on rebre els amics. Leonetta, però, no ho vol. Es comporta com *l'escriptor*. Vol que Diego continuï tenint la condició d'un amant que veu només ocasionalment en encontres inflamats i apassionats. L'estima, però sap que, si hi anés a viure, tot es degradaria ràpidament fins a la banalitat quotidiana. A l'encontre amorós, ella se li presenta sempre com una deessa molt bonica, com una sacerdotessa de l'amor. Això requereix riquesa, preparació i atencions, coses totes elles que s'han de mantenir lluny i amagades. Per això Leonetta no vol renunciar al marit ric, perquè li dóna els medis per conservar la seva bellesa. I no li importa si, per posseir-los, hi ha de tenir relacions sexuals; perquè es desenvolupen en un altre pla, el del deure conjugal, el pla dels deures mundans, dels actes rituals necessaris per consagrar i garantir el temps sagrat de la passió d'amor: passió a intervals, protegida i secreta.

9

La gelosia

La gelosia en l'enamorament inicial

Hi ha gelosia a l'estat naixent de l'enamorament? Sempre hi ha algú que respon que n'hi ha, perquè l'enamorat sempre està preguntant "m'estimes? m'estimes?". I desfulla la margarida, tan aviat ple d'esperança com ple de por. Ara bé, això no és gelosia. Quan som presa de la gelosia, temem que l'estimat estimi algú altre i que el prefereixi a nosaltres. En la gelosia hi ha un rival. Sempre que l'enamorat no té un rival al pensament, senzillament té por de no ser correspost.

L'enamorament està acompanyat d'una sensació inconfusible de turment dolorós, perquè el bé màxim que hem aconseguit assolir ens pot defugir, pot desaparèixer. Donat que sabem que no en mereixem l'amor, perquè aquell amor ens sembla un do, una gràcia totalment gratuïta, temem que l'altre pugui canviar d'idea, que torni a ser allò que era abans que el coneguéssim. Estem segurs de les coses que podem explicar i controlar, sobre les quals tenim poder. Però no coneixem la persona estimada, no tenim cap poder sobre ella. Tan aviat ens sembla més pròxima a nosaltres que nosaltres mateixos com ens sembla una divinitat inaccessible. Esperança i familiaritat, temor i tremolor, aquests són els sentiments dominants de l'amor naixent.

L'enamorament permet accedir a l'erotisme màxim, però alhora en fa entreveure la superació. El cos, la bellesa, el plaer sexual, els petons, el contacte de la pell, l'abraçada, tot el que és realització i acompliment en l'erotisme, en l'enamorament és un medi per una altra cosa, per anar més enllà, cap a l'essència de la persona estimada, cap a un valor indicible. Constitueix un recorregut, una via i un camí.

De vegades un amor comença com una aventura, com una experiència eròtica intensa i excitant. Pot continuar així fins i tot durant molt de temps. Si en arribar un cert moment, però, un dels dos o altrament tots dos s'enamoren, es produeix una transformació profunda. El gest eròtic segur i triomfal esdevé dubtós. El desig sexual deixa lloc a una espera trepidant del cos, a les ganes de plorar i a la commoció. L'altra persona, que ara ens és més propera, se'ns torna més desitjable i més llunyana. La mirem i ens sembla que la veiem per primera vegada. Cada vegada és com si fos la primera. Ens sembla que solament n'hem conegut l'aspecte més superficial. Crèiem que ho havíem vist tot i no havíem vist res. El cos, les mans i els ulls ens parlen d'una infinitud desconeguda. Fins que no som amb ella, fins que no l'estrenyem entre els braços, fins que no hi fem l'amor, no superem aquest abisme. Això no obstant, a penes hem marxat nosaltres o ella, a penes som lluny, és com si poguéssim perdre el camí que ens durà a retrobar-la. Aleshores, tenim necessitat de veure-la, de tocar-la, de parlar-li i de sentir-nos dir "t'estimo".

Tot això no és gelosia.[1] És por de perdre'ns, de perdre el sentit que té la nostra vida. L'amor ens revela la complexitat i la riquesa infinites de l'altra persona, perquè en percebem tot el que ha estat, tot el que hauria pogut ser, tot el que és ara i el que podrà esdevenir en el futur. L'amor ens revela els possibles infinits dels quals l'individu està constituït, la improbabilitat total i, per tant, el miracle de l'existència i de l'encontre. L'estupor meravellat és consciència d'aquesta precarietat total de l'ésser a l'amor, però alhora és consciència de què el fonament del qual tenim una necessitat desesperada és l'altre. D'aquí el nostre desig de tenir-lo, d'abraçar-nos-hi, de restar-hi units i de fondre'ns-hi.

No reflexionem suficientment sobre el caràcter extraordinari del que succeeix a l'enamorament correspost. Identifiquem la persona que val més que qualsevol altre ésser viu, el que és pròxim a l'absolut i a allò diví. Doncs bé, aquesta persona, aquesta divinitat, ens escull precisament a nosaltres entre els éssers infinits del món i ens estima. A través de l'amor, l'home més humil i més desgraciat és l'elegit de Venus, la deessa de la bellesa i l'amor. I la dona més insignificant i més sola rep l'anunciació: "Beneïda siguis entre totes les dones". Per això el fracàs de l'amor i l'abandonament són tan terribles; per això és tan terrible la gelosia.

La gelosia no és un robatori; no estem gelosos perquè se'ns sostregui alguna cosa que considerem nostra. No estem gelosos de la persona que ens és raptada ni del raptor. Estem gelosos només quan és la mateixa persona que estimem qui es deixa extasiar, seduir i endur per un altre, quan el prefereix a nosaltres. La gelosia sempre és traïció de l'exclusivitat.

Molts psicòlegs critiquen la gelosia dient que la nostra pretensió d'exclusivitat és absurda. Ara, per què som exclusius? Cap de nosaltres s'imagina ser el més bell o el més intel·ligent del món; cap de les nostres virtuts, mesurades amb el cànon del món, ens fa preferibles als altres. Davant de qualsevol criteri de valor mundà, el que som sempre és poca cosa. No obstant això, ens estimem i ens apreciem perquè sentim que, en el fons, *hi ha un valor en nosaltres, una unicitat insubstituïble*. Aquesta unicitat, aquesta exclusivitat, es reconeix, s'aprova i es confirma en l'enamorament. L'estimat, estimant-nos, dóna fonament d'ésser i dignitat de valor a la nostra individualitat.

Gelós ho és aquell que s'adona, amb raó o sense ella, que ell ja no és l'únic i l'exclusiu per a la persona estimada, com ella ho és per a ell. S'adona que ella troba en un altre aquell valor que hauria hagut de trobar només en ell i que l'altre posseeix qualitats essencials als seus ulls: una habilitat per divertir-la, per tornar-la alegre, que li encanta i la commou; o bé que l'altre és més bell, més jove i més intel·ligent. Aleshores se sent buidat de tot contingut, de tot valor. I sent un no res perquè ella li va ensenyar que ho era tot, perquè va alçar-lo allà on no hauria cregut mai que pujaria. I ara li treu la prioritat a penes conferida i el fa fora del tron on l'havia assegut. L'expulsa del paradís, l'enfonsa a l'abisme i n'alça un altre al seu lloc.

De vegades, a l'amor naixent, la gelosia estimula la voluntat. Duu l'enamorat a batre's per l'amor. Això succeeix quan hi ha esperança, però un refús molt greu el paralitza, perquè el convenç que no val res i que no pot demanar res.

Per sort, ambdós tenen els mateixos problemes en l'enamorament correspost, ambdós tenen necessitat de la mateixa seguretat i estan preparats per donar-la. N'hi ha prou amb el fet que el teu estimat et murmuri amb accent sincer: "T'estimo, solament a tu", per donar-te seguretat i per fer desaparèixer tots els fantasmes. L'amor naixent és confiat, parla amb esperit de veritat i pensa que l'altre també fa el mateix. Per això la gelosia té poca importància en l'enamorament bilateral veritable, perquè el nostre estimat ens conforta a l'acte, i nosaltres a ell. Si la gelosia roman en l'enamorament inicial, això vol dir que un no està completament enamorat en realitat, que encara està insegur, que posa proves massa grans i que mira de fugir.

La gelosia que frena l'amor

Ja hem explicat la història d'*Student*, un jove enamorat d'una companya que no el correspon. Creu que el seu poc èxit és el fruit de la inexperiència; es dedica a aprendre l'art del seductor i triomfa. Manté la sexualitat separada de l'amor. Al llarg de tota la seva vida, aquest home només tindrà dones que l'estimaran i li seran totalment fidels. Quan senti un amor exaltat per dones fins i tot molt belles, però que tenen un altre home o que creu que li poden ser infidels, sempre acabarà deixant-les. És més, ni tan sols arribarà a l'enamorament. S'aturarà abans, al nivell de l'arravatament eròtico-amorós. No superarà el llindar mínim que desencadena l'estat naixent. Com que al primer enamorament no va ser correspost i va sofrir moltíssim, ja no s'abandonarà els altres sense estar completament segur que el corresponen de manera exclusiva, més enllà de qualsevol dubte.

Aquest comportament ens diu que l'ascensió de l'estat naixent requereix, si no un acte de voluntat, almenys una cessió, un assentiment i la disminució de la vigilància. Una mica com passa a la hipnosi, en què si el subjecte està vigilant i no vol deixar-se hipnotitzar, frustra tots els intents de l'hipnotitzador. Perquè la hipnosi es produeixi, és necessària una adhesió, un potencial, i aleshores, de cop, té lloc un canvi d'estat, de l'estat de vetlla a l'estat de somni hipnòtic. El somni hipnòtic és molt diferent de l'estat naixent; és passiu, mancat de creativitat i extremadament breu, però l'analogia ens serveix per entendre la natura discontínua de l'enamorament veritable.

Student, per temor a la gelosia, no s'enamora. Però també hi ha qui s'enamora i, tanmateix, per temor a la gelosia, destrueix la persona que estima. És el que li va succeir a una dona molt bella que anomenaré *l'aventurera*. Aquesta dona, que ha tingut una vida plena d'aventures i nombrosos amants, solament ha tingut un gran amor en tota la seva vida i, avui en dia, vint anys després, encara en sent nostàlgia. *L'aventurera* deixa la casa paterna molt aviat i se'n va a viure amb una amiga a Suïssa, on comença una activitat comercial. Coneix l'home estimat quan té dinou anys. És metge i té dotze anys més que ella. És un amor imprevist i trasbalsador.

La noia es bonica i provocadora, apassionada, rebel i orgullosa. Per a l'home, que encara viu amb els pares i està a punt d'aconseguir una carrera hospitalària sòlida, constitueix el símbol de la llibertat eròtica, de la transgressió. Una mica com els succeeix a *l'home de Torí* i a *Antonio*, el protagonista de la novel·la *Un amor* de Buzzati.

Ella encara és verge però se li ofereix sense dubtar-ho. Després li ho diu, però ell no la creu perquè ha actuat amb massa naturalitat, amb massa desvergonyiment. Ell la desitja i està boig per ella, però no la considera escaient com a esposa, perquè és massa independent i no té gaires prejudicis; i perquè no correspon als cànons de l'estil de vida burgès: viatja, li diu tot el que li passa pel cap i, bo i no traint-lo mai, ell està convençut que té amants arreu. L'acuita amb preguntes que la noia respon tot dient amb orgull que són assumpte seu, que pot fer el que vulgui perquè és lliure. Per tant, quan ha d'anar a l'estranger per feina, li diu que s'estarà amb una tia per reduir l'ansietat d'ell. Més endavant, ell descobreix la mentida i la crisi esclata.

Se separen quinze dies, un mes. Ell prova d'oblidar-la i comença a sortir immediatament amb una altra dona, però ella no. Està ofesa per la desconfiança, però no pensa venjar-se.

Després els ànims es tranquil·litzen i viuen períodes d'èxtasi eròtic que avui aquesta dona no aconsegueix recordar sense commoure's, mentre que ell els considera interludis, paradisos daurats destinats a acabar-se. Alguna vegada sent la temptació de casar-s'hi, però després es fa enrere, convençut, en el fons, que és una dissoluta i una nimfòmana. Nogensmenys, aquesta imatge d'una manca llicenciosa de prejudicis l'atrau. La convida a parlar-li dels altres amants i de les experiències amb altres homes i, com que ella calla, ja que no té res a dir-li, l'empeny als braços dels amics per veure com reacciona i, alhora, per procurar-se una coartada per deixar-la. Una vegada, en una barca, li demana que tingui una relació sexual amb un amic comú. Li explica que ho considera una prova d'amor i ella, ingènuament, hi consenteix. En aquest moment, la gelosia de l'home arriba al paroxisme.

L'estima i no pot estar-se sense ella però, alhora, considera que el seu amor és una malaltia. Decideix, doncs, trencar-hi i comença una relació amb una col·lega d'amagat. Durant les vacances de Nadal, *l'aventurera* ha de marxar a Beirut per negocis. L'home li demana que hi renunciï i que vagi a la muntanya amb ell. És una mena de prova d'"apel·lació", un punt de no retorn. Ella, però, pensa que és tan sols una petició absurda, atès que ja s'havia compromès a anar a Beirut des de feia temps. Li diu que ha de marxar de totes totes i se'n va. Quan torna, ja no el troba. No contesta el telèfon i els amics no l'han vist. Sembla que hagi desaparegut en el no res. Ella està desesperada. Passen els mesos i un dia ell li telefona i li comunica, fredament, que s'ha casat i que viu en una altra ciutat. Ella no s'ho vol creure, li sembla absurd i impossible. S'informa i aconsegueix el seu nou número de telèfon. Telefona i li respon una dona que li diu que n'és l'esposa.

En aquest cas, la gelosia neix del fet que aquest home està fascinat per la vida d'aventures, per la llibertat i l'anticonformisme de la dona, però alhora ho tem. Des de l'inici decideix defensar-se'n. Viu el seu amor com una passió, com una malaltia, i no aconsegueix veure-hi la base per a un matrimoni i per a una família. S'equivoca, perquè la noia, tot i tenir un temperament impetuós, l'estima perdudament i li és fidel sempre.

En canvi, hi ha persones que suporten molt bé la gelosia. En les formes d'amor competitiu, la gelosia i la presència d'un rival constitueixen un element excitant, altrament un component essencial de l'estat amorós. Per a aquestes persones, l'amor és conquesta, seducció i lluita. Existeix una literatura eròtica femenina inacabable, coneguda com novel·les roses, on sempre apareix una rival. La protagonista està enamorada d'un home, però creu que ell ja està enamorat d'una altra. Aleshores sofreix, però no renuncia al seu amor. S'ho maneja per ser a prop d'ell, per agradar-li i per conquerir-lo. Ara bé, a diferència de la rival, que usa les arts de la seducció més arteroses, l'heroïna és sincera i honesta. Al final l'amor també s'obre camí fins al cor de l'home, conquerit per les virtuts i la bellesa.

Aquesta capacitat d'esperar que també es desperti l'amor a l'altre, aquesta capacitat de mantenir aturada la gelosia pròpia per impedir que esdevingui un sentiment destructiu, em sembla una qualitat més femenina que masculina. L'aplicació sistemàtica de la seducció per enamorar l'altre i conquerir-lo es discuteix molt més a les revistes i als llibres destinats a les dones. D'altra banda, durant mil·lers d'anys, la dona no s'ha adaptat mai a anar amb qualsevol. Sempre ha provat de conquerir l'home millor, el més atractiu i el més apreciat socialment. No ho hauria pogut fer si no hagués après a esperar, a resistir i a controlar la gelosia vers les seves rivals potencials.

La gelosia que intensifica l'amor

Moltes persones consideren que la gelosia és un estimulant de l'amor. Per conquerir la persona estimada o per mantenir-la lligada, la fan engelosir; és a dir, li estimulen el mecanisme de la pèrdua. Per a totes elles és adequat el vers de Ludovico Ariosto: "en amor venç aquell que fuig". Venç el que no estima, el que es fa cercar i fa engelosir l'altre.

Vegem el cas de *la portera de Siena*. Aquesta dona, no massa jove però encara de bon veure, tenia un marit bevedor del qual aconsegueix finalment divorciar-se. Quan es queda sola, coneix un home més jove que li agrada molt i decideix tenir-lo lligat a qualsevol preu. Ella, però, es veu obligada a no moure's pel seu treball, mentre que ell viatja. I ja se sap, als viatges podria conèixer altres dones i tenir altres aventures, fins i tot oblidar-la. Per impedir aquesta eventualitat, *la portera de Siena* usa la tècnica de no deixar-se trobar, de fer-se buscar, de fer-se desitjar i crear una inseguretat continua a l'home. Ell li telefona per dir-li que l'estima, per assegurar-se que ella està a casa, i ella no contesta, deixa sonar el telèfon. Després, quan finalment la troba, li explica que ha sortit amb una amiga i ha trobat un conegut. Sempre està radiant i alegre, però dóna explicacions vagues. Li dóna la impressió que al voltant té moltes persones que la festegen i la desitgen. D'aquesta manera, sempre li provoca primer aprensió i després l'abraça, el besa, li diu que l'estima i l'anima. Ell passa, doncs, de l'ansietat a la joia, del dubte a la felicitat, i la desitja cada vegada més intensament. Gràcies a aquesta estratègia, la seva relació, que amb tota probabilitat, s'hauria ofegat ràpidament en la monotonia i la traïció, va durar molts anys i va desembocar en el matrimoni.

Com hem dit, però, hi ha dos tipus radicalment diferents de reacció. Si l'home de la *portera de Siena* s'uneix cada vegada més a la dona que el tortura, en el cas de *l'home de Bari* hi ha alguna cosa que no funciona. Aquest home va enamorar-se d'una dona més jove, però tenia problemes econòmics i familiars seriosos. Desitjava anar a viure amb ella i volia casar-s'hi, però no podia fer-ho immediatament. Havia de superar encara massa dificultats i, per tant, s'ho prenia amb tranquil·litat. La noia no li dóna presses en un primer moment, perquè ella també té una antiga relació que tira endavant per cansament, i per això accepta mantenir el nou amor en un nivell secret i reservat. Amb el pas del temps, però, decideix abandonar el vell amant per dedicar-se totalment al nou i ardorós enamorat. Nogensmenys, l'home encara no està prou segur i ho retarda, i ella voldria empènyer-lo a decidir-se. Ara bé, en lloc de dir-li que l'estima i que està decidida a seguir-lo on sigui, a afrontar fins i tot una vida difícil i dura, escull l'estratègia de fer-lo engelosir. Li dóna a entendre, mitjançant al·lusions, que hi ha un altre home que la festeja i, per tornar-se més desitjable, també comença a rebutjar-lo sexualment. *L'home de Bari* exigeix un aclariment, però ella actua evasivament d'una manera volguda.

Així passa gairebé un any, en què s'alternen moments d'amor apassionat i de fredor. L'estratègia de la dona funciona durant un cert període. L'home esdevé gelós, la busca contínuament i li escriu cartes apassionades; però el període de prova és massa llarg. En persistir l'ambigüitat i el refús sexual, es convenç que ella efectivament té un altre amant i, a contracor, decideix trencar per sempre. Després de nits d'insomni, després d'un últim encontre amorós frenètic, marxa a fer un llarg viatge de negocis a l'estranger i no torna mai més. Durant més d'un any viu com en un malson, però no la busca mai més.

La gelosia del passat

Molts estudiosos consideren la gelosia del passat patològica. Efectivament, per què hem d'estar gelosos d'algú que ja no ens amenaça, que no pot produir-nos cap mal? Què ens importa si el nostre home o la nostra dona van tenir amors i amants? Per què ens turmentem per no haver estat nosaltres els preferits i els únics fins i tot quan encara no coneixíem l'altre? Una gelosia d'aquesta classe, no és la prova d'un esperit possessiu, d'una avidesa infantil i patològica?

Per respondre, hem de partir del fet que, quan ens enamorem, volem saber-ho tot de l'altre. Els enamorats passen hores i hores i dies i dies explicant-se els detalls de la seva vida anterior, perquè haurien volgut conèixer-se des de sempre. Cadascú hauria volgut veure com era l'altre de petit i d'adolescent, seguir-lo en tots els moments de la seva vida i haver estat sempre amb ell. És la *historiació*, un aspecte del procés de fusió. Cadascú prova de penetrar en l'altre per veure el món amb els seus mateixos ulls i, d'aquesta manera, veure'l conjuntament i tenir-ne la mateixa visió.

Tothom parla també de les experiències amoroses pròpies, i sovint l'altre vol conèixer-ne els detalls fins a identificar-se amb els amants i les sensacions. Aquí rau l'arrel de la gelosia del passat, en la recerca obsessiva d'un coneixement recíproc complet i, sobretot, en la manera de realitzar aquest procés.

En l'enamorament normal, en el procés normal d'*historiació*, cadascú explica el passat no pas per crear una barrera a l'amor naixent, sinó per destruir els obstacles. Mentre ho explica, l'enamorat treu valor a les experiències viscudes en el passat. En essència, diu a l'estimat: ha succeït tot això, però ara ja s'ha acabat, s'ha acabat per sempre. M'he convertit en una altra persona, he renascut i ara, per a mi, solament comptes tu. Amb el procés d'*historiació* els enamorats destrueixen tots els vells traumes, els vells dolors i els vells amors, i n'emergeixen lliures i purs. La *historiació* es mou cap al passat per redimir-lo i permet anar cap al futur sense lligams.

La *historiació* té l'objectiu de fer emergir l'home nou. El convers recorre la seva vida anterior per descobrir on es va equivocar i quan va començar a percebre els indicis de veritat. És el que fa Sant Agustí a les *Confessions*. Els dos enamorats que s'expliquen la vida abans de conèixer-se ho fan per esdevenir persones noves, per renéixer; per transmetre a l'altre tot allò del passat que enriqueix i intensifica l'amor, però no el que el destrueix. Escullen i subratllen les experiències, els episodis i els sentiments que poden integrar-se en el nou amor, i treuen valor i devaluen aquells que s'hi oposen. Per això recorden amors passats: per buidar-los de significat. La historiació no és ni regressió ni record. És creació d'una tradició comuna, és elecció de valors i descoberta d'un destí. Ambdós escullen, doncs, les coses que anticipen i que indiquen, com profecies, l'amor que estan vivint. Exactament com fa Titus Livi quan escull els mites edificants a la història de Roma, o com fa Virgili quan descobreix els senyals del destí futur de Cèsar August en esdeveniments que van des de la fuga de Troia a l'encontre amb Dido.

La gelosia del passat apareix quan aquest procés no s'acompleix o s'esguerra. Un cas famós de gelosia del passat és el de Sònia Tolstoi. Sònia tenia divuit anys i estava enamorada bojament de Tolstoi, que li semblava una mena de divinitat. Era l'escriptor rus més gran i famós i tothom l'adorava. Estem clarament davant d'un enamorament idòlatra. Tolstoi també està enamorat. Hauria hagut de casar-se amb la germana gran de Sònia, però queda fascinat per aquesta. Durant molt de temps no cedeix al seu enamorament. Es considera massa vell per a una noia de divuit anys, ell, que en té trenta-quatre. Al final, cedeix i li envia una carta on li demana matrimoni. Quan rep una resposta afirmativa, desconcerta tothom fixant la data del casament solament set dies després. Aleshores sent de sobte la necessitat de mostrar-se a la seva promesa exactament tal com és, sense amagar-li res de la seva vida anterior, ni tan sols les coses pitjors i més oprobioses. Si l'amor supera aquesta prova, es diu, llavors vol dir que ella m'estima de veritat, que la base del nostre matrimoni és sòlida. Li envia, doncs, els seus diaris, on ho ha anotat tot, absolutament tot el que ha fet fins aquell moment.

Estem en condicions d'entendre el seu gest. Tolstoi està enamorat de veritat i, després d'haver-se defensat durant molt de temps, cedeix a l'amor. Ara vol tenir un passat en comú amb la persona estimada. Això no obstant, no li explica la seva vida a poc a poc, no l'analitza amb ella de manera crítica, no fa una tasca lenta i pacient de selecció i d'avaluació. Es limita a enviar-li els diaris. I ella hi llegeix, amb espant, que ha dilapidat fortunes, que ha tingut amants de tota mena, zíngares, prostitutes, amigues de la seva mare, cambreres i pageses que viuen a casa d'ell. Aquesta lectura la trasbalsa. Als diaris se li revela un home que no coneixia i que ha d'acceptar tal com és, sense discutir. És com si ell li digués: "Mira, jo sóc així, m'has d'acceptar tal com sóc".

En l'enamorament idòlatra la relació no és mai paritària. Hi ha un superior i un inferior. Existeix el perill que la persona que se sent superior es consideri perfecta i pretengui ser acceptada tal com és i no se sotmeti a cap discussió, com succeeix, en canvi, en l'enamorament paritari. I això és precisament el que fa Tolstoi. En enviar els diaris a la jove Sònia, no fa cap revisió de la seva vida. No descobreix les petjades del seu amor veritable, no identifica els camins equivocats i no els refusa. No esdevé un home nou, plenament disponible per al nou amor i purificat del passat. Llança damunt de Sònia el passat, sense refusar-ne res. Sònia, després d'haver passat la nit llegint els diaris, el troba al matí amb els ulls enrogits d'haver plorat. No diu res, el conforta i el perdona, però sent que s'ha acomplert alguna cosa irreparable. Tota la seva vida quedarà marcada per aquella profanació.[2]

La *historiació* de l'estat naixent és l'instrument que impedeix que el passat amenaci el present. El medi per compartir-lo és la neutralització de la seva potència malèfica. Per això és el mecanisme espontani per neutralitzar la gelosia retrospectiva per sempre més, per fer que l'amor pugui finalment impregnar tota la vida, tant passada com futura. Ara bé, quanta delicadesa, quanta prudència i quanta fantasia es requereix per acomplir aquesta tasca preciosa! Alguns enamorats no pregunten res i d'altres pregunten massa. D'altres volen saber massa detalls que pesaran com una llosa sobre el seu amor. A d'altres els queden dubtes al cor que els pesaran tot seguit. En aquests casos, la *historiació* no ha complert la seva funció. El passat continua amenaçant el present. La *historiació veritable* té com objectiu *redimir* el passat per aplanar el camí a l'amor i donar-li fonaments sòlids.

Què absurd dir que l'amor que vol posseir el passat de la persona estimada és neuròtic o patològic! L'amor irromp cap al passat i va cap al futur. Els dos enamorats haurien volgut conèixer-se des de sempre. En *El Banquet*, Aristòfanes diu que l'amor sorgeix entre dues meitats del mateix individu, separat per Zeus, que es busquen fins que es fonen per retrobar la unitat perduda. La *historiació* permet aquest miracle justament i no té res de patològic; és més aviat l'essència mateixa de la normalitat amorosa. La patologia sorgeix quan la *historiació* no s'arriba a concloure. La gelosia del passat és el símptoma que fa manifest que la redempció del passat no s'ha produït, que no hem aconseguit renéixer amb l'amor, que l'amor no ha descendit fins a la profunditat necessària per crear una persona nova.

L'amor gelós

Hi ha una classe d'amor que sembla que s'alimenta de gelosia, de la qual la gelosia n'és connatural i un component essencial. No estic parlant, però, d'aquella mena d'amor que s'alimenta de la rivalitat, que en viu i que és desig de conquesta i d'afirmació en un rival. En aquest cas, la gelosia és excitació i estímul. Al contrari, a la classe d'amor de la qual estem parlant, la gelosia és sofriment veritable i brolla del convenciment que hi ha una diferència abismal i insalvable entre qui estima i l'estimat. Ara bé, és una diferència que sols existeix per a ell i el turmenta sols a ell. Els altres poden tenir accés al cos o a l'ànima de la persona estimada, però aquests altres no són un rival específic, en són una legió.

Recordem el cas d'*Student*. En un cert moment s'adona que la seva estimada l'evita, no deixa que la trobi mai sola i sempre està en companyia d'algú. Tothom li està bé, tret d'ell. La noia es comporta d'aquesta manera perquè s'ha adonat que *Student* està enamorat i vol evitar-li el tràngol desagradable del refús. Això no obstant, el noi entén que el gest exterior amaga una incomunicabilitat total. Comprèn que ho ignora tot d'ella i de les dones. No sap què dir ni com dir-ho ni quins gestos fer, mentre veu que els altres, en canvi, saben moure's amb destresa. El que escriu Buzzati és adequat per *Student*: "Les veia amb els altres, de bracet, a les taules dels altres, als automòbils dels altres, però si ell les mirava, li giraven la cara molestes. I amb quins homes anaven? Eren milionaris, estrelles del cinema o apol·los? No. Potser eren xarxons qualsevols, sense ofici ni benefici, o amb panxa, o analfabets, capaços de parlar solament de futbol, potser eren vulgars i fins i tot lletjos però, sens dubte, tenien el to just, coneixien les dues o tres bestieses que agraden a les dones".[3]

Student és un noi sense experiència. No sap què fer i se sent desarmat. *Antonio* és un home de cinquanta anys que s'enamora d'una prostituta molt jove, però ell tampoc sap què dir-li ni què oferir-li, si no és diners. No sap com ser interessant i divertir-la. Per això es torna gelós no dels clients, que hi tenen la mateixa relació freda mitjançant els diners, sinó d'aquells que Laide freqüenta espontàniament perquè s'hi sent atreta. Per exemple, d'un noi que és el seu cosí, segons afirma, però que ell creu que n'és l'amant. La seva gelosia brolla de la sensació d'una manca profunda i essencial de l'ésser, d'alguna cosa que els altres tenen i ell no. I aleshores desitja ser com ells, i els tem, els odia, i odia també la dona que els prefereix en lloc d'ell.

A *Lolita* de Nabokov, el protagonista, Humbert, sedueix la seva Lolita amb dolços i portant-la al cinema en localitats turístiques. I solament desitja que ella li entregui el seu cos i no marxi. Humbert no espera mai que Lolita el correspongui com, al contrari, fa *Antonio*. No pensa que Lolita pugui enamorar-se d'ell de la mateixa manera que ell se n'ha enamorat. Està convençut que hi ha una diferència abismal de sensibilitat, de desitjos i de plans entre ambdós; una diferència ontològica, natural, que no pot ser salvada. Ell és adult i ella una nena amb desitjos i gustos de nena. Per això tem que els seus contemporanis puguin endur-se-la, i els odia i els evita com la pesta. Després té por que es cansi i s'avorreixi de la vida que li fa portar. No fa projectes a llarg termini, medita estratègies per retenir-la dia rere dia, hora rere hora; com un malalt de càncer que lluita per prolongar la vida el màxim possible, ni que sigui un sol instant, fins que pugui.

Per tant, no té un rival adult. No tem que pugui arribar un altre home capaç d'obtenir de Lolita l'amor que ell sap que no pot obtenir. Quan té la impressió que el segueixen, se sent amenaçat i acorralat, en perill, però en cap moment pensa que Lolita pugui estimar apassionadament qui els segueix. No s'imagina, no aconsegueix imaginar-se, com és de diferent la realitat. D'aquí la persecució dramàtica, la necessitat d'entendre i la investigació al·lucinant que el fan semblar un paranoic. Fins uns anys després, un cop ja ha acabat tot, no s'assabenta que, en realitat, aquella nena estava enamorada d'un home adult, un personatge cèlebre, un dramaturg, una estrella; que l'estimava des de feia temps i havia acordat amb ell la fuga. Solament quan Humbert ho sap, aleshores té un rival, un rival que ha destruït la seva vida i la de Lolita. Llavors la gelosia es transforma en càstig i venjança. El busca i el mata.

A Proust també hi trobem la mateixa classe de gelosia difusa, obsessiva i inquietant. Tot i això, a la relació de *Swan* amb *Odette* i *Albertine*, no hi hauria d'existir una diferència existencial, una incomunicabilitat total. Són dues dones refinades, de la seva mateixa classe social. En canvi, Swann sent que Odette se li escapa, que té una vida secreta, que, tan bon punt ell s'allunya, pot rebre un altre amant. Odette és una senyora elegant de la societat parisenca en l'aspecte exterior. Al mateix temps, però, a penes dissimulada darrere d'aquesta façana de normalitat, es transparenta una dissolució desmesurada, un remolí de bordell, de prostíbul. Albertine també té aquest aspecte doble, alhora palès i obscur, una doble cara fugissera. Es comporta de manera impecable però, en el fons, se li entreveu una vida secreta que és dissoluta i indicible. Nogensmenys, ambdues semblen incapaces de poder estimar Swann amb un amor recíproc, clar i transparent. Ell solament pot instal·lar-s'hi de manera marginal, a cavall entre l'oficialitat formal i l'erotisme tèrbol, obscur i abismal.

Antonio sap que no pot deixar Laide ni un instant. Humbert sap que n'hi ha prou amb un instant perquè algú s'endugui la seva Lolita; o bé que ella pot marxar pel motiu més fútil, encara que sigui només per veure una pel·lícula o perquè ha trobat un noi amb qui parlar. Swann també hauria d'estar sempre al damunt d'Odette i no deixar-la sola ni un instant. I el mateix es pot dir d'Albertine. Albertine és promíscua, ambigua i mentidera per naturalesa. Mai li promet el seu amor etern i exclusiu i, encara que sembli que l'estima, podria desaparèixer sense ni tan sols una paraula de comiat.

Tot s'aclareix quan sabem per la biografia de Proust que, en realitat, les figures femenines d'Odette i Albertine encobreixen amors homosexuals. Proust no ens diu com sedueix Odette i Albertine, cosa que sí fan Buzzati i Nabokov. Això no obstant, sabent que la relació és homosexual, podem imaginar que els corrompi amb els diners, precisament com fan Humbert amb Lolita i Antonio amb Laide. Efectivament, també pot ser en canvi que siguin homosexuals com ell, però que no l'estimin de la mateixa manera, que li siguin infidels i s'ofereixin sexualment també a altres. Mentre que a ell no li basta, perquè vol un amor veritable i exclusiu. I no aconsegueix obtenir-lo, sap que no el pot obtenir. L'amant secret conserva la seva llibertat, la seva ambigüitat i el seu misteri insondable.

L'amor homosexual, a l'època de Proust, estava molt més culpabilitzat i prohibit que avui en dia. El Proust enamorat aspira a crear una parella amorosa, però la societat no li permet. El mateix món homosexual no ho fa possible, perquè busca un amor que la tradició, els costums i la manca mateixa d'un llenguatge oficial impedeixen que pugui esdevenir manifest. En el fons, és la mateixa dificultat que denuncia Roland Barthes en els *Fragments d'un discurs amorós*. L'amor, ens diu, no es pot teoritzar i traduir en fórmules; solament es pot anomenar per fragments. I això no succeeix perquè la naturalesa de l'amor en general sigui talment així, sinó a causa que la mena d'amor en concret en què pensa no l'ha prevista la tradició i no està regulada per normes ètiques, lleis, vincles oficials, matrimonis i divorcis; perquè ni tan sols existeixen paraules oficials i anomenables per a aquella classe d'amor. Principis, lleis i paraules que existeixen per a l'amor heterosexual. En resta, doncs, un amor secret i prohibit, però també irregular, salvatge i promiscu. Un amor al qual no se li pot exigir ni demanar la reciprocitat i la fidelitat amb veu alta.

En un bell assaig de Paul Robinson, *Estimat Paul*,[4] un professor orienta un alumne a reconèixer la seva homosexualitat. L'alumne li diu que va enamorar-se del company de dormitori i va tenir una decepció molt gran. El mestre li explica que s'ha equivocat en buscar l'amor en primer lloc. De fet, al món gai, el sexe ve abans que l'amor. L'estructura de la vida gai exigeix deixar de banda el romanticisme, demana freqüentar certs bars i la pràctica d'experiències eròtiques quasi impersonals. Per tant, l'alumne ha de reconèixer en si mateix primer la vocació, la crida homosexual, i després ha d'entrar a la vida gai acceptant-ne les regles iniciàtiques, que són regles de promiscuïtat. Solament a la fi podrà realitzar també una experiència d'amor individual i romàntic.

Des de l'època de l'assaig de Robinson han passat molts anys. L'homosexualitat està molt més acceptada i hi ha intervingut l'experiència de la sida. Ara existeixen parelles gai en tot i per tot similars a les heterosexuals.[5] Fins i tot s'estan difonent els matrimonis gai. El que al principi era un magma col·lectiu, confús i promiscu, s'institucionalitza en termes d'amor de parella. Per entendre la turmentadora barreja d'amor i gelosia, la necessitat d'exclusivitat i el fons obscur de promiscuïtat de Proust, és necessari tornar un segle enrere, a les relacions socials d'aquella època. Al seu món, l'enamorament homosexual és un amor no previst, no pensable i que no pot convertir-se en parella. Es presenta com desig de posseir on sigui i per sempre allò que, per naturalesa, no es pot anomenar, no es pot posseir i se'ns sostreu; allò a què no poden adreçar-se apel·lacions morals, amb què no es poden fer pactes i que mai sabrem a què respon, perquè, en el fons, ni tan sols pot entendre la pregunta que se li planteja, o bé l'escarneix.

En tots els casos que hem examinat, els d'*Student*, Buzzati, Nabokov i Proust, veiem que l'amor s'entela de gelosia quan no aconsegueix pensar-se, definir-se i esdevenir projecte. L'estat naixent vol encarnar-se, vol convertir-se en col·lectivitat, compromís, pacte i institució. Quan aquesta embranzida troba obstacles es torna passió amorosa, però quan ni tan sols no aconsegueix imaginar-se el futur, quan li manquen els codis i el llenguatge per comunicar, aleshores no sap en realitat qui és l'altre ni què vol. Viu un desig espasmòdic i irresistible que, no obstant això, s'abat contra el misteri. L'objecte estimat li sembla llavors ambigu, desconegut i inassolible. Alguns autors, com Barthes i Lacan, han descrit aquesta mena d'amor particular com si fos la forma universal de l'amor.

10

La renúncia

Enamorament frenat

En l'enamorament sempre hi ha dues forces en joc: una que ens empeny endavant i una que ens reté. El joc d'aquestes forces és en part inconscient i en part conscient. Si accepto la invitació a sopar d'algú que m'agrada, vol dir que estic disponible per a una exploració. Si he decidit restar fidel a l'estimat, refusaré la invitació. En el cas que senti també una atracció eròtica molt forta, sempre tinc la possibilitat de fer-me enrere. Amb tot, a més de les resistències conscients, hi ha les inconscients. Els *amors fulminants*, les revelacions i els *moments de discontinuïtat* es corresponen a d'altres instants d'alentiment de les defenses, de cessament de la vigilància.

El procés amorós pot aturar-se a la fase d'*exploració*, o bé prosseguir i esdevenir un *arravatament amorós*. Pot continuar fins que s'activa l'estat naixent i es torna irreversible, però també hi ha casos on prevalen les forces que l'aturen just abans de superar el *punt d'irreversibilitat*. Aleshores, l'estat naixent s'atenua i s'apaga, l'enamorament s'avorta. El procés es pot representar amb la figura de la pàgina següent.

Examinem un cas on s'encén l'estat naixent però no s'ateny el punt d'irreversibilitat. L'anomenarem *la noia de Roma*. Aquesta noia viu a Roma, està promesa i a punt de casar-se. El promès és bell, ric i simpàtic, i la seva relació és excel·lent. No té dubtes sobre la seva vida matrimonial futura, però el promès, en un moment donat, marxa a l'estranger amb el seu pare. Al país estranger troba moltes dificultats i entra en crisi. La noia el veu després d'uns quants mesos i té la impressió que no el reconeix, perquè es troba davant d'una persona dèbil i queixosa, que no sap afrontar les dificultats de la vida d'una manera viril. Li venen els dubtes. Com serà realment la vida junts? Vital i plena d'aventures com havia somiat o trista i monòtona?

En aquella època se'n va a Venècia a casa d'uns familiars. Coneix un home de temperament artístic, inquiet i somiador que duu una

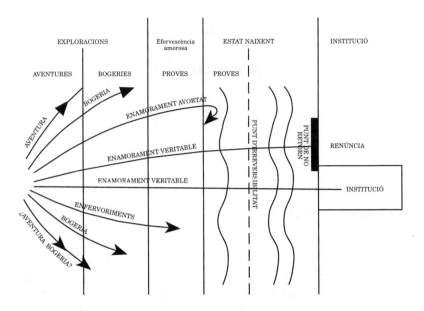

vida desordenada. Fa projectes i somnis. Li mostra la seva ciutat i en parla de manera apassionada. La noia coneix Venècia a través d'ell i queda fascinada per la seva bellesa. És amor, però amor per qui? Per l'home o per la ciutat? No aconsegueix distingir-los. L'home que la guia és la porta per observar un món encantat, per entreveure una vida feta d'aventura, de somnis i d'art.

Aquesta dona jove havia estat molt enamorada d'un home que l'havia tractada de manera cruel quan era molt jove. Va renunciar-hi amb dolor i ràbia. Uns anys després, va conèixer el promès. No va ser un encontre apassionat, però havia nascut un amor serè i reconfortant. Ell era ric i amable, i ella volia tenir fills. Hauria estat un marit i un pare escaient. Venècia fa aflorar el passat de nou, torna a obrir la ferida i reactiva els antics desitjos frustrats.

D'aquesta manera comença un amor presidit per l'aventura i el somni. És la revelació d'un món meravellós, desconegut i intens, l'obertura d'un tresor secret ocult al fons de la seva ànima. Venècia és un mode de percebre i de sentir. L'encontre eròtic a Venècia és un passatge de la prosa a la poesia, del profà al sagrat, de la banalitat quotidiana a la regió de l'art i del sublim, on l'ànima es dilata i tot esdevé apassionant, precari i diví.

Per tant, estem davant d'un enamorament inicial veritable. És un viatge al passat i al destí. Segles d'història i un bosc de símbols se li apiloten al pensament. Ella ja no és la mateixa. S'ha convertit en una de les heroïnes del passat.

Amb tot, aquest enamorament inicial es frena i fa, en un cert moment, una regressió. L'home viu a Venècia, però també és ambivalent respecte d'aquesta ciutat que no li dóna treball. Vol anar a Roma per buscar feina i pensa establir-s'hi. Li parla de Roma molt sovint, perquè creu que ella el podrà ajudar amb els seus contactes.

D'altra banda, és pobre; o això sembla. Mai li fa un regal, ni un de sol dels innombrables objectes delicats que es fabriquen a Murano, ni tan sols una flor. Quan van al restaurant, fins i tot al cafè, ell no paga mai. És veritat que té pocs diners, però la noia sap que ella, al seu lloc, hauria demanat un préstec, un crèdit. A més, l'home es lleva tard i no fa plans precisos, sinó projectes vagues. Quan es tracta de la feina, és queixós i mandrós.

L'amor necessita d'alguns elements positius amb els quals alimentar-se per prosseguir. Fins ara, aquell home ha estat la porta per entrar en un món desconegut, en un passat gloriós, en una vida alternativa més rica, més intensa i carregada de ressonàncies mítiques. Els amors entre les persones de nacionalitat, llengües o religions diferents posen de relleu la força específica de l'amor com a porta d'entrada a un altre mode cultural d'ésser. Ara bé, això succeeix a condició que l'estimat hi cregui, sigui actiu, vital i faci propostes. En canvi, la noia s'adona a poc a poc que, en realitat, a ell Venècia ja no li interessa. Vol marxar a Roma, somia i vol buscar un lloc de treball a la televisió o a qualsevol altre ens públic; i espera que ella l'ajudi. D'aquesta manera, comença a parlar malament de Venècia, on qui té intel·ligència i capacitat no aconsegueix obrir-se camí. Fins que un dia, la sensació de decadència i de fracàs es reflecteix a la ciutat també per a ella d'una manera imprevista. Li produeix la impressió d'una ciutat moribunda.

Aleshores comença a mirar-se'l amb uns altres ulls. Ja no suporta les seves lamentacions contínues, la seva avarícia i la seva avidesa per cercar treball amb el seu ajut. Mentre Venècia li mostra les parets esquerdades i les aigües pútrides, ell li sembla un desgraciat que busca una col·locació. La noia se n'hauria enamorat de veritat si ell hagués estat capaç de portar-la a viure al seu món, de fer-la renéixer, però ell l'arrossega enrere i la torna a dur al lloc que volia deixar. Ella comprèn, amb lucidesa, que per viure a Roma és infinitament millor el promès bell, ric i generós. Vol criatures i vol que tinguin una vida còmoda. Com ho ha fet per encaterinar-se d'un fracassat? Quina malaltia mental transitòria s'ha apoderat d'ella? Havia estat l'altre, l'amor que no va poder realitzar quan era joveneta, que va tornar a sorgir en el venecià. Un somni entrevist a l'adolescència que li ha parat un parany. Un somni enganyós que l'hauria portada a la ruïna. Se n'havia alliberat i no hauria d'haver cedit a una nova encarnació. Ni el vell amor ni el nou no li poden donar res. Són sortilegis i il·lusions.

Moltes dones, precisament perquè en els seus projectes hi entren la llar i els fills, són més crítiques i més prudents vers un nou amor que els homes. Ja hem vist que elles satisfan el desig d'amor somiant despertes, llegint novel·les roses, mirant pel·lícules d'amor, seguint les telenovel·les i fantasiant amb un personatge famós.[1] D'aquesta manera, sempre tenen un ideal a la ment i, fins que no estan profundament enamorades, comparen el festejador amb aquest ideal. Són més exigents i tenen un sentit pràctic més accentuat. És justament gràcies a aquest sentit pràctic que *la noia de Roma* dissol la il·lusió abans que no esdevingui irreversible.

Aquest exemple ens mostra que la passió amorosa, encara que es presenti de manera trasbalsadora, necessita moltes condicions internes i externes per prosseguir i fer arrels. Necessita esdevenir un projecte acceptable i desitjable. Necessita convertir-se en futur. Si no ho aconsegueix, resta al nivell de l'exploració; o bé, com en aquest cas, s'avorta.

La renúncia

Què succeeix, però, quan el procés amorós supera *el punt d'irreversibilitat*? La persona s'ha convertit ara en la meitat d'una parella en formació. Ja no té una identitat separada, sinó únicament junt a l'altre. Sent l'altre com la veritat d'ella mateixa, com l'essència d'ella mateixa. La *renúncia* a l'amor és, aleshores, perdre el que és més important que el jo empíric. El preu de la separació, en aquesta fase, és una catàstrofe veritable del jo, el buidat de tot sentit i tot valor, la *petrificació*.

No obstant això, les circumstàncies de la vida i els problemes que neixen de la relació poden crear una situació tan dolorosa, tan plena de sentiments de culpa i tan privada de futur que la persona decideixi renunciar a l'amor igualment, tallar el lligam. Ja ho hem vist en el cas de *l'home de Bari*. Convençut de no ser estimat, va preferir trencar la relació abans que quedar enverinat per la gelosia. La renúncia s'ha fet per evitar un dolor i l'anomenarem *egoista*.

Amb tot, altres persones renuncien a l'amor per no fer sofrir algú que estimen; si estan casades, la dona, el marit o els fills. Dividides entre dos amors igualment forts, trunquen el *dilema ètic* escollint el món antic i renunciant al nou. En aquest cas parlarem de renúncia *altruista*.

En tots els casos, la renúncia és sempre l'elecció de l'alternativa que prefereix el vell al nou, la institució a l'estat naixent. Amb aquest gest, el subjecte realitza un acte moralment molt greu. De fet, l'estat naixent és un contacte amb l'absolut, i és a la seva llum que fins i tot els objectes d'amor precedents adquireixen valor. Un cop es trenca el contacte amb l'objecte estimat, aquests amors i desitjos també desapareixen o s'afebleixen. En el cas de la renúncia *egoista*, es genera un sentit de solitud i de buit total, però en el cas de la renúncia *altruista*, l'efecte encara és més devastador, perquè a penes s'ha acomplert la renúncia, el subjecte esdevé incapaç d'estimar fins i tot aquells pels quals va sacrificar-se, per qui va sacrificar l'amor. Aleshores ja no sap perquè ho ha fet i té la impressió d'haver comès un acte culpable, greu i irreparable, d'haver destruït el significat mateix de la vida. Tot es torna buit, mancat de valor i espectral. Per actuar, solament pot copiar els gestos dels altres i repetir per pur hàbit el que ha après. Ja no experimenta sentiments veritables. Els posa en escena com un actor. Se sent un autòmata i un titella. És la *petrificació*. L'únic sentiment veritable i profund és la *nostàlgia* d'una realitat perduda.

Renúncia egoista. L'enamorat que dubta de les qualitats de l'amor de l'estimat ha d'escollir si vol seguir estimant-lo sense esperança o mirar de no estimar-lo; allunyar-se'n tot sabent que l'estima i afrontar el període terrible de la pèrdua de l'objecte d'amor: el *suïcidi psíquic*. Primer provarà de lluitar, de conquerir-lo i seduir-lo emprant tot l'encant i la força de convicció però, quan hagi entès que l'altre no l'estima, pot empunyar l'espasa del distanciament. La força que li queda li permet tallar-se les mans que tendeixen vers l'estimat i buidar-se els ulls que el cerquen arreu.

Per reflexionar sobre altres casos de renúncia egoista ens servirem de l'obra del conegut psiquiatre Caruso, *La separació dels amants*.[2] En aquesta obra, l'autor ens diu que sols vol ocupar-se de renúncies dutes a terme per ambdós amants. En realitat, estudiant-ne atentament tots els casos, es veu que la decisió de trencar la relació sempre la pren un de sol. Comencem per l'exemple del doctor IBN. El designarem com *Caruso IBN*. És un home casat i sense fills que s'enamora d'una dona que anomenarem MAI. Per motius i dubtes no gaire clars, decideix deixar l'amant. La dona prova d'adaptar-se a la seva elecció, mira d'entendre-la, però continua profundament enamorada. Li escriu des de lluny cartes punyents: "Tu ets l'únic. Ets el meu primer home. Ets el meu món. Ets la meva felicitat. Ets la meva vida. T'estimo més que el sol i la llum. Sense tu el sol és fred i la llum buida. Ets el gran Déu que regna al món"; i "Ets el meu temps feliç, el meu món bell".[3] La separació sembla haver destruït la noia físicament i psíquicament. Els dos amants van provar de tornar a trobar-se un parell de cops, però *Caruso IBN* està indecís i turmentat i cada vegada decideix separar-s'hi de nou. Al final es divorcia de l'esposa però, en lloc de córrer cap a MAI i llançar-se-li als braços, li ho diu fredament per telèfon i mai més se'n sabrà res. Un temps després, la jove es mata sense deixar cap carta de comiat. Per tant, no hi ha cap separació consensual. *Caruso IBN* és un psicòpata que turmenta la dona que l'estima amb els seus dubtes i l'abandona. Ella lluita per l'amor desesperadament, però quan després comprèn que ha fracassat, se suïcida. Certament, no es tracta d'una separació consensual, sinó d'una renúncia unilateral de tipus egoista.

Un altre cas de Caruso: *la senyora RIK*[4] renuncia a l'amor perquè no ha entès la profunditat dels seus sentiments. Està a punt de casar-se amb un personatge important, més gran que ella, que coneix des de fa temps i que ha idealitzat. El seu és una barreja de compromís matrimonial acordat per les famílies i d'idealització idòlatra. D'altra banda, poc abans de la cerimònia nupcial, coneix un jove per qui perd el cap, però ho considera un arravatament i no s'adona que és precisament aquest l'amor veritable i no el del promès. Així que renuncia a ell i es casa. Poc després s'adona que sofreix terriblement i comprèn que ha comès un error molt greu. Una situació que ens recorda la de la pel·lícula *Una habitació amb vistes*. A Florència, una noia anglesa s'enamora d'un noi de la seva mateixa edat, però està promesa amb un personatge com cal i extremadament avorrit. Quan torna al seu país, troba de nou el noi que va conèixer a Florència, però prova de totes les maneres d'amagar-se a ella mateixa l'amor que sent per ell. Encara més, vol accelerar el casament. Per sort, arriba un moment en què s'adona que no estima el promès i evita l'error de la *senyora RIK* de Caruso.

Renúncia altruista. Aquí també emprarem un cas de Caruso. El del doctor CD Químic. Li direm *Caruso CD*. Es tracta d'un home de trenta-sis anys, casat i pare de dos fills, que s'enamora d'una alumna seva de divuit anys. La relació es fa pública. La seva dona reacciona com una boja i el seu ambient el critica. Després de tres mesos turmentosos, ell arriba a la conclusió que el seu amor és impossible. Convenç la noia perquè marxi i ella ho fa; però a penes és lluny, ell es torna boig de dolor. Li escriu contínuament i ella li contesta que l'estima. Ell la convida a començar una vida nova i a trobar un altre amor, però alhora està gelós i es turmenta. La correspondència es prolonga al llarg de dos anys. Evidentment, *Caruso CD* està profundament enamorat, però el seu amor entra en conflicte mortal amb els amors i els deures sobre els quals està fundada la seva vida:

l'esposa, els fills, els col·legues i l'estima social. D'altra banda, la noia és molt jove. Estem davant d'un cas típic de *dilema ètic*. Ell ha d'escollir entre el camí lluminós del nou amor o quedar-se amb els vells objectes d'amor. En escollir-los i renunciar al primer, cau en l'estat que hem denominat de *petrificació*. Ens ho demostra quan escriu: "Havia perdut quelcom gran i feliç que la meva raó no aconseguia explicar del tot. Era com si hagués mirat per avançat un altre món i ho hagués pagat molt car. No sé massa què passava exactament en aquell món: probablement el gaudi pur... sense tenir en compte eternament el que és lícit i prohibit".[6]

Aquesta és una experiència que coneixem, perquè és l'experiència típica de l'estat naixent, que porta més enllà del bé i del mal. Amb tot, l'estat naixent és doble, el vell món i els vells amors continuen existint. La persona enamorada vol realitzar el seu amor sense fer mal a ningú. Al "món nou" tothom hauria de ser feliç. En canvi, l'amor nou esquinça la vella societat i crea dolor. *Caruso CD* està turmentat pel seu sentiment de culpa vers l'esposa i els fills, però també vers la noia de qui està enamorat perquè, segons li diuen i es diu ell mateix, ella és massa jove i té dret a tenir una vida pròpia. No és solament una elecció entre la noia i la dona o entre la noia i els fills. És una elecció entre la antiga vida insulsa on, però, ningú sofria i la nova, on ell és feliç però tots sofreixen. És una elecció entre allò que els altres i ell mateix consideren normal i la bogeria, l'aventura. Per això l'elecció es planteja com a *dilema*, perquè ha d'optar entre entre dues alternatives que no haurien d'existir. És com demanar a una mare a qui han segrestat dos fills que esculli quin dels dos han de matar.

A la major part dels casos, l'enamorat escull la persona estimada i, per tant, trenca amb els altres objectes d'amor, tot tenint cura de fer el mínim mal possible. En canvi, en el cas de *Caruso CD*, ell escull els vells objectes d'amor i renuncia a allò que és nou. Sacrifica el nou món naixent pel vell món existent. Destrueix l'ideal, el possible, per mantenir en vida el que ja existeix. Un procés que, en actuar la *petrificació*, fracassa la major part de les vegades. Després d'un enamorament veritable és molt difícil que el matrimoni anterior pugui ser revitalitzat. La persona que ha renunciat a l'amor continua estant enamorada inconscientment. És com si aquell amor hagués quedat atrapat dins d'un sepulcre de pedra.

Des del punt de vista pràctic, de tot això se'n deriva una conclusió: si una persona casada pretén salvar el seu matrimoni, és millor que eviti les temptacions o interrompi el procés d'enamorament quan neix, a la fase d'exploració, i no quan hagi atès el *punt d'irreversabilitat*.

Frustració i creació

Què succeeix quan ens enamorem i no som correspostos? La petrificació? No. La petrificació és una drama moral, una elecció per la qual som culpables d'haver destruït el que valia més que cap altra cosa; però si és la persona estimada qui ens deixa o no vol saber res de nosaltres, i nosaltres hem fet de tot per retenir-la, aleshores ja no estem al món de la renúncia, sinó al de la pèrdua simple i pura. El que va estudiar Freud a *Dol i malenconia*[7] ho analitza en tot detall Bowlby[8], però amb una diferència que aquests autors no podien haver tingut en consideració: que en el nostre cas és un *estat naixent*. A l'estat naixent, el subjecte ha iniciat una transformació i hi actuen forces extraordinàries.

La pèrdua produeix un dolor enorme, *però no interromp el procés de transformació* iniciat molt abans. Per tant, l'experiència no és la del simple dol. És el col·lapse d'un procés d'ordenament en acte, de finalització del cosmos. És la irrupció del desordre a l'ordre que estava emergint, però la potència ordenadora encara és activa.

Retornem al cas d'*Student*. Quan *Student* s'adona que la seva noia no l'estima, experimenta un dolor atroç i l'experiència trasbalsadora que el món es regeix per lleis injustes i absurdes. Ho expressa dient que Déu "va crear el món quan estava borratxo". *Student* pensa en el suïcidi. Se'n va a la muntanya i planeja endinsar-se per una glacera, caminar fins a l'esgotament i després deixar-se morir assegut. Amb tot, no es mata. Torna a casa, es tanca a l'estudi i, com ja hem vist, comença un procés de transformació d'ell mateix. S'identifica amb un amic, té noves experiències, aprèn amb una velocitat vertiginosa i, al cap d'un temps, realitza una metamorfosi veritable i autèntica. L'embranzida de renovació de l'estat naixent amorós, encara que no pot realitzar el seu projecte, és a dir, la construcció de la parella, no es perd, troba un altre camí, una altra meta. Aquest procés no guareix el subjecte de l'enamorament (això només ho pot fer un nou enamorament), però fa possible la creació, el progrés i la maduresa.

És tenint en compte aquests conceptes que podem estudiar les activitats creatives que segueixen al fracàs d'un amor naixent. El primer cas que ens ve a la memòria és el de Goethe. Goethe s'enamora de Charlotte Buff i pateix una decepció profunda quan la noia es casa. Fins i tot travessa un període de desesperació i pensa en el suïcidi; però, enlloc de suïcidar-se, escriu la novel·la *Els sofriments del jove Werther*. Un jove s'enamora d'una noia que es diu Charlotte, exactament com havia fet ell, i quan ella es casa amb un altre, se suïcida. Els psicòlegs han posat de manifest que, en imaginar un suïcidi i fantasiar sobre això, Goethe va evitar haver-lo de realitzar de debò; que el llibre és la satisfacció al·lucinatòria d'un desig i és l'exorcisme d'un acte projectat. Això és absolutament cert. A nosaltres, però, ens interessa una altra cosa: que, després de la seva terrible decepció, Goethe esdevé capaç d'una activitat creativa i transformadora extraordinària. *Werther* és una obra mestra. Va produir un efecte subversiu en tota una generació d'europeus. Inicia una nova època no tan sols a la vida de Goethe, sinó també a la literatura. Per tant, podem dir que la potència creativa de l'estat naixent de l'amor per Charlotte no s'esgota amb la desaparició de l'objecte individual d'amor, sinó que prossegueix amb la seva obra de transformació del subjecte i del món.

Ara bé, la plasticitat de l'estat naixent permet processos creatius que no són la substitució de l'acció real per la fantasia, com en el cas de Goethe. Segons la nostra teoria, l'estat naixent també pot prendre un altre camí creatiu completament diferent. Vegem-ne un exemple famós. Som l'any 1883. El gran filòsof alemany Nietzsche té trenta-vuit anys quan s'enamora de Lou Salomé. Lou no té intenció de casar-se. Vol realitzar una comunitat espiritual amb dos amics: Rée i Nietzsche; però tant Rée com Nietzsche n'estan enamorats, la desitgen de manera exclusiva i ambdós volen casar-s'hi. Lou juga amb tots dos durant molt de temps i Nietzsche, en un moment donat, es convenç de ser correspost. Viu una època d'alegria i esperança. És feliç, estima la vida i desitja un fill; però Lou es distancia, es fa pregar i, al final, se'n va amb Rée a Berlín. Després d'intents inútils de restablir la relació, Nietzsche comprèn que l'ha perduda per sempre. Està trasbalsat, vol fugir i amagar-se. Té malsons, sofreix d'insomni i s'omple de sedants. Se sent sol i exiliat, i ha perdut la confiança en si mateix. El que ha escrit, la seva filosofia, s'esfondra i perd el seu sentit; però és precisament ara, en el moment més dramàtic i dolorós de la seva existència, el febrer de 1884,[9] quan escriu una obra extraordinària d'una sola tirada i en pocs dies, una obra destinada a influir en tota la història d'Occident: *Així parlà Zarathustra*. No és el relat d'un amor fracassat ni és un fantasieg sobre el suïcidi. És la creació d'una filosofia i d'una religió noves. L'anunciació de l'adveniment d'una altra espècie humana amb una altra mentalitat i una altra moral: el superhome. La potència creativa de l'estat naixent amorós, apartada del seu fi, el de crear una parella, esclata en la creació d'un món, d'una terra i d'un cel nous.

D'aquests esdeveniments se'n pot inferir una conseqüència pràctica: per guarir un enamorament decebut, la teràpia eficaç és continuar el procés de transformació ja iniciat. Encara més, és accelerar el canvi explorant nous camins; sobretot comprometre's amb un gran deure que requereixi energia i creativitat. Solament així les forces alliberades de l'estat naixent tenen la possibilitat d'encabir-se en un projecte nou. I el dolor, la ràbia i la voluntat de redempció o de venjança esdevenen potències constructives.

La funció de l'odi

Per què l'amor es transforma tan fàcilment en odi? Per què s'acaba sovint de manera violenta i amb baralles furioses? Per què els divorcis estan tan plens d'agressivitat, de rancúnia i de venjances? I, en general, quina és la funció de l'odi en la destrucció de la relació amorosa frustrant, decebedora, i en la curació del dolor de l'abandonament?

En l'enamorament, dues persones que pertanyien a societats diferents trenquen els seus lligams precedents per formar una comunitat nova i, a partir d'aquest moment, tendeixen a fondre's, a formar una unitat compacta, un nou organisme viu amb una identitat pròpia. Com una secta, un partit o una nació. És en forma de comunitat que construeixen junts la llar, escullen junts els amics i afronten la vida. Junts edifiquen alguna cosa que pertany simultàniament a ambdós, al *nosaltres*, una cosa invisible que cadascú considera absolutament pròpia.

La frustració, la traïció, la gelosia, la renúncia i l'abandonament trenquen aquesta col·lectivitat i esquincen tant el subjecte col·lectiu com cadascun dels subjectes individuals que el componen. A ambdós se'ls amputa una part de la vida. Voldrien tornar enrere, però no poden fer-ho. Aleshores cadascú està obligat a reconstruir un jo nou dins d'una col·lectivitat nova i diferent de l'anterior. Aquesta vegada, però, no és l'estat naixent. No hi ha el procés de creació d'una comunitat nova i joiosa mentre es destrueix l'antiga. Per fer lloc al que és nou, el subjecte ha de destruir abans el que encara existeix activament. I el que ha creat l'amor només ho pot destruir una passió igualment violenta, *l'odi*. L'odi com a alliberament, l'odi com a rebel·lió, l'odi que separa, trenca i anorrea. L'odi que destrueix la comunitat amorosa per donar lloc a una altra classe de vida. Aquesta és la funció de l'odi: destruir el que l'estat naixent havia creat.

Amb tot, una comunitat no existeix només en el present. Té les arrels en el passat i es prolonga en el futur. Per això el procés de destrucció ha de precipitar-se en el passat i projectar-se cap al demà. Es produeix, doncs, una *segona historiació* en la qual cadascú recorre la vida per destruir el valor de la relació deteriorada dins seu, per anorrear els records agradables i desenterrar solament els desagradables, i així poder justificar l'elecció feta. Com a la guerra, on ambdós contendents obliden les coses que els van unir i sols recorden les dissensions, les ofenses i les injustícies sofertes per tal d'alimentar el desig de lluita.

La venjança. Una de las maneres en què l'odi es manifesta és la *venjança*. La *venjança* té el poder d'unir el passat i el futur, com la historiació de l'estat naixent. No obstant això, ho fa de la manera contrària. A l'estat naixent, evoquem el passat perquè ens forneix models positius per resoldre els problemes del futur i perquè ens dóna força. Tots els moviments religiosos es recreen en el període diví dels orígens del moviment. Per exemple, l'islàmic, en el fet que Mahoma guiava el seu poble, i el cristià, en el moment en què Jesús era a la terra. Revivint aquella època sagrada i gloriosa, troben la força per edificar un futur esplendorós. En canvi, a la *venjança* mirem el passat com una cosa negativa i abominable, i usem el futur per destruir el que ens ha succeït, per saldar un compte que restava en suspens. Venjar-se vol dir enviar de nou al futur un acte de destrucció que hauríem hagut de realitzar en el moment en què no ho vàrem poder fer. La venjança manté viu el passat, però el manté viu en forma de compromís de destrucció. La venjança dóna molt plaer, perquè ens permet imaginar-nos que fem mal a l'altre innombrables vegades. L'odi no té el poder de retornar-nos el passat, el confia a la venjança futura. Ara ja no el pot destruir, com fa l'estat naixent de l'amor. Enlloc de desfer-lo, el reforça i l'eternitza.

La redempció. Hem de distingir la *redempció* de la *venjança*. En la redempció, enviem al futur la solució d'un lligam no resolt en el passat, però no emprem la destrucció, sinó la construcció. *El gran Gatsby* acumula una fortuna perquè vol tornar a conquerir l'amor de la dona que va estimar i amb qui no va poder casar-se quan era pobre. Adquireix una residència al costat de la d'ella i hi fa festes espectaculars, fins que ella va a casa seva encuriosida i l'amor torna a sorgir. A *Cims tempestuosos*, Heathcliff és un noi abandonat. Creix a casa com un fill i juga amb Catherine, amb qui construeix un món fantàstic. S'enamoren. Ella, però, també se sent atreta per la vida luxosa i pels balls. Un dia anuncia amb menyspreu que mai es casarà amb un mosso de quadra. Ell se l'escolta sense poder-s'ho creure i queda trasbalsat. Aleshores marxa i sols tornarà uns anys després, quan s'ha fet ric. Compra la fàbrica que havia estat de Catherine. L'anima un desig de venjança, però sobretot el desig de tornar a conquerir l'amor de la noia. Els records que el guien són els records feliços de la infància i de l'adolescència que han passat junts. Té un únic record negatiu, que pot eliminar-se restablint els fils de l'amor. I així és com Catherine, abans de morir, li confessa que sempre l'ha estimat.

Les aliances. Com l'amor, l'odi també és un fet col·lectiu que ens separa d'aquell que vam estimar i ens uneix a tots els que poden ajudar-nos amb la finalitat d'ocasionar danys a l'enemic. L'odi, encara més que l'amor, cerca aliats, persones i institucions que estiguin de la seva part, que justifiquin la seva guerra i li donin suport. L'odi uneix els aliats i produeix una mena d'amor febril entre ells, que continua existint mentre hi ha un enemic comú. És un amor que s'esvaeix amb la desaparició de l'adversari.

Quan es produeix el trencament de la parella, tots dos busquen la solidaritat dels amics. Els demanen que trenquin les relacions amb la persona que abans era estimada i ara és odiada. I experimenten plaer quan algú els en parla malament. Demanen ajut per tal de dur a terme els actes de venjança i represàlia. A la fi d'un amor, doncs, es produeixen, com a la guerra, destruccions d'aliances i traïcions. Alguns que abans eren amics i aliats ara es converteixen en enemics; i alguns enemics esdevenen aliats. Mentrestant, la història es refà i es torna a escriure per adaptar-la a la nova situació.

L'oblit. Per guarir un amor decebut, per apaivagar la venjança, ha d'entrar en joc un altre mecanisme: *l'oblit*. L'odi voldria destruir, però ha d'acontentar-se amb oblidar, crear una remoció, una amnèsia perquè no desvetllin de nou els dolors i el desig de venjança.

La psicoanàlisi ens ha acostumat a considerar l'oblit com una remoció, com un fenomen patològic. En realitat, també té una funció vital inestimable: ens permet anul·lar, ni que sigui provisionalment, una part de la nostra vida, deixant-nos lliures per construir noves relacions socials i nous projecte. Evidentment, una part de la nostra energia vital queda empresonada a l'inconscient, però una altra pot expandir-se. Amb l'oblit, completem una mena de desdoblament de la personalitat. Oblidem una part de la vella personalitat i, mentrestant, comencem a construir-ne una de nova. I per fer-ho utilitzem els desitjos, els somnis i els impulsos als quals havíem renunciat. No sempre una decepció amorosa es tradueix en una catàstrofe depressiva. El subjecte pot utilitzar-la per desenvolupar possibilitats i recursos nous, per tornar a començar.

L'oblit no aconsegueix mai guarir la ferida profunda que queda a l'ànima. Es té la sensació d'haver perdut alguna cosa essencial. La ferida només pot ser guarida retornant al passat amb la capacitat de redimir-lo. Una cosa que fins i tot la psicoanàlisi més profunda no aconsegueix fer. Solament ho aconsegueix un estat naixent nou; per tant, un enamorament nou o una conversió religiosa o política autèntiques. Únicament en aquest cas el procés d'*historiació* perfora la barrera del temps i elimina els dolors i els odis empresonats.

11
Conquesta i reconquesta

Seducció

Per realitzar els nostres somnis i projectes, hem de convèncer els altres i posar-los del nostre bàndol. Si prenem la paraula seducció en el seu significat més ampli, com *se-ducere*, conduir-se a un mateix, haurem de dir que sempre estem implicats en una activitat de seducció.[1]

D'altra banda, hi ha un significat més limitat de la paraula. El que indica les activitats i la posada en escena que fem per resultar interessants i atraients eroticament. Els animals, durant els períodes de zel, també es cobreixen amb un pelatge vistós, emeten olors particulars i desenvolupen rituals d'aparellament. En els éssers humans, aquestes activitats són culturals i voluntàries, diferents per tant segons la societat, l'època i l'individu. En lloc del pelatge, hi ha la indumentària elegant i l'automòbil; en lloc de les feromones, tenim les locions, els perfums i el maquillatge. Pel que fa al festeig, la humanitat s'ha desfogat de mil maneres tot inventant formes i rituals.

Tots els enamorats desitgen ardentment conquerir la persona estimada i empren tots els recursos de la intel·ligència i de l'experiència per fer-se estimar. D'aquesta manera, el noi més desproveït i la noia més tímida s'embarquen en les empreses més arriscades. De sobte actuen mecanismes primordials, engrames genètics. La dona es torna més bella, els ulls se li tornen lluminosos i languids. Està més dolça, pacient i somrient. L'home es torna emprenedor i inesgotable. A la pel·lícula *Cinema Paradiso* de Giuseppe Tornatore, quan el noi de catorze anys s'enamora, es passa les nits durant molts mesos davant de la casa de la seva estimada.

No obstant això, l'enamorament ens fa més tímids i respectuosos. Adorem la persona estimada, però ni tan sols tenim el coratge de tocar-la amb la mà. Si ens diu no, ens quedem paralitzats, no aconseguim superar la nostra pròpia resistència i transformar el no en un sí.

Els nois molt joves sovint no saben com comportar-se. Per això, quan s'enamoren tendrament d'una companya de classe, actuen d'una manera tan maldestra que la fan fugir i acabar als braços d'algú altre més brillant i hàbil que ells. En arribar a un cert moment, fins i tot qui sofreix l'enamorament més inesperat comprèn que ha de tenir coratge si vol aconseguir conquerir el cor de la dona estimada, que ha de trobar les paraules escaients per parlar-hi, invitar-la a sortir, enviar-li un ram de flors i portar-la al restaurant. Encara millor si arriba en motocicleta o en automòbil, per no fer-li fer el trajecte en tramvia o a peu sota la pluja. En resum, l'amor pur, desinteressat, sincer i ingenu no és suficient per suscitar l'interès de l'estimat. És necessari l'art de la seducció.

La relació de l'enamorat amb la seducció és contradictòria. D'una banda, voldria ser estimat pel que és, sense fer res, pel fet mateix d'existir. De l'altra, està disposat a emprar tots els medis per conquerir la persona estimada, fins i tot un filtre d'amor, la hipnosi, l'engany o l'amenaça. Alhora, però, no vol que l'altra li respongui "t'estimo" perquè estigui hipnotitzat o per por, sinó perquè l'estima de debò. L'enamorament veritable vol la llibertat.

Així, tots els enamorats estan disposats a fingir i a exagerar les capacitats pròpies per fer-se atractius als ulls de la persona estimada. Aquesta posada en escena topa contra el desig de ser sincer, de mostrar-se fins al fons, de confessar les debilitats i els defectes propis. El resultat d'aquesta tendència doble és fantàstic. L'enamorat s'esforça per posar de manifest la part de si mateix que considera millor. I fa de tot per adequar-s'hi, per estar a l'alçada d'aquesta imatge ideal. En essència, s'esforça per ser el que voldria ser, i d'això se'n deriva una embranzida formidable cap al *millorament del jo*.

Amb tot, no n'hi ha prou. L'enamorat sap que la persona estimada té somnis, desitjos, aspiracions i ideals als quals ell s'adequa només en part. Escolta amb atenció el que ella li diu i pren nota de tot el que elogia o critica. Aleshores, a partir d'aquests elements, prova de descobrir quin és el model ideal que la persona té al cap, i s'esforça per adequar-s'hi i realitzar-lo. Aquesta és la raó per la qual acaba derrotat entre dues tendències. D'una banda, vol realitzar l'ideal *propi*; de l'altra, vol esdevenir el que la persona estimada somia, desitja, vol correspondre al *seu* ideal. Per tant, s'activa un procés de reflexió contínua de la imatge i del model propis, del que cal ser. I com que aquesta activitat succeeix a ambdues persones, es genera una recerca bilateral on tots dos, mitjançant temptatives i errors, cerquen el punt d'encontre miraculós entre les exigències profundes d'un i les de l'altre, entre els somnis propis i els de l'estimat, fins a arribar a tenir desitjos i somnis comuns.

Per a les dones, el *conflicte entre espontaneïtat i seducció* encara és més fort. Aprenen de seguida la importància de la seducció. Ho aprenen de petites. S'adonen que amb una mirada, amb un somriure i amb un petarrell poden obtenir més que amb milers de bajanades. D'altra banda, veuen que els homes més intel·ligents i forts estan desarmats davant de les moixaines, les provocacions i els encants de dones mediocres i sense prejudicis. Comprenen que als homes se'ls sedueix fàcilment en el pla purament sexual, que queden bocabadats mirant un pit femení.

En síntesi, s'adonen que l'aparença, la fascinació i la capacitat de fer-se admirar i desitjar són essencials per conquerir l'home. Amb tot, quan estan enamorades, també voldrien ser elles mateixes, sinceres i senzilles. La noia enamorada de debò també empra les arts de la seducció de manera maldestra. Li surt bé posar-se bonica, agradable i dolça, però després sent que el cor li batega i li venen ganes de plorar i d'escapar-se. Queda aterrida quan s'adona que l'home que estima mira ple de desig una amiga seva que li ensenya provocativament les cames, o bé que es gira per observar el vestit cenyit d'una prostituta. Aleshores s'estremeix, s'implica al màxim i es transforma en una vampiresa. S'ho juga tot. Això no obstant, voldria prescindir-ne, perquè si pogués seguir el seu impuls, voldria esperar, refiada, que ell obrís els ulls i l'estimés només a ella.

Al fons de l'ànima femenina hi ha el temor, punyent, que l'amor veritable, sincer i simple no servirà de gaire, perquè l'home solament és sensible a l'artifici i a la manipulació femenina. Aquest dilema femení està expressat a la literatura i a la mitologia per dues figures arquetípiques: *la bella dorment i la fetillera*. La primera espera, bella i pura, l'home dels seus somnis. L'altra, experta i sense prejudicis, conquereix el cor de l'home amb els seus encanteris. La dona enamorada s'identifica amb la primera: voldria esperar, amb els ulls tancats i immòbil, el petó de l'estimat que arriba dalt d'un cavall blanc, i anar-se'n amb ell. Aquest desig de ser cercada sense que la manipulin la porta sovint a presenciar amb terror com s'acosta perillosament la rival sense poder fer-hi res, sense ni tan sols poder avisar l'estimat. Ella sap que no serveix de res dir-li: "Guarda't d'aquella i de les seves intrigues". L'home no se la creuria i ella representaria el paper de la gelosa o, encara pitjor, de la dona que enveja la bellesa aliena. Al llarg de la vida, la dona es trobarà sempre davant d'un dilema: quin camí he de seguir? L'ingenu, el dels sentiments sincers, o el de la manipulació?

Bona part de les *novel·les roses* tracten d'aquest problema. L'heroïna, que estima amb cor pur, es troba barrada l'entrada per una rival sense prejudicis, que no està enamorada realment, però que no dubta a emprar les arts de la seducció. I tot fa pensar que l'home es deixa atrapar, enganyar i seduir. La història es desenvolupa entre equívocs i incomprensions i sovint ella sent la temptació de renunciar, perquè l'home no cedeix i no comprèn. Nogensmenys, resisteix, i al final, l'amor veritable, el sentiment generós i sincer, triomfa.[2]

L'art de la seducció s'exercita millor com més s'usa la intel·ligència i com més es frenen les passions pròpies, perquè d'aquesta manera podrem superar el refús, escollir el moment més escaient i emprar els gestos i les paraules idònies sense prejudicis. Una vella llegenda que recupera la pel·lícula *Vaig enamorar-me d'una bruixa*, amb James Stewart i Kim Novak, diu que la bruixa no pot enamorar-se. Si s'enamora, perd els seus poders.

És cert, els grans seductors frenen els seus sentiments. Una de les obres més fascinants sobre la importància de la fredor emotiva a la seducció és *Les amistats perilloses*.[3] Els protagonistes són dos "llibertins", una dona, la marquesa de Merteuil, i un home, el vescomte de Valmont. Ambdós es dediquen tota l'estona a manipular els sentiments dels altres per enamorar-los i així fer-los esclaus o dur-los a la destrucció. Saben usar els jocs psicològics més refinats per suscitar l'amor: els afalacs, l'adulació; recorren a la compassió, a la tendresa; fingeixen un amor desmesurat, una dedicació total; posen en escena partences falses, suïcidis falsos; simulen renúncies nobles i sentiments religiosos. Després, quan han assolit el seu objectiu, usen el seu poder amb propòsits escabrosos, com venjar-se d'algú o simplement guanyar una aposta i riure's amb els altres d'esquena a l'ingenu que ha caigut a la trampa.

Per reeixir, el seductor no pot tenir sentiments sincers, sempre ha de fingir. En una carta al vescomte de Valmont, la marquesa de Merteuil escriu: "Primer vaig ocupar-me de conquerir només el favor dels homes que no m'agradaven. Em servien per procurar-me l'honor d'haver-me resistit a ells; mentrestant, m'abandonava sense por a l'amant preferit. Ara bé, així com a ell, amb el pretext d'una timidesa fingida per part meva, no li vaig permetre mai que m'acompanyés en societat, els ulls de tothom sempre es fixaven en l'amant desafortunat".[4] Tanmateix, sempre s'assabentava d'algun secret dels amants afortunats, perquè no fossin perillosos, per poder-los amenaçar i fer xantatge. I hi afegia el següent: "Si tenia alguna experiència desagradable, estudiava com adoptar un aire serè, fins i tot alegre, i he portat el meu zel fins a l'extrem de provocar-me voluntàriament dolor mentre assajava posar expressió de plaer. He emprat la mateixa cura i un esforç major per reprimir els símptomes d'una joia inesperada. D'aquesta manera, he aconseguit aquell domini absolut de la meva fesomia amb el qual de vegades us he sorprès tant [...]"[5]

Podem preguntar-nos ara: per què és correspost tant sovint l'enamorament sincer si la fredor és tan important? I trobem la resposta quan estudiem el mecanisme de seducció emprat pel llibertí. El seductor *fingeix estar enamorat* i fingeix tenir totes les virtuts que la societat del moment considera més nobles. Efectivament, l'estat naixent de l'enamorament té un poder de contagi extraordinari. La frase de Dant "amor, que no consenteix que no estimem" és vertadera. L'enamorament té una potència seductora intrínseca que fascina qui hi està predisposat.

El seductor, doncs, fingeix estar enamorat, però té cura de no fer cap gest que *alarmi* l'altra persona i la posi a la defensiva. Certament, l'enamorament és un abandonament perillós i tots ens en defensem. El seductor esquiva totes les defenses amb astúcia. Repeteix que ell no demana res, que no vol res i que està disposat a desaparèixer en qualsevol moment. Recordeu com es comporta la seductora a l'inici de la pel·lícula *Atracció fatal*?

Per contra, l'enamorament veritable sol ser emotiu, exigent, opressiu i, alhora, insegur i tímid. Insisteix, conjura, i després tartamudeja, tremola i plora. L'enamorament no és mai una broma, no és mai un joc. Si hi ha alguna cosa que desconeixen els enamorats és l'humor. L'enamorat ho fa tot seriosament. Posa en joc la seva vida i et demana que hi posis tu la teva. Qui no està disposat a fer-ho, qui no se sent prou atret, es fa enrere i es defensa. De vegades fuig per no alimentar esperances injustificades. Això no passa amb el seductor, perquè sap aturar-se a temps, sap esperar i confortar. No crea mai ni ànsia ni por i, precisament per això, quan una persona té dubtes i resistències, acaba per enamorar-se més fàcilment del seductor que de qui l'estima de debò.

Quan trobem una persona enamorada i sentim que no podem correspondre-li, molt sovint preferim estar al costat d'una persona que no ens comprometi; algú que ens diverteixi o amb qui puguem tenir una amistat, o bé una aventura eròtica. Si l'altre està enamorat de debò, ens diem, m'esperarà i superarà la prova. Efectivament, l'amor veritable és tenaç i no es rendeix fàcilment. A les fases inicials, però, quan és poc més que una exploració, l'amor també és fràgil, sobretot en certes persones geloses i insegures.

L'amor veritable sempre s'ha de defensar de la falsa seducció. Al costat de la pregunta recurrent "m'estimes?", també hi ha la qüestió "ho dius de debò o fas broma? ets sincer o m'enganyes?" I no és fàcil trobar la resposta. Per això a l'amor ens defensem. Li posem proves, esperem i mirem de desxifrar el comportament de l'altre.[6] L'amor no és solament un do; també és intel·ligència i acció per tal de conquerir la persona estimada, per superar les dificultats, per rebutjar els atacs i per desfer-nos dels rivals que volen apoderar-se de qui estimem. És també descobriment de les intencions veritables de l'altre. És desxiframent i exploració en profunditat en el món de la mentida possible. I finalment, és acció sobre si mateix, metamorfosi, perfeccionament i superació de les proves. Totes les novel·les i les pel·lícules d'amor són la narració d'aquesta aventura interior i exterior, d'aquesta recerca i d'aquesta lluita contra si mateix i contra el món.

L'enamorament successiu

Hi ha també un enamorament que només apareix després d'una relació llarga, d'una coneixença en profunditat i d'un temps de vida en comú. Sol passar que un dels dos ja està enamorat, mentre que l'altre encara està insegur i dubtós. És molt menys freqüent que dues persones s'enamorin al mateix temps després d'una etapa de convivència llarga.

En l'enamorament successiu, doncs, hi ha una persona enamorada que mira de desvetllar l'amor en algú que s'hi resisteix i no hi respon. I arriba un moment en què ho aconsegueix. El cas més simple és aquell on l'altre estava disposat en realitat a enamorar-se, però es defensava de l'amor. Com feia *l'home prudent*, que volia estar absolutament segur i tenia por de deixar-se anar, perquè la dona de qui s'estava enamorant era molt bonica i, per tant, admirada i festejada. Això no obstant, ella estava profundament enamorada, havia entès els seus problemes i va saber esperar, somrient i pacient, que les pors li desapareguessin.

En canvi, és més complex el cas en què la persona enamorada es proposa conquerir algú que no està disposat, que no està predisposat a enamorar-se. Ens en dóna un exemple *la noia que busca marit*. Després d'un arravatament idòlatra pel cantant Al Bano, se sent atreta per una celebritat local molt popular que ni tan sols se la mira. Aleshores ella estudia tots els seus moviments, coneix els seus amics i fa per manera de trobar-se'l tots els vespres, pel carrer, a les botigues i a les discoteques. Cada vegada s'arregla amb cura, va a la perruqueria, es maquilla a la perfecció i es posa els vestits més elegants i provocadors. Quan balla, empra totes les tècniques d'adulació i d'afalac de què és capaç i el sedueix sexualment. Quan aconsegueix entrar a la seva casa i al seu llit, li fa d'esclava, de *geisha*, li satisfà qualsevol capritxi o raresa. Li porta regals contínuament, li fa de cambrera, li arregla la roba, li fa la compra i li prepara el menjar.

I no s'oblida de portar-li flors cada dia. Ell la tracta malament i ella somriu. Ja no es mira cap altre home i li explica que va tenir mil festejadors en el passat, però que mai va estimar-ne cap.

S'instal·la a la seva vida a poc a poc, però sempre dient-li que no vol molestar-lo, que no n'espera res i que està disposada a marxar si ell li ho demana. Li fa d'amant, de cambrera i de secretària. Fins i tot pren nota de les cites amoroses sense mostrar-se mai gelosa.

Nogensmenys, per desvetllar l'enamorament, hem de considerar no solament el present, sinó també el passat i el futur del subjecte. El jove de qui parlem ve d'una família de pagès, sòlida i tradicionalista, a la qual està molt unit. Una família on la mare, una dona ferma que obeeix el marit, fa totes les feines domèstiques, sempre disposada i sempre servicial. *La noia que busca marit* posa en escena exactament aquest model de dona ideal amb el seu comportament humil i cerimoniós. Fins i tot li pregunta per la família i per la mare. Ell li ensenya fotografies i ella se sent afalagada. Diu que està segura que la seva mare és una dona extraordinària, que li agradaria conèixer-la, però no gosa demanar-li-ho. Finalment, doncs, ell la porta a casa de la família i ella es desfà en afalacs i els mostra totes les seves qualitats potencials de mestressa de casa i de jove, submisa i fidel. La mare, conquerida, comença a parlar-ne bé al fill i aquest, per primera vegada, la veu amb altres ulls i considera la possibilitat de casar-s'hi. Abans no hi havia pensat mai. Per a ell, era una amant còmoda, i ara, de sobte, "veu" les qualitats domèstiques extraordinàries de la noia. Si també les veu la seva mare, com dubtar-ne? I així s'enamora.

Un altre exemple d'enamorament successiu és el del marit de *la llicenciada en dret*. Ell era un gran advocat del nord, un civilista fred i calculador; ella, una noia del sud. Quan ella arriba a Milà tot just després d'haver obtingut la llicenciatura, coneix el gran advocat i queda fascinada. És el seu ideal, el mestre i l'ídol. Un amor idòlatra que hauria pogut esdevenir un enamorament recíproc veritable si ell hagués estat disponible. L'home, però, és tancat i reservat per naturalesa i, a més, surt d'una decepció amorosa. Busca companyia i consol. Aleshores, la noia comença una tasca de seducció sistemàtica, incessant i sense treva. Ell li parla de l'altra i ploriqueja, i ella l'escolta amb paciència. Ell té canvis d'humor i ella no en fa cas. Ell la negligeix i no surt amb ella en públic, no la presenta als amics i, quan ho fa, no li adreça la paraula. Manté relacions sexuals apressades i després no es deixa veure durant setmanes. Ella no perd la calma i se li presenta sempre elegant i fascinadora, disposada a satisfer-li tots els seus capricis i desitjos. Ell li diu que no es casarà mai i ella li contesta, somrient, que li agrada estar amb ell així, d'aquesta manera. L'ajuda a la feina i assumeix tasques delicades. A poc a poc, es guanya la confiança d'aquest home difícil, tancat i rutinari.

Així passen dos anys. Aleshores conviuen com marit i muller, però ell continua sense parlar de matrimoni fins que ella s'adona que espera una criatura. En aquell moment es produeix una metamorfosi en ell. Se la mira amb ulls nous. No solament la demana en matrimoni, sinó que vol casar-se de seguida, perquè és el fill el que li interessa. Al seu projecte no li bastava una amant devota, una ajudant fidel, era també necessària la sacralitat de la mare. I ella li dóna dos fills més. Aleshores ell se n'enamora. El seu projecte amorós, el model de comunitat amorosa no era la dona, era la família. I així s'enamora de la seva dona solament quan ella s'ha convertit en una mare envoltada de fills, solament quan ha esdevingut el nucli de la família. Llavors és feliç i se sent segur. Es dedica a la feina en cos i ànima. No fa mai vacances i guanya grans quantitats de diners que lliura a ella perquè els inverteixi, "per a la família". És feliç.

La reconquesta

Les curioses propietats de l'estat naixent ens permeten explicar un altre fenomen aparentment paradoxal: que és possible reconquerir una persona que està enamorant-se d'una altra. Tot és molt senzill quan ambdues encara estan a la fase d'*exploració*, perquè el procés és encara reversible. Quan la gent diu que s'enamora contínuament, o bé que estima dues o tres persones d'una manera simultània, és perquè està fent exploracions. Quan una d'aquestes exploracions surt malament, topa amb qualsevol obstacle, qualsevol decepció, el subjecte en comença una altra. De vegades realitza moltes exploracions alhora.

Hi ha una quantitat innombrable de comèdies, novel·les i pel·lícules que descriuen aquesta situació de festeig, on totes les relacions són inestables i reversibles. La gent s'escull, es deixa, ho prova amb un altre i després retorna amb el primer. El fenomen és el mateix si el subjecte està casat. N'hi ha prou amb una incomprensió, amb una decepció amb l'amant, i la dona o el marit traïts poden tornar a ocupar el seu lloc al cor de l'estimat. Tot això, però, encara no és enamorament. L'enamorament veritable succeeix quan es supera el *punt d'irreversibilitat*. Aleshores els jocs ja han acabat i ja no ens hi podem repensar.

En un llibre divertit, Maria Venturi ensenya a una dona quina estratègia ha d'adoptar per reconquerir el marit que s'està enamorant d'una altra. Els suggeriments són perfectament equivalents als que ja havia descobert la marquesa de Merteuil a *Les amistats perilloses*: controlar completament les emocions pròpies, saber fingir, saber posar en escena la indiferència o la passió en funció de la necessitat. El primer element de l'estratègia és ignorar la relació d'una manera ostensible i canviar completament el comportament propi. D'una banda, cal tornar a ser fresca, jove, ingènua i enamorada i, de l'altra, nova, desconcertant i imprevisible. El segon consisteix en jugar amb el sentiment violent de culpa, amb el dilema ètic que esquinça i trenca el cor de l'home. Venturi diu: "Al marit, la dona li ha de semblar noble, distanciada, assenyada, bona i generosa. Trair una dona castrant, opressiva, queixosa i mancada d'amabilitat li sembla una autodefensa quasi moral. En canvi, adonar-se que està fent sofrir una companya digna, comprensiva i dotada de recursos sorprenents el fa presoner dels sentiments de culpa".[7] En aquest moment l'amant comença a pressionar-lo perquè prengui una decisió i s'apressi a deixar la dona. I precisament això fa que s'inverteixin els papers a poc a poc. L'amant esdevé opressiva, repetitiva, i ja no representa allò nou, l'alternativa i la llibertat. Ara és justament l'esposa qui li provoca una sensació d'alleujament i li fa la vida més fàcil. Si l'estat naixent acaba de començar, si el procés està a la fase de l'*exploració*, és corrent que aquesta estratègia tingui èxit.

El que no diu Venturi, ni tampoc generalment els altres autors, és el que succeeix a continuació. L'esposa ha reeixit en l'esforç de seducció i ha vençut, però llavors es troba en la situació psicològica d'un atleta que s'ha entrenat durant molt de temps, s'ha concentrat en la meta i ha obtingut un trofeu. Ara vol relaxar-se i desitja un repòs restituïdor. Ha realitzat un esforç titànic i pretén una recompensa. Aleshores creu que li correspon rebre excuses per les ferides deixades per la traïció i la humiliació, i està cansada de la posada en escena que ha hagut de fer per inventar-se una identitat nova. Vol tornar a ser ella mateixa sense mentir més.

Nogensmenys, no ho pot fer, perquè el marit espera que ella continuï essent com se li va mostrar quan la va reconquerir; espera més alegria, més llibertat i més novetat. A més, no vol passar per un judici ni sentir recriminacions. Vol aquella dona nova que se li ha revelat. La identitat nova i les virtuts que ha descobert les pren com a autèntiques, i ho creu fins a tal punt que es retreu la seva ceguesa, la seva manca de sensibilitat per no haver-les descobert abans.

La dona ha guanyat, però si vol conservar viu l'amor del marit, es veu obligada a mantenir per sempre la identitat nova que es va fabricar per reconquerir-lo. No pot actuar com un actor que, en acabar de recitar el seu paper dalt de l'escenari, torna a ser el que ja és a la vida real. Ha de continuar recitant aquell paper en tot moment i fer-ne la seva segona naturalesa; altrament, la seva naturalesa veritable. La d'abans ha de desaparèixer. Ara bé, pot aconseguir mantenir una identitat construïda només amb un objectiu precís? Pot dur a terme un esforç tal en el temps per un trofeu que ja té i posseeix? Per justificar un esforç d'aquest gènere, l'estimat ha de ser algú molt especial, una mena de divinitat a qui ella ofereix en sacrifici la identitat passada.

Per això, la dona renuncia generalment a aquest esforç. Abandona el fingiment, tracta el marit amb duresa i exigeix excuses i una mica d'expiació. D'aquesta manera és com les relacions tornen a enverinar-se ràpidament.

I si el marit estava *enamorat de debò* de l'altra dona? I si havia superat el punt d'irreversibilitat? Per arrencar-lo de l'altra, ella ha d'apuntar al sentiment de culpa del marit i crear-li el dilema fins que ell decideixi la *renúncia*. En aquest cas, però, ell torna a casa en un estat de *petrificació*, buit i anihilat; i la dona, que ha lluitat tant per fer-lo tornar, es troba al costat un home absent, amb la mirada apagada i privat de forces. Es fàcil rabejar-se en aquest home, venjar-se de les humiliacions sofertes i, com que no reacciona, també és fàcil tornar a ser la d'abans. En un primer moment se sent alleujada però, a poc a poc, descobreix que la seva vida és buida i que és impossible fer-hi renéixer l'amor. Intueix que hi ha un altre parany en perspectiva: tan bon punt ell hagi recuperat l'energia vital, la farà servir per fugir una altra vegada, per trair-la o enamorar-se de nou.

Hem descrit tot el procés en termes femenins, però no canvia si qui s'enamora és l'esposa i és el marit qui mira de reconquerir-la. L'única diferència té a veure amb la naturalesa del sentiment de culpa. Una dona no experimenta generalment sentiment de culpa quan deixa un home que ja no estima. L'única cosa que la condueix a plantejar-se el dilema és l'amor als fills.

12

La construcció de la parella

Fusió i individuació

Els enamorats son arrossegats l'un a l'altre per una força que tendeix a fondre'ls per crear una entitat nova, la parella. Cadascú, però, continua essent un individu amb una història personal particular, amb pares, germans, objectes d'amor, creences, somnis i aspiracions. Fins i tot a l'amor més gran sempre hi ha diferències dialèctiques entre la força que tendeix a la fusió i la que tendeix a la individuació. La primera vol realitzar el grup, la segona, l'individu. És per això que els enamorats semblen extremadament altruistes i egoistes alhora. Cadascú vol la felicitat pròpia fins a les conseqüències últimes, vol arrencar la felicitat a l'altre però, per realitzar-se a si mateix, ha de voler l'altre i ha d'acceptar-lo, estimar-lo i plasmar-s'hi.

La joia extraordinària que els enamorats senten els permet d'exercir pressions recíproques molt fortes. Assoleixen la constitució d'una visió del món comuna i d'un projecte de vida comú en un joc d'embranzides i resistències, d'avançaments i retirades, i de descobriments continus d'un mateix. A mitjan dècada de 1960 Berger i Kellner[1] ja havien afirmat que, quan dues persones es casen, es comprometen en una tasca de reestructuració de les relacions socials pròpies. El que els dos autors no van entendre —perquè els mancava el concepte d'estat naixent i moviment— és que el motor d'aquest procés no és el matrimoni com a institució, sinó el procés creatiu de l'enamorament. Els dos autors apliquen a la parella naixent l'esquema de la *societat* que es fonamenta en la realització d'un fi. Els dos socis d'un negoci que decideixin començar un projecte econòmic nou també han de reestructurar les seves relacions socials. I el mateix s'aplica a dues persones que van a cohabitar en un mateix apartament.

El que caracteritza l'enamorament no és una reestructuració simple, un reajustament de les relacions socials. La persona estimada no és un soci del món dels negocis ni un company d'escola. És l'objecte únic, el centre absolut de referència, la porta per accedir a una regió de l'ésser nova, l'única on val la pena viure. És alhora el cap carismàtic i el sequaç, el profeta i el company de viatge cap a la terra promesa. L'enamorament és un començament de nou *ab ovo*, un nou partir de zero, on tot, la vida, la família i les creences, és plasma una altra vegada per crear una concepció nova de l'existència. La creació de la parella és una refundació, és un renaixement. La col·lectivitat i l'individu nous neixen junts. El "nosaltres", els "jo mateix" i "tu mateix" nous, no es construeixen a través d'adaptacions racionals, sinó que es desenvolupen per intuïcions i per revelacions.

La parella naixent és un huracà d'energia vibrant, d'emocions, d'esperances, de dubtes, de somnis, d'entusiasmes i de terrors. És a partir d'aquest gresol incandescent, on trobem les forces que tendeixen a la fusió i les que tendeixen a la individuació, que emergeix una col·lectivitat nova que s'estructura i s'estabilitza. Ara bé, com es forma l'entramat estable de les relacions de parella? Com es passa de l'estat fluid, exaltant i ple d'incerteses, a la relació amorosa confiada i segura, de l'enamorament a l'amor?

Les proves

De l'enamorament es passa a l'amor a través d'una sèrie de proves, proves que ens posem nosaltres mateixos, proves que posem als altres i proves que ens trobem imposades pel *sistema extern*. N'hi ha que són crucials i que, si se superen, conduiran l'enamorament cap al règim de certeses quotidianes que anomenem *amor*. Si no se superen, són substituïdes per una altra cosa: la renúncia, la petrificació o el desenamorament.

Si l'enamorament es converteix en *amor*, les proves ens semblen lleus i gairebé un joc. Quan s'han superat, projectem la continuïtat de l'amor que vivim en el nostre record. Quan no se superen, projectem els sofriments del desamor actual dins de nosaltres.

Proves de veritat. Entre aquestes proves trobem, sobretot, les que ens posem a nosaltres mateixos: les *proves de veritat*. Quan ens estem enamorant, sempre provem de resistir-nos a l'amor, no volem posar-nos en les mans de l'altre completament. Tenim por de no ser correspostos. Atès que l'amor de l'altre se'ns presenta com una "gràcia" immerescuda, temem que no ens vindrà donada justament quan la desitgem més ardorosament, quan no podem estar-nos sense ella. D'altra banda, podem estar turmentats per sentiments de culpa cap als pares o cap al nostre marit, la dona o els fills; o bé tenim por que la persona estimada serà diferent de com se'ns mostra.

Al principi, l'enamorament no és un estat constant, sinó una successió de visions. L'objecte d'amor se'ns presenta, ens fascina i després sembla que s'esvaeix. De vegades ens diem "potser era solament un arravatament". A la fase naixent de l'amor, ens sentim insegurs, i busquem la persona estimada però també desitgem prescindir-ne. En els moments de felicitat, la por de perdre l'altre es revela en pensaments estrafolaris, com ara: "He assolit el màxim que mai podré obtenir i ara puc tornar a ser com era i endur-me'n sols el record. He obtingut tot el que desitjava; ja en tinc prou". D'altra banda, també pot passar que ens despertem al matí i tinguem la impressió que ja no estem enamorats, i ens diguem: "S'ha acabat; era una il·lusió solament." I que de sobte ens vingui al cap la imatge de la persona estimada i ens adonem que la desitgem desesperadament. Bojos de por davant de la possibilitat que ella no vulgui saber res de nosaltres, correm a telefonar-li amb el cor encongit.

Per saber si estem enamorats de debò només hi ha un mitjà: allunyar-se, mirar de prescindir de l'estimat i veure què succeeix. Si no podem estar-nos sense ell, si estem dominats per una *desesperació* autèntica, aleshores vol dir que l'estimem de debò. Hem superat una *prova de veritat*. El distanciament ha de ser real perquè signifiqui alguna cosa, i també ha de ser-ho l'embranzida interior que ens obliga a tornar. Això no obstant, el nostre estimat pot interpretar el distanciament com desinterès, i pot consolar-se amb algú altre o desenvolupar sentiments de rancúnia i venjança.

Contràriament al que molts s'imaginen, l'enamorament no es presenta de manera palesa i triomfant. S'afirma solament superant obstacles, esquivant-los i recorrent senderes difícils. A les fases inicials de l'enamorament, els dos enamorats també poden fer passes enrere abans d'abandonar-se. Per exemple, retornant amb un amant anterior o intentant una aventura nova. Si el període de la prova és breu, si l'altre té la força d'esperar, el procés continua. L'amor autèntic s'obre camí a poc a poc enmig de les incerteses, de la gelosia, superant les situacions triangulars.

Quan l'amor és difícil i ple d'obstacles, l'individu lluita per tenir el que estima i llavors totes les formes lleus d'arravatament amorós, totes les formes d'amor inautèntic, queden destruïdes. Els obstacles seleccionen les formes d'amor més fortes. Un amor ple d'obstacles és un amor que ha superat les proves; i la prova que posem voluntàriament al camí del nostre amor és un obstacle que serveix per destriar el que és autèntic del que és fals.

Les proves de veritat sempre són perilloses. Si m'allunyo per posar-me a prova i l'altre també fa el mateix, es creen tot un seguit d'equívocs. Per no córrer aquest risc, és necessari que almenys un dels dos estigui segur del seu amor i sàpiga trobar comportaments i paraules adequades que permetin que l'altre entengui que el sentiment és autèntic. *L'home prudent* sortia d'un matrimoni desastrós i tenia por de cometre un altre error. Així que, abans d'abandonar-se al nou amor, posa a prova la força anímica de la noia que l'estima. Desapareix durant llargs períodes de temps. La dona, que està enamorada sincerament, adopta l'estratègia de la paciència. En tornar, ell sempre la troba bella i somrient, com si hagués marxat el dia abans. Ella ha entès que el seu home té els nervis destrossats i el conforta, l'ajuda a resoldre els problemes professionals i domèstics, i s'ocupa de la seva salut. Lentament, casa seva es converteix en un port serè on ell pot alleujar les seves angoixes. Un dia *l'home prudent* emmalalteix i està en perill, i aleshores ella li demana que s'aturi. Ell accepta i deixa de fugir.

Proves de reciprocitat. Arribem ara a la segona classe de proves: les *proves de reciprocitat*. Si estimem, desitgem ser correspostos i per això continuem interrogant-nos i desfullant la margarida: "m'estima, no m'estima". Tot el que l'altre fa, tots els gestos i els matisos del seu comportament són objecte d'una anàlisi contínua. L'enamorat estudia, analitza i interpreta: "si fa això, vol dir... si no ho fa, vol dir..." I ho fa a partir de les coses més simples, com, per exemple, si arriba d'hora o tard, si mira o no una altra persona. El significat, però, mai és evident. Pot arribar tard i neguitós, però què significa això? que s'havia oblidat de mi? o bé que ha corregut tot el que ha pogut per arribar i el seu retard és, doncs, una prova d'amor? L'enamorat, quan se sent assaltat per la por, es converteix en un investigador. Ara bé, quan el resultat de la prova és negatiu, basten una explicació, una mirada i una carícia de l'estimat per oblidar l'angoixa i sentir-se confortat.

No obstant això, també hi ha proves de reciprocitat difícils de superar. *L'home prudent* escapa ple d'angoixa i de sentiments de culpa. Posa el seu amor a prova però, sobretot, posa a prova la dona estimada. La prova de reciprocitat a la qual se sotmet la noia és difícil i necessita paciència, serenitat d'ànim, coratge i fidelitat per superar-la. Atès que la supera, l'amor es consolida feliç. Una altra persona, però, hauria pogut destruir-ho tot només procurant que no la trobés quan ell tornava o sortint amb companyia d'algú altre.

I si ella també hagués necessitat que la confortessin? I si també li hagués posat una prova de reciprocitat quan ell estava fent una prova de veritat? I si li hagués dit: "Si m'estimes de debò no marxis. Si marxes, no em veuràs mai més!"? Què hauria passat? Probablement, ell no hauria marxat, però tindria la impressió de ser objecte d'un xantatge o d'una seriosa amenaça. S'hauria quedat, però, amb un dubte, una rancúnia destinada a madurar en el temps.

Hi ha proves de reciprocitat particularment perilloses. Són les que posen a prova l'altre amb la gelosia. En el cas de *l'home de Bari*, l'amor acaba quan la dona li diu que hi ha un altre que la festeja, i el rebutja sexualment. Empra la mentida per empènyer-lo a escollir, però ell no entén les seves intencions ocultes i creu que realment està enamorada d'un altre. Decideix, doncs, renunciar, i se'n va, tot i ser presoner de la desesperació. En altres casos, en canvi, l'arma de la gelosia funciona, però sempre existeix el perill que quedin records angoixants, ferides i cicatrius destinades a incidir negativament en la relació en un futur.

Les proves sobre el projecte. Cadascun dels enamorats vol realitzar el màxim possible del futur que ha entrevist i elabora un *projecte*, però els dos projectes poden no coincidir. Cadascun dels dos desitja que se li reconegui el propi. La pregunta "m'estimes?" també significa: "acceptes entrar en el meu projecte?". I l'altre, preguntant "m'estimes?", demana: "acceptes tu entrar en el meu?". I cada vegada que un respon "sí, t'estimo", en realitat li diu: "modifico el meu projecte, vinc cap a tu, accepto la teva petició, renuncio a tot el que volia i vull juntament amb tu allò que tu vols", però alhora li pregunta: "què canviaràs de tu mateix? com te m'acostaràs?".

La pregunta "m'estimes?" dóna per sobreentesa la petició: "em vols amb tot el pes de la meva concreció, dels meus somnis, per realitzar-los junts?". El projecte que fem per a nosaltres mateixos implica l'altre: també és un projecte de vida per a l'altre. És la proposta del que s'ha de voler conjuntament.

La lluita amb l'àngel

L'enamorament tendeix a la fusió de dues persones diferents que conserven la seva especificitat inconfusible i la seva llibertat. Volem ser estimats en tant que som éssers únics, extraordinaris i insubstituïbles. A l'amor no ens hem de limitar, sinó expandir-nos; no hem de renunciar a la nostra essència, sinó realitzar-la; no hem de tallar les nostres possibilitats, sinó dur-les a terme. La persona estimada també ens interessa perquè és absolutament diferent, perquè no és comparable a res. I així ha de ser, esplendorosament i sobiranament lliure. Estem fascinats pel que és i per tot allò que en ella se'ns en revela. Estem disposats, doncs, a adoptar el seu punt de vista i a modificar el nostre.

Perquè hi hagi enamorament és necessari que existeixi aquesta diversitat però, alhora, l'enamorament tendeix a superar-la, a fondre els dos amants i a fer-ne una entitat col·lectiva amb una voluntat única. Cadascú desenvolupa una concepció d'ell mateix i de l'altre, d'ambdós i del seu destí. I cadascú pressiona l'altre perquè es comporti com voldria, perquè s'adeqüi a l'ideal que ha creat. Evidentment, veiem totes les persones que hem desitjat i admirat concentrades en l'estimat; tots els records, tots els desitjos eròtics, fins i tot els més fugaços, els que vam tenir en el passat. El nostre estimat és la síntesi de tots els ideals, de tots els personatges del cinema i de la literatura, de totes les dones i de tots els homes, de totes les celebritats. I, de manera esporàdica, ens sembla que els reconeixem en ell.

La paradoxa que es dóna a l'enamorament és que tots estem convençuts que el nostre estimat, a qui ja veiem com un ésser perfecte, esdevindrà encara més perfecte amb el nostre ajut. Atenyerà el cim més alt. Per això el pressionem i l'empenyem a canviar. Amb tot, ell ho pot viure de manera diferent, resistir-s'hi i proposar-nos altres camins possibles. L'amor, doncs, també és lluita, però lluita interna a l'amor mateix. És *la lluita amb l'àngel*.[2]

Un exemple de lluita amb l'àngel ens l'ofereix el cas que anomenarem *la dona que volia un fill*. Aquesta dona és jove, inquieta, rebel, curiosa i anticonformista. És audaç i sap lluitar fins al final pel que vol i per allò en què creu. Fins aquell moment havia tingut solament algunes relacions eròtiques amb gent de la seva edat, però cap experiència amorosa profunda. Encara no havia trobat el que buscava, un home més madur, més intel·ligent, un home amb qui afrontar el món i amb qui realitzar-se: l'home de la seva vida, el cavaller amb qui anar a la recerca aventures. Un dia coneix tot un personatge, més gran que ella i molt conegut en el seu ambient. Fins aleshores l'home ha dedicat la seva vida solament a la feina i no ha tingut joventut. Va casar-se sense estar enamorat i va assumir tots els deures propis de la gran família meridional. Quan coneix la noia, però, aquella manera de viure ja se li havia tornat insuportable. Ambdós estan disposats al canvi. Durant el primer sopar, neix un amor fulminant. Es llancen desesperadament l'un en braços de l'altre.

Ella li diu que no té por de res i que està disposada a seguir-lo on vagi. No li demana res i no fa plans. El seu encontre podria ser una aventura que durés una setmana o tota una vida. L'home està enlluernat per l'energia i la determinació d'ella. Està fascinat per la manera en què ella posa en joc la seva vida. Ell havia somiat durant molt de temps alliberar-se dels compromisos que l'oprimien, engegar a dida les peticions continuades que tots li feien. Però mai havia seguit els seus impulsos. Les paraules de la dona el sedueixen i l'inflamen. No s'adona que la disponibilitat de la noia és fruit de la seva joventut, de la seva manca de compromisos i deures. Als seus ulls, ella es converteix en el símbol d'una manera de viure lliure i feliç.

Nogensmenys, a l'ímpetu de la passió que neix, s'hi uneix un altre desig que la dona sent de cop i volta: tenir un fill. I li en parla: "Fins i tot podràs marxar. El que és important és que em quedarà el fill. L'educaré jo i serà meu. No t'has de preocupar per res". L'home, però, que ja té fills i se sent aclaparat per les seves responsabilitats familiars, resta torbat, perquè ell cerca una amant apassionada i no una família. Busca una noia amb qui moure's lliurement com mai ho ha pogut fer, i no pas una mare amb un bressol. Sap que si tingués un fill, no aconseguiria no preocupar-se'n. Sap el que vol dir tenir una família i el que significa la responsabilitat. Estima aquesta dona, però el seu projecte de vida és totalment diferent del que ella li està proposant. No tornis més d'aquest tema, si us plau. És la lluita amb l'àngel: l'enfrontament de dos projectes entre persones enamorades.

En el període que segueix, l'home està desorientat entre el nou amor i els deures familiars. En parla a l'esposa i s'esforcen per salvar el matrimoni. Se sotmeten a una psicoteràpia familiar. Trenca la seva relació amb la noia i deixa de sortir-hi. Sofreix atroçment, però està decidit a trencar. Ella, en canvi, està decidida: el persegueix, s'instal·la no gaire lluny de casa seva, busca una feina i la troba. El conforta de nou: no vol res d'ell, no té projectes pel futur; i així comencen a veure's de nou. Amb tot, ella no pren precaucions i es queda embarassada. El seu desig de tenir un fill s'ha obert camí igualment. Un cop més, és la lluita amb l'àngel.

Pressionada per ell, la noia cedeix de nou, avorta i li assegura que no tornarà a succeir, que ha estat un error casual. Mentrestant, empra tots els instruments de la seducció i de la lògica per convèncer-lo que deixi l'esposa i els fills i vagin a viure junts. L'enfrontament es prolonga durant molt de temps, i l'home se sotmet a una altra psicoteràpia. Aquesta també és la lluita amb l'àngel, i és ella qui guanya. Ell se separa i l'esposa accepta el divorci. Van a viure plegats i ella resulta ser una companya excel·lent, devota i amorosa. Finalment és feliç.

Els punts de no retorn

Hi ha coses que és impossible que dues persones vulguin alhora. Coses que, si les traïm, traeixen precisament els valors en el nom dels que s'ha produït l'enamorament. Són *els punts de no retorn*. Si la persona estimada ens imposa que els superem i nosaltres ho acceptem, és com si renunciéssim a la nostra essència. Ja hem parlat d'alguns casos d'amors que s'han enfrontat a un punt de no retorn. Recordem el de Mahler, el gran compositor simfònic. El públic i els crítics no entenien la seva música, però ell lluitava perquè estava segur que en el futur l'apreciarien. Un dia s'adona que també Alma, la dona de qui està enamorat, pensa com els altres. Aleshores li escriu una carta bellíssima i terrible on li demana que renunciï a criticar-lo. Sap que aquestes crítiques li treurien les forces que necessita per combatre. Per a ell, aquest és un punt de no retorn.

Reprenguem ara el cas de la *dona que volia un fill*. L'hem deixada contenta perquè finalment té l'home que estima. Amb tot, uns anys després, el desig de tenir un fill retorna, perquè aquest sempre ha estat el seu projecte de vida, perquè aquesta és la manera com ha concebut l'amor des de l'inici. La maternitat esdevé una idea turmentadora i obsessionant. I si es fa massa gran i ja no pot tenir fills? Intenta rebutjar aquell desig perquè sap que el marit no vol tenir més fills, però com a substitut del fill es posa a criar gossos i gats i renova la decoració de la casa contínuament. Prepara i torna a preparar el "niu". És un altre enfrontament silenciós i dolorós. Continua la *lluita amb l'àngel*.

Per a ella, el fill és un *punt de no retorn*, però també ho és per al marit, que resisteix a ultrança. Arriba un moment en què ella es posa malalta i, aleshores, l'home, esgotat i ple de sentiments de culpa, ja no té el coratge d'oposar-se "irracionalment" a allò que considera un desig femení legítim. La dona es queda embarassada però, al mateix temps, està preocupada. Amaga l'embaràs i, quan ja ha nascut la nena, farà de tot perquè a ell no li pesi la seva presència. Suporta totes les fatigues i es comporta de manera heroica. No obstant això, tot i que el marit l'aprecia en el pla moral i l'estima profundament, alguna cosa ha canviat en la relació amorosa. Ja no és la companya amb qui va desafiar el món, la dona de les aventures boges. S'ha convertit en una mare que s'ocupa de la filla. Ell també adora aquesta nena, ara bé, mentre creix l'amor patern, l'erotisme comença a declinar. Una nova psicoteràpia els explica a ambdós l'absurditat de la situació: l'analista desvela a l'home que projecta en la dona la relació asexuada que tenia amb la mare; però el descobriment no canvia la realitat. La passió eròtica no retorna, el foc del gran amor s'ha extingit. Torna a relacionar-se amb la seva dona anterior i amb els altres fills, i voldria veure'ls a tots reunits, la seva família anterior i l'actual, formant part d'una única gran família. Si ha de fer de pare, ho farà per a tots de la mateixa manera. Si ha d'acceptar el deure, l'acceptarà igualment per a tots.

Aquest exemple ens mostra un gran amor i l'enfrontament de dos projectes de vida que enfonsen llurs arrels en la història passada dels dos subjectes, en els seus somnis. Són dos projectes incompatibles. Realitzar el projecte de l'altre significa per a cadascun d'ells superar un punt de no retorn. No obstant el seu amor, la relació està condemnada.

El pacte i la institució de reciprocitat

Trobem un *punt de no retorn* quan l'altre ens demana que renunciem a una cosa que és essencial per a nosaltres, una cosa que s'ha fet essencial precisament a partir del nou amor i sense la qual aquest amor no té sentit. La Bíblia ens ofereix un bon exemple d'aquesta situació. Abraham desitjava un fill de Sara per damunt de qualsevol altra cosa, i Déu n'hi havia concedit un miraculosament. Nogensmenys, un dia Déu el posa a prova i li demana que sacrifiqui aquest fill, precisament aquest, el que més estima. Es produeix el dilema: l'elecció entre dues alternatives entre les quals no és possible cap elecció.

Quan l'aposta que està en joc és un punt de no retorn, cadascú demana a l'altre una rendició sense condicions, que implica la pèrdua del sentit de la vida, de l'amor, de tot. Qui està obligat a passar la prova s'hi resisteix desesperadament, i si qui la posa està decidit a anar fins al final, l'amor corre un risc mortal. En aquests casos, l'amor només pot continuar si es troba una altra solució. *Perquè qui posa la prova, la passa al seu torn.* A la imatge bíblica, Déu posa a prova Abraham però, al mateix temps, Abraham posa a prova el seu Déu. Evidentment, què li succeiria a Déu si Abraham matés el seu propi fill? Ja no seria mai més un Déu d'amor, sinó un Déu cruel i sanguinari. Justament com els déus del passat, que exigien sacrificis humans i que Ell es proposa substituir. Moisès també és posat a prova per Déu quan aquest li demana que es llanci a les aigües del Mar Roig. I Moisès posa a prova Déu en acceptar la invitació, perquè no pot dir a Moisès "llança-t'hi" i deixar després que les aigües ofeguin el poble escollit. Un Déu que reaccionés així seria un mentider, un dimoni.

La clau de la solució rau en això: el punt de no retorn és quelcom que es demana, però no ha de ser obtingut. És un taló signat que mai es cobrarà. Abraham és a punt de matar el seu fill, però Déu li impedeix fer-ho. Atura el seu gest fent que se li apareguin un àngel i un anyell, i l'àngel l'invita a sacrificar l'animal en lloc del fill. Abraham estava disposat a sacrificar a Déu allò que més estimava, però a Déu li basta la intenció que té de fer-ho. Déu i Abraham han superat la prova. Ambdós han tingut la demostració d'amor, però ambdós han acomplert una renúncia essencial: han trobat i reconegut un *límit* insuperable de l'altre. L'amor recíproc solament esdevé possible *quan el punt de no retorn de l'altre es pren com a límit autèntic d'un mateix*, quan es vol que sigui límit propi.

El **pacte** constitueix el reconeixement del *límit* que tenen les nostres pretensions i dels drets inalienables de l'altre. Confirma la nostra unitat amb un compromís solemne i, alhora, estableix el respecte per les nostres diferències. Amb el *pacte*, cadascú sabrà que l'altre no li demanarà el que no pot demanar. Aquesta certesa, que ha estat trobada en una situació desesperada, constitueix el punt central de la confiança recíproca: **la institució de reciprocitat**. Sé que estimo i no puc deixar d'estimar, sé que tinc un *límit* i no puc deixar de tenir-lo, i ho accepto. Ho accepto, però, amb tota la força de la meva passió, de la meva dedicació, sense reserves. *El pacte* és una abraçada, un jurament.

L'amor sorgeix entorn de la *institució*, entorn del pacte. El procés descrit no ocorre un sol cop, sinó moltíssims. Cada vegada, l'enfrontament acaba amb un pacte. Les noves certeses esdevenen el punt de partida per reorganitzar l'existència quotidiana.

És gràcies a aquestes propietats extraordinàries de l'enamorament que la parella, si supera les proves, crea una visió del món comuna i un codi de conducta que n'assegura la durada. La primera correspon a la ideologia dels grans moviments i la segona, a la seva carta fundacional, al seu estatut.[3] L'energia creativa i fluida de l'estat naixent s'objectiva en una estructura, es transforma en principis, regles, pactes, normes i compromisos solemnes. Aquests pactes tenen precisament el poder de durar perquè sorgeixen en el clima incandescent de la passió, en el moment màxim de la unió i de l'embranzida creativa.

El matrimoni

El desenvolupament de l'amor de parella requereix una aportació de la voluntat. L'amor es consolida si el volem, si l'acollim, si l'ajudem i si ens comprometem a fer-lo durar, a convertir-lo en una cosa estable. Quan estem enamorats, volem estar amb la persona estimada. Ara bé, en l'enamorament més gran també hi actua sempre una força que el contrarresta. Fins i tot quan hem arribat a la conclusió, mitjançant les proves de veritat i de reciprocitat, que estimem i som estimats, fins i tot en arribar a aquest punt, podem continuar resistint-nos a l'amor.

Per tant, ha d'haver-hi un moment de l'elecció, un moment en què excloem qualsevol altra alternativa. I no n'hi ha prou de decidir-ho nosaltres, és necessari que decideixi també l'altre. Dos enamorats poden tenir projectes diferents sobre la durada de l'amor i sobre la vida. Un pensa en un amor per sempre, en un matrimoni, en una llar. Mentre que l'altre no està disposat a comprometre's, ni tan sols mentalment, d'una manera tan total. Està enamorat, però voldria poder escollir dia a dia el que ha de fer. D'això en neix una lluita amb l'àngel que, en cas afirmatiu, acaba amb una decisió comuna, amb un pacte: **el pacte de continuïtat**. El *pacte de continuïtat* és, doncs, un moment essencial de la vida amorosa. És quan els enamorats construeixen el projecte comú de continuar estimant-se, deixant de banda les indecisions i qualsevol altra consideració.

Ara bé, hom pot preguntar-se: què és un pacte establert entre dues persones soles, en el silenci de la llar ? Els amants es juren: "t'estimo, t'estimaré per sempre més i no et deixaré mai". No obstant això, l'estat d'ànim canvia i, de vegades, basta una baralla perquè aquell amor es transformi en odi. I no hi ha cap testimoni, cap llei ni cap tribunal que pugui imposar el respecte del compromís contret. Pot existir un pacte purament subjectiu del qual no haguem de passar comptes amb ningú i que ens faci sentir obligats igualment?

Sí. Al pla moral. Kant ens indica la regla moral d'aquesta manera: "Actua segons la màxima que voldries elevar a norma universal". El legislador de la moral és el subjecte mateix. I el tribunal de la moral no és extern, sinó intern, és a la ment i al cor. El pacte entre els dos amants és, doncs, un *acte moral*. La parella, encara que fonamentada en l'amor i en la passió, no pot continuar si no es tradueix en *moralitat*. La moralitat, però, no és solament un fet subjectiu. En el principi "actua segons la màxima que voldries elevar a norma universal", hi ha implícit el fet que pensem en tots els altres i ens comprometem davant d'ells. Els enamorats estan orgullosos de mostrar-se en públic i consideren el seu amor exemplar. I estan disposats a contraure compromisos en públic, fins a arribar al que contrauen davant de l'estat o de la divinitat: *el matrimoni*.

Hi ha parelles estables i fortes, fins i tot sense el matrimoni i sense la necessitat de sancions legals i que, a més, són contràries a la llei. A *Les afinitats electives* de Goethe, el comte i la baronessa constitueixen una parella enamorada extremadament unida. No s'amaguen, viatgen junts, però no volen sentir-se obligats, constrets, pels vincles externs de la llei matrimonial. Amb tot, el matrimoni també és important en una societat on pot dissoldre's fàcilment amb el divorci. Indica una intenció de continuar, de durar, de fer aquelles eleccions i aquells actes, de conrear aquells sentiments que reforcen l'amor i evitar els que l'afebleixen.

Amb el matrimoni, els dos amants introdueixen voluntàriament un tercer element, una potència externa, l'estat, i alienen una part de la voluntat compartida. Una part de la parella ja no existeix només a la ment i al cor dels individus que la formen, també existeix enfora, i cap dels dos la pot modificar individualment. El matrimoni és el prototip i el símbol de totes les activitats que adquireixen existència autònoma, de les *objectivacions* de la parella.

13
La institució: objectivacions espirituals i materials

La institució

Instituir vol dir escollir, decidir, afirmar i estabilitzar. La institució serveix per estabilitzar les eleccions fetes, sense haver de revisar les decisions que s'han pres ni haver de forçar el desig de l'altre. Les institucions fixen la voluntat i l'objectiven. Es tradueixen en *objectivacions espirituals i materials*.

Quines són les *objectivacions espirituals* de l'amor? Ja en coneixem algunes: *la prova de veritat,* per la qual arribo a la certesa que estimo de debò aquella persona, *la prova de reciprocitat,* amb què em convenço que el meu amor és correspost, i *el pacte de continuïtat* que els enamorats estableixen per fer durador l'amor i per defensar-lo de les insídies externes.

El procés de fusió i d'edificació d'una identitat nova no és harmònic, gradual o continu. Com tot procés vital, avança mitjançant temptatives i errors. Té moments de crisi i moments d'estancament, i també d'acceleració brusca. Les adaptacions recíproques més importants són les que emergeixen justament de les crisis. Són actes creatius, solucions pensades i acceptades per ambdós.

A continuació tenim les *objectivacions materials*. La parella és una entitat viva que actua en el món. Produeix, compra objectes i realitza accions. Ambdós treballen, a casa i fora. Es construeixen una vivenda, la decoren segons les exigències i els gustos propis. Tenen fills, els eduquen i els fan estudiar. Participen en activitats polítiques, col·laboren en l'activitat d'associacions o de confessions religioses. Fan viatges i vacances. Estableixen relacions amb els amics, amb els col·legues i amb els veïns. Modifiquen l'ambient material i social on viuen. Creen, doncs, el seu hàbitat natural. En aquesta activitat constructiva, els dos subjectes també estan en una relació dinàmica: convergeixen i divergeixen, expressen la identitat personal i col·lectiva. Objectiven, tot confrontant-se, el desig i l'actuació. Construeixen un recorregut i deixen una empremta de la seva existència conjunta en el món.

Les regles de vida

Les *objectivacions espirituals* més simples són les regles de vida que s'estableixen a l'interior de la parella. Quan dues persones estan molt enamorades, normalment cap de les dues mira d'imposar a l'altra regles rígides. Ambdues estan disposades a canviar, a modificar-se i a explorar noves formes de vida. D'altra banda, la convivència quotidiana produeix un conjunt de normes que s'elaboren lentament, mitjançant temptatives i errors. Algunes neixen de la lenta adaptació recíproca, *del costum,* sense que hi hagi discussions. Qui es desperta primer porta el cafè al llit a l'altre, que no aconsegueix obrir els ulls. Cadascú escull el seu lloc preferit davant de la televisió i després continua usant-lo durant anys. Si n'hi ha un que no beu mai vi i l'altre ho fa només de tant en tant, l'ampolla acaba per desaparèixer de taula i sols hi torna quan hi ha convidats a sopar.

Altrament hi ha les regles, les conductes que un *ensenya* i l'altre *aprèn*. I és la dona sobretot qui desenvolupa la tasca d'ensenyar, d'educar en la vida de parella. Ella té una idea molt més clara que ell sobre com ha de ser la vida en comú. Sap molt bé com s'ha de comportar i com vol que canviï. Així, a poc a poc, el duu a fer el que vol amb suggeriments, amb gestos apropiats i usant una diplomàcia subtil. Com és el cas d'*Anna i Maurizio.* Es van conèixer no fa gaire i estan enamorats. Ell va a buscar-la cap al tard i, com que li agrada córrer i no té massa temps, arriba a casa d'ella amb xandall, suat i panteixant. Així que arriba l'abraça, l'aixeca, comença a despullar-la al rebedor i acaben abraçant-se damunt la catifa, damunt del llit, al sofà, allà on es troben. A ella li agrada molt fer l'amor amb ell, però ell l'ataca quan ella voldria dir-li que es dutxés, que es rentés. Ara bé, com pot frenar el seu impuls amorós i dir-li: "Estimat, que no veus que fas pudor? Renta't, si et plau, i perfumat!". Per tant, Anna fa com si no passés res, però es proposa de valent fer-canviar els seus costums quan estiguin casats. Usarà totes les arts femenines per ensenyar-li com s'ha de comportar. I serà una reeducació autèntica. A Anna no li agrada fer-li de mare. Voldria ser la seva amant, la seva còmplice. Pensa el que pensen totes les dones joves, però ha de doblegar-se davant la realitat. L'estima, no vol renunciar-hi i també li farà de mare.

De vegades, aquesta subtil diplomàcia educativa no té èxit. Aleshores el procés solament pot avançar amb *una crisi i una decisió cons-*

cient. L'home, acostumat a disseminar tots els objectes per la casa, perquè hi havia la mare que els hi recollia amorosament, continua fent-ho amb l'esposa. Ella mira d'educar-lo amb paciència: els hi recull, fa que els trobi en ordre, li mostra on són els calaixos, li ensenya on li ha col·locat les sabates. Ell, però, continua amb el vell costum i encara es torna més desordenat. La tensió creix fins que la dona reacciona: "Jo no sóc la teva mare ni la teva minyona". A partir d'aquell moment, ell ha d'acceptar, conscientment, no fer-ho més.

Les relacions eròtiques encara són més delicades. La dona vol fer l'amor quan està descansada, quan té temps per endavant. Primer, necessita que li diguin paraules dolces i l'afalaguin i llavors, s'entrega. Després de l'acte sexual, li agrada quedar-se parlant a la penombra, abraçada al seu estimat. L'home, en canvi, té un esquema mental diferent. Vol prendre-la d'una manera imprevista, arrencar-li els vestits del damunt, repetir l'acte sexual amb violència, encara que ella li digui que no, que està cansada. Car està convençut que aquest joc li agrada, que està excitada com ell. Està convençut que el seu refús és un residu de pudor infantil i per això insisteix. Ella prova de transmetre-li els seus desitjos amb expressions al·lusives i de manera simbòlica, però no ho aconsegueix. D'aquesta manera s'arriba a un punt on el problema es presenta com una crisi. Aleshores és únicament a través d'un aclariment i d'un pacte que la parella estableix un límit al procés de confusió entre el que desitja l'un i el que desitja l'altre, i hi troba alguna cosa que els complau a ambdós. És el pacte solament el que permet prosseguir el procés de fusió sense que un abusi de l'altre.[1]

A la parella hi passa el mateix que als moviments polítics i religiosos. A l'inici sempre hi ha una unanimitat espontània entorn del cap carismàtic, però aquesta unanimitat esdevé una dictadura amb el temps, esdevé opressió. Aleshores és necessari tornar a donar la paraula a la gent i deixar emergir les divergències i els conflictes amb el mètode democràtic. Solament així es restableix el consens sobre els valors de fons.

A la vida de parella hi ha molts moments d'aquesta mena, perquè ningú roman idèntic a ell mateix, perquè sorgeixen exigències i desitjos nous. La vida en comú sempre planteja problemes nous i, per tant, el procés de construcció de les regles de vida no és diferent del d'un estat que modifica les seves lleis, n'introdueix de noves i reinterpreta les del passat. L'estabilitat de la parella no és estàtica, és dinàmica.

Costums, ensenyament, crisi i pacte són els processos que conformen les regles de la convivència amorosa. I aquesta classe de regles, precisament perquè neix de l'amor, no és pèrdua, cedir, anul·lar-se, sinó conquesta i enriquiment: la manera de fer prosseguir el procés de fusió.

En el procés que hem descrit, les regles sorgeixen de l'experiència amorosa i de la convivència. Nogensmenys, hi ha casos en què els drets i els deures de cadascun dels cònjuges es defineixen anticipadament en el *contracte matrimonial*, on queden llistats d'una manera meticulosa: de qui són les propietats recíproques, com pot usar-les cadascú i en quina confessió religiosa han d'educar-se els fills. Amb tot, també hi ha detalls més íntims com, per exemple, si s'ha de dormir al mateix llit o en llits separats, si es pot fumar a la vivenda, si es poden tenir animals a casa i la mena d'amics que es poden convidar. El contracte matrimonial pressuposa que hi ha dues personalitats que saben exactament el que volen i que no estan disposades a cedir ni un mil·límetre a l'altra. Aquesta mena de contracte estava molt difós a les famílies aristocràtiques, on el matrimoni servia per consolidar una relació política, o entre persones de religió diferent, per regular els conflictes possibles. A la nostra època també es dóna quan entren en joc interessos econòmics forts o quan els cònjuges no s'estimen i no es refien gaire l'un de l'altre.

El regal

La més simple de les *objectivacions materials individuals* de l'amor és el regal. Tots els enamorats desitgen fer regals a l'estimada i totes les dones als seus homes. A l'enamorament, el regal sempre és regal d'un mateix, un símbol del jo propi que s'entrega a la persona estimada. És per això que s'entrega amb emoció i que observem com el reben i si ens ho agraeixen. Si l'altre l'aprecia, ens ho agraeix i ens besa, aleshores som feliços, perquè això vol dir que ens estima, que hem merescut el seu amor. Si per contra li fa una ullada distreta i el deixa al costat, és com si ens hi deixés a nosaltres mateixos. Per això les persones veritablement enamorades sempre diuen que el regal és molt bonic, fins i tot quan no respon als seus gustos. I no els costa cap esforç fer-ho: aquell regal és el símbol de l'estimat, i el nostre estimat sempre ens sembla bell. Si rebem un regal estrany o de mal gust, provem de descobrir-hi algun significat simbòlic.

Al principi els enamorats fan regals que no corresponen exactament als gustos de l'altre perquè no el coneixen, però, sobretot, perquè es regala allò que hauria de fer encara més bell i desitjable l'estimat als seus ulls. L'enamorat compra el regal guiat pels somnis i les fantasies eròtiques. Un home pot, doncs, regalar a l'estimada un abric de pell massa vistós que ella no es posarà mai en públic. Se l'emprovarà només per a ell i, al final, l'usaran com a catifa per fer l'amor. Amb aquell regal, ell ha volgut realitzar un somni de joventut. Aquell abric sumptuós és el símbol de les estrelles del cinema que van torbar les nits del noi, de la fascinació i de la bellesa. Les dones enamorades són excessives i estranyes en la mateixa mesura. Sobretot les joves. Quan s'enamoren d'un home madur, li regalen roba per adolescent, cosa que el fa ridícul, per bé que estigui molt atractiu per a elles.

A poc a poc, la necessitat d'embellir l'estimat segons els nostres cànons disminueix. Aprenem a conèixer els seus gustos i a respectar-los. D'aquesta manera, amb el pas del temps, les persones que s'estimen acaben per tenir preferències similars i per construir una estètica comuna.

El regal pertany a l'àmbit de l'extraordinari.[2] Ha de diferenciar-se de la vida quotidiana. És una interrupció, una festa, i per això s'ha de presentar en un paquet adequat, amb cintes i llaços. Ha de marcar la diferència del món ordinari i activar el ritual de l'espera. "Què serà?", es pregunta qui el rep. I mentre el desembolica i en desfà els nusos, la seva curiositat creix. De fet, una part important del regal és aquest assaboriment anticipat de qui fa el regal i es pregunta: "li agradarà o no li agradarà?"; i espera, tremolós, la sorpresa joiosa de l'altre. El ritual del regal sempre requereix, doncs, minimitzar el que es regala —"un petit objecte, una tonteria, un símbol solament"— per evitar que l'altre es desil·lusioni després.

En totes les relacions, un regal sempre s'adreça a l'altre com a individu, té com a punt de mira el seu valor personal. El regal d'amor considera l'altre com a subjecte eròtic, com a subjecte apreciat eròticament. Quan el marit regala a la dona un objecte per a la casa pel seu aniversari, una paella, una vaixella o unes estovalles, realitza un gest de refús de la dona com a amant. És com si li regalés una escombra.

Hi ha regals que són individuals sols en aparença mentre que, en realitat, simbolitzen la parella i la unió. Com l'anell. Quan un enamorat regala a la dona un collaret, pot presentar-ho com un "petit objecte graciós", tot i que és un símbol del jo propi que vol veure-li sempre posat amb delicadesa al pit. Passa el mateix si la dona li regala un rellotge o una cartera, perquè és una cosa de la qual ell mai no se separa. Ara bé, en el moment que algú regala un anell, el símbol és manifest. Li proposa un compromís vinculant. Li diu: "vols unir la teva vida a la meva?" i l'altre, acceptant-ho, respon: "sí, ho vull".

De vegades, aquest símbol suscita por i un desig de fuga, cosa que es confirma sobretot en les persones que han tingut experiències desagradables. Un amic meu, de casat, només portava l'aliança però, quan es va divorciar, se'n va alliberar amb alleujament. "Sóc lliure!" em deia ensenyant-me la mà. Al cap d'uns anys va conèixer una dona que li agradava molt i de qui es va enamorar. Un vespre ella li porta com a regal un anell antic molt bonic que li ha comprat a un antiquari. Ell l'admira i se'l posa al dit tot somrient però l'endemà, quan va al despatx, un col·lega li pregunta, rient, si és l'anell de prometatge. Se sent fondre, mormola una mena d'explicació confusa, diu que era d'un oncle mort i se'l posa a la butxaca, però aquella paraula, "prometatge", li queda esculpida al pensament perquè li recorda el matrimoni anterior, que va acabar de mala manera. Solament després, quan ja està segur de la profunditat del seu amor, l'accepta i el duu amb orgull.

De nòmades a sedentaris

Al principi l'ambient compta molt poc a l'enamorament. Només compta la persona estimada, el seu rostre, els ulls, el cos i les carícies. Tota la resta no és essencial. Els enamorats es troben on i quan poden, en una estació de ferrocarril, en un cinema o en un restaurant. S'abracen en una cantonada i aquest ambient, per molt fastigós que sigui, es transfigura gràcies a la persona estimada. Amb els anys, el recordaran bellíssim i meravellós.

Més endavant, i d'una manera espontània, van a la recerca de la bellesa de la natura i hi són sensibles. Aquesta bellesa està en consonància amb la bellesa interior. Una planura immensa, un precipici rocós, el camp il·luminat per la lluna o una posta de sol encesa sobre el mar. L'amor no crea a la ment sols metàfores poètiques, sinó que agudiza el gust estètic i la capacitat de percebre. Els enamorats poden veure coses que mai més veuran i colors que mai no tornaran a distingir. I aquestes sensacions són indelebles, fins i tot quan un amor ha d'acabar malament. La remoció no hi pot fer res contra aquesta transfiguració del món.

Això no obstant, durant un temps, els enamorats no s'aficionen als llocs que després esdevindran els santuaris de l'amor, perquè l'energia vital és tan gran que estan segurs de trobar-ne sempre d'altres. Deixen totes les coses boniques sense cap plany, segurs que n'hi haurà d'altres que els esperen. Tot el món és la seva pàtria; tota garrotxa, casa seva. Els enamorats són com els homes de la infància de la civilització: recol·lectors, nòmades.

Després senten la necessitat d'un ambient més escaient, més exclusivament propi. A l'home se li presenta el desig de tornar als llocs dels primers encontres que, lentament, es tornen plens de significat i es consagren a l'amor. A la dona, com desig de tenir una casa per a tots dos sols, una casa bonica, un niu. Probablement perquè és la dona qui ha pensat més temps en l'amor com a convivència a la nostra civilització, i ha pensat durant més de temps, des de petita, en com serà casa seva. La casa és el seu mateix cos objectivat: el seu cos acollidor.

Fer i construir junts, objectivar, vol dir fer durar el propi amor. Ara bé, abans l'amor també volia durar, però pensava durar en els cors. Què significa el pas a la casa? És com el pas del nomadisme a les construccions de les ciutats.[3] La ciutat no canvia de lloc com un campament. Amb el naixement de la ciutat, els homes no s'adapten passivament a l'ambient i no se sotmeten a les vicissituds climàtiques. Desvien el curs dels rius, reguen la terra i es procuren els productes que necessiten amb el comerç i la navegació. Transformen el món de manera irreversible per adaptar-lo a les exigències pròpies. Això vol dir que ja no afronten els problemes a mesura que es presenten, sinó que els preveuen, que disposen anticipadament d'un repertori de solucions per afrontar-los.

Per acomplir aquest pas de la fase nòmada a la sedentària, la parella necessita un període de vida en comú i l'estudi atent del que els és útil. Això comporta un canvi d'actitud mental. Els enamorats es deixen transportar pel corrent, la parella sedentària no sols construeix una nau, sinó que traça una ruta i preveu en quins ports s'aprovisionarà. Ambdós han de desenvolupar, doncs, una orientació concreta i pragmàtica. Han de desenvolupar la reflexió, la memòria i el càlcul.

En aquesta segona fase la parella busca el que li serveix, el que li agrada, i s'ho maneja per tenir a la seva disposició tots els objectes que li podran servir per a la vida, per fer-la més còmoda i segura. Modifica també l'ambient social on viu. Estableix relacions amb certs veïns i coneguts, selecciona les amistats que conrearan i les persones amb qui faran negocis.

La tercera fase de la civilització és la construcció de la ciutat monumental, amb palaus, temples, termes i luxe. A la parella, aquesta fase correspon a un redescobriment del que és bell. Recordem que a l'inici tot és bell, perquè tot ve transfigurat per l'amor. Aquesta primera fase és contemplativa. En canvi, la segona fase és activa i pragmàtica. Hi dominen les exigències funcionals, la recerca de la comoditat. A la tercera fase retorna el desig del bell i l'esperit contemplatiu. Això no obstant, la parella posseeix un gust estètic propi i construeix activament allò bell entorn d'ella mateixa. El bell, que a la primera fase era un regal, ara és una conquesta, una objectivació espiritual.

N'hi ha que poden entrar aleshores a la fase de la decadència, aquells que no saben renovar-se i renéixer. Ja no són capaços de veure la bellesa en el món que els envolta, perquè s'ha extingit la flama de l'amor naixent que transfigura i converteix en màgiques les coses. Ja no són capaços de crear allò bell i no ho busquen tampoc. S'aferren als costums i desconfien de les novetats. No canvien res de la casa, no la renoven. I tenen una coartada per aquest estancament: tots els objectes han de restar idèntics perquè estan plens de records feliços. Així viuen entre velles parets fetes malbé, tapisseries esgrogueïdes i poltrones aixafades sense adonar-se'n. Solament un renaixement, un desvetllament, els pot treure d'aquesta lassitud i tornar a donar-los la força per començar a viure de nou.

La dona i la casa

Per a una dona enamorada, construir i decorar la casa és un acte d'amor. Molt sovint és ella qui n'escull els mobles un a un i tots els objectes innombrables que serviran per a la vida futura. Els escull de tal manera que la casa agradi a l'home, perquè s'hi trobi a gust i perquè se senti bé en qualsevol moment de la seva vida. A la imaginació ja veu on seuran per veure junts la televisió. Imagina el menjador amb les estovalles brodades on rebran els amics, quin serà el lloc del marit i el seu. I després, el dormitori, amb els llençols florits com els camps de primavera, els cobrellits ben fins, les mantes calentes i les fundes nòrdiques per quan faci molt de fred. Imagina el dormitori per als nens que vindran, amb les tapisseries colorades i la moqueta suau, perquè no es facin mal. Després el bany, on es reserva una mica d'espai per maquillar-se i posar-se bonica; i l'espai per a ell, per a la màquina d'afaitar i la loció. Hi ha també aquells ambients, com la cuina, on haurà de treballar ella. La cuina ha de ser còmoda, espaiosa, amb tot allò que creu que li podrà servir; i pensarà en els menjars que podrà cuinar. Si, a més, el marit té una activitat intel·lectual, farà que tingui un estudi, mentre que si és esportista, trobarà lloc a l'armari o als armaris fets a propòsit per a les seves coses.

En decorar la casa, la dona manifesta la seva visió del món, l'ideal de vida privada i la classe de relacions socials que vol instaurar. Ara, sobretot, estén *el seu cos*. Tots els objectes són una part de si mateixa. La seva pell acaba en la tapisseria de les parets i en les cortines. Per això és ella qui normalment té cura de la casa i del manteniment. Ho fa com si fos el seu cos. Per això no vol que hi entrin estranys si no està en ordre i presentable, de la mateixa manera que ella no s'hi mostraria amb sabatilles i escabellada. I així com es perfuma el cos per a ella mateixa i per al marit, també té pànic de les pudors que puguin impregnar les cortines, els sofàs i la cuina. I vigila que no hi siguin. Vigila que no hi hagi brutícia. Tem les pudors i la brutícia com si fossin malalties infeccioses. Per això es posa de mal humor si la neteja que fa la dona de fer feines és superficial, si li canvia de lloc els objectes, si fa malbé una catifa o trenca alguna cosa a la qual ella atribueix un significat simbòlic particular. Sent el gest descurat de l'altra dona com una ofensa personal que no s'oblida fàcilment. Com no oblida un convidat maldestre que li embruta la catifa. Tots els actes que malmeten la casa els viu com una violència personal. Si hi entren lladres, ho viu com un estupre, una profanació. Moltes dones, després d'un robatori, ja no volen viure en aquell ambient, el desinfecten i en canvien la decoració.[4]

Per a la dona, la construcció i la gestió de la casa també és una forma d'erotisme, perquè comunica el seu amor no únicament canviant de pentinat, d'ombra d'ulls i posant-se una brusa acabada de planxar, sinó també preparant el llit amb llençols nous, posant flors fresques i escampant essències perfumades per la casa; o bé preparant un plat que el marit agraeix.

Sovint l'home no entén la tasca refinada que realitza la dona per fer la casa harmoniosa i acollidora. No entén que allò és una obra d'art renovada contínuament, en la qual ella hi compromet el cos i l'ànima. I si entra a casa distret, si llença la roba bruta a qualsevol lloc, ella ho percep com desinterès cap a la seva persona, com menyspreu de la seva feina creativa, cosa que l'amarga i l'ofèn

Si un home s'enamora d'una dona que ja posseeix una casa, hi anirà a viure sense que això li signifiqui un conflicte. No pretén posar-hi la seva empremta, no sent aquesta necessitat, s'hi acomoda. És com si ella l'acollís als seus braços, al seu llit i al seu cos. En canvi, si la dona se'n va a viure a casa de l'home, sent la necessitat de posar-hi la seva empremta personal. Si no pot transformar-la segons la seva sensibilitat, si no aconsegueix refer-la com un vestit a mida, es troba incòmoda, es tanca en si mateixa, es fa cada vegada més petita, i ja no hi pot haver concòrdia ni harmonia a la parella. Fins i tot l'amor més apassionat està destinat a extingir-se. És el cas de *Marina i Alberto*. Es coneixen quan són dues persones adultes, cadascuna amb un passat per oblidar. Ell és vidu i ella, divorciada. Es van veient i estan bé junts. Ella està enamorada i segura d'haver trobat l'home que sempre havia somiat. Ell és afectuós i la cobreix de regals i d'atencions. En un moment donat és justament ell qui la invita a anar a viure a la seva gran torre. Ella accepta, però, tan bon punt hi entra, experimenta una sensació de gelosia: en aquella casa la primera dona és molt present. Hi ha fotos seves pertot arreu; les seves coses, els mobles, tot parla d'ella. Marina, tremolosa, li pregunta si pot renovar la decoració i ell li respon que ho faran de seguida. Mentrestant, la convenç que vengui l'apartament on va viure amb l'exmarit. No vol que ella hi torni i li prohibeix pronunciar el nom del marit. Lentament, Marina comprèn que ell vol destruir el seu passat per fer-la entrar en el propi. La casa on l'ha portada és la casa de la primera dona i no serà mai la seva. És el cos i el sepulcre de la primera dona, i ell l'obliga a entrar-hi i a ser ella. Per això no l'estima, i no l'estimarà mai. No li queda cap altra opció tret de fugir.

Dissonàncies

Els conflictes i les divergències entre els cònjuges es materialitzen a la casa com dissonàncies i desharmonia. Examinant-ne la vivenda es pot veure si les dues persones són compatibles o incompatibles. Recordo el cas de dos professionals molt enamorats però molt diferents també. Ell, sistemàtic i racional; ella, exhibicionista i agitanada. A casa seva, una habitació estava neta i ben ordenada, la del costat, caòtica i bruta. Una tenia objectes essencials i funcionals només, l'altra semblava el magatzem d'un venedor ambulant. No obstant el seu amor, tenien una concepció irreconciliable de la vida. Efectivament, van acabar separant-se. Recordo també el cas contrari: el d'una parella de decoradors sempre en desacord. Ella, prudent i esquiva ell, aventurer i temerari; però la seva casa tenia una empremta artística unitària i extremadament rigorosa. Tot i els conflictes, les personalitats eren complementàries i l'un corregia l'altre. Encara viuen junts.

És a la casa on es veu quan un dels dos preval sobre l'altre, li imposa els seus gustos, l'oprimeix. Ens n'adonem perquè hi ha un sol estil dominant que predomina sense excepcions en tot allò que és visible i manifest. Amb tot, si observeu atentament els detalls, per exemple, el bany de la dona o l'estudi de l'home, trobareu que sobreviu un altre estil diferent del primer, alhora fora de lloc i patètic. Per exemple, unes flors marcides i una figureta en una casa on tot és modern i quadrat; o bé un ordinador ultramodern en un angle, gairebé amagat per objectes d'antiquari.

És a la casa també on es pot veure quan un home està enamorat d'una altra dona, perquè aleshores, es comporta com un hoste. Quasi sempre està de viatge i torna tardíssim. Es desinteressa de tot i diu a l'esposa amb magnanimitat: "Fes-ho tu, estimada, tu ho fas molt bé". Quan hi és, redueix al mínim l'espai que ocupa. A taula s'asseu a la punta de la cadira i al llit s'ajeu a la vora. Als armaris apila les camises i els vestits en un angle. Ja no deixa escampades les seves coses, les petjades. Treu fins i tot les fotografies A poc a poc, a la casa hi queda només la presència de l'esposa i dels fills. I ell hi és com si mai hi hagués estat.

No passa el mateix quan el marit té una feina que el fa absentar-se durant llargs períodes. En aquest cas, la dona enamorada en conserva la presència simbòlica gairebé pertot arreu: les fotografies, els botons de puny, l'equip per fer esport, les pipes. Es veu que l'espera i totes les coses són a punt per quan torni a casa.

Quan en canvi és la dona qui té un amant, no negligeix la casa, sinó que l'embelleix. Expulsa el marit. Veient-lo sent repugnància i li sembla que és un estrany que li envaeix l'espai amb aquell cos enorme i amb les seves coses. Com un lladre que li profanés la intimitat. Aleshores prova de fer-li la vida desagradable. Es lleva d'hora al matí i fa un xivarri de mil dimonis. Si ell torna tard a la nit, li deixa la porta del dormitori tancada. S'oblida de fer-li el menjar o deixa que se li refredi; o bé, mentre menja, se li enduu el plat amb gest impacient, encara que no hagi acabat. Oblida la roba a la tintoreria o la hi crema quan la planxa, li diu que fa pudor i el renya perquè s'ha deixat pel mig les sabates pudents. Lentament, la casa esdevé tota seva. I li dóna una empremta personal com si ja estigués separada.

14

Classes de vida en comú

Convivència quotidiana

Hi ha persones que viuen sempre juntes. Viuen a la mateixa casa, dormen al mateix llit, es lleven de matí a la mateixa hora, llegeixen els mateixos diaris, van a treballar al mateix lloc i mengen plegats al migdia i al vespre. De nit, també van a dormir a la mateixa hora. Tenen els mateixos amics. Quan un ha de fer un viatge, l'altre l'acompanya. Estan acostumats a discutir les experiències que tenen i a comentar el comportament de les persones que coneixen. Van junts a comprar-se roba. Ell l'aconsella, i ella l'aconsella també. Escullen conjuntament el lloc on viure, la decoració i on i com passar les vacances. Són fidels recíprocament i ho fan sense esforç, perquè s'agraden, perquè se senten atrets sexualment l'un per l'altre.

Aquesta intimitat no és el producte simple de l'estat de fusió amorosa. És el producte d'un acostament progressiu i gradual que els duu, a poc a poc, a descobrir que estan millor junts, que junts reforcen les energies i les capacitats intel·lectuals i vitals pròpies. Quan un està cansat, l'altre l'ajuda, quan un està irritat i perd la paciència, l'altre conserva la calma i l'equilibri. Cadascú ha adquirit confiança en les capacitats de judici de l'altre. L'ha vist en moments difícils i sap que pot refiar-se'n. Si no pot anar a fer una gestió personalment, l'envia en lloc d'ell, perquè sap que actuarà de la millor manera possible. Després ja tindran la possibilitat de confrontar els seus punts de vista i d'arribar a una conclusió comuna. Atès que un és mascle i l'altre femella, les sensibilitats són complementàries. Cadascú veu aspectes que a l'altre li havien passat per alt i, tot discutint sobre qualsevol cosa, tenen una capacitat de penetració més gran que la que tindrien separadament. Amb el temps també s'han acostumat a tolerar els defectes menors i a corregir els més nocius. Han après a fer broma, a evitar els temes irritants, a excusar-se i a posar remei als errors.

En síntesi, viuen de la manera que s'imaginen normalment els enamorats: sempre junts, sempre de la mà. Tanmateix, conserven dues personalitats separades i diferents, dues individualitats inconfusibles. Com va observar Murray Davis, precisament el fet de tenir tantes coses en comú els permet d'enfocar, de fer més distints, els elements personals que els caracteritzen. I Davis afirma que l'ésser humà té la capacitat de descomposar-se en parts innombrables i de sentir cadascuna d'aquestes parts com el propi jo. Gràcies a aquesta *sinècdoque* psíquica, una persona pot donar-se del tot i, alhora, no deixar de ser ella mateixa en retenir solament els components que la caracteritzen.[1]

Per tant, en aquests casos, és completament erroni parlar d'unió simbiòtica, com fan alguns psicoanalistes. Tot i estar units de manera molt estreta, són diferents i lliures. Cadascú conserva certes preferències alimentàries específiques, té ritmes biològics propis, encara que hagi après a harmonitzar-los amb els de la persona estimada. Té les seves pel·lícules i els seus autors preferits, té opinions filosòfiques, polítiques i religioses pròpies. D'una manera natural, està obert a les idees de l'altre, entén les seves raons i, quan hi discuteix, es comporta amb paciència i respecte. En síntesi, veu el món amb els seus ulls i alhora és capaç de veure'l amb els de l'altre. La relació no és de consens ininterromput i continu, sinó de diàleg ininterromput i continu, confrontat, on hi ha innombrables convergències i divergències també. D'aquí sorgeixen discussions que enriqueixen ambdós.

Vides separades

A la pel·lícula *Memòries d'Àfrica*, el director de cinema Sidney Pollack narra la vida de l'escriptora danesa Karen Blixen. Karen s'enamora perdudament del seu cosí, Hans von Blixen-Finecke, que no la correspon. Aleshores, per conservar almenys l'ombra, l'halo del seu amor juvenil, es casa amb el seu germà bessó, Bror. El matrimoni amb Bror fracassa. Bror és voluble i cínic, persegueix totes les dones, sense importar-li si són blanques o negres, i contrau la sífilis. Un dia Karen coneix Denys Finch Hatton, un aristòcrata anglès, i se n'enamora. Amb tot, no viuen junts com a marit i muller, no construeixen junts una casa. La casa és la de Karen, que la fa bella i acollidora per a ell. Finch caça elefants, lleons, comercia i marxa de viatge durant uns dies o uns mesos. Quan torna, hi troba serenitat i refugi. Karen és feliç. "Si Denys arriba, la mort no és res [...] sóc feliç, perfectament feliç, tan feliç que, per viure aquesta setmana, val la pena haver viscut i suportat, haver estat malalta [...] Estic lligada a Denys per a l'eternitat, estimo la terra que trepitja."² Karen sofreix per aquesta fugida contínua de Denys, el voldria al seu costat, però accepta la manera d'estimar d'ell tot dient-se que és com Ariel, que té la naturalesa de l'aire. Per això l'amor continua fins a la mort, fet sempre d'encontres i no de permanències, de quotidianitats.

Erica Jong també recorda una experiència amorosa en què ella i el seu amant viuen separats. És el cas de Piero a la novel·la *La balada de totes les dones*. L'estructura típica de les novel·les i de l'experiència personal de Jong sempre és la mateixa. La dona s'enamora i té una experiència eròtica extraordinària. Es casa. Després d'un cert temps, el marit comença a ser-li infidel. Ella no ho suporta i el deixa després d'agres conflictes. Després es produeix una fase de promiscuïtat sexual en què té tota classe d'experiències i va amb homes de tota mena. Espera poder trobar una relació que sigui purament sexual, sense cap implicació emotiva, el que ella anomena "cardar i prou". Però acaba decebuda i amargada. En aquell moment s'enamora d'un altre home i es torna monògama de nou, s'hi casa i se'n va a viure-hi. Un temps després, el cicle s'inicia una altra vegada.

En canvi, en el cas de Piero, no s'hi casa. Ell ja està casat i ella no vol que es divorciï. Ni tan sols se'n van a viure junts. Es fan amants segons "la costum europea". Ell va, ve i se'n torna. Jong escriu: "Quan se n'anava no estava segura que tornés. Aquesta és una història que no té fi. Si ell aparegués aquí avui i m'acariciés, tornaria a sentir-me embruixada i atreta vers aquell bosc, vers aquella llacuna, vers aquella sarabanda."³ "Hauria pogut viure al costat del déu dels boscos? Solament una part del temps. Ell no hauria acceptat estar amb mi a jornada completa. I jo vaig acceptar les seves condicions i vaig prosseguir la meva vida."⁴

Jong aspira a una relació contínua, però, després de moltes desil·lusions, que ella atribueix als homes, hi renuncia. S'acontenta. És una situació semblant a la de Blixen. I Jong, al llibre *Por dels cinquanta*, teoritza aquesta classe de relacions d'acord amb el model que hem descrit com *illa daurada*: "La passió ha de conservar-se a recer dels inconvenients de la vida ordinària per poder conservar-se com a passió. La vida quotidiana tendeix a imposar-se i a foragitar la passió. La vida diària és la més tenaç de totes les males herbes".⁵

La vida amb els fills

El naixement i la presència dels fills té un efecte divers a la vida de la parella segons sigui el projecte inicial. En el passat, un matrimoni i sovint fins i tot un amor no tenien sentit sense fills, perquè tant l'home com la dona els desitjaven. Ambdós els consideraven l'expressió, l'objectivació més important del seu lligam. Abraham, malgrat estimar Sara, es turmentava pel fet que ella no podia tenir fills i va acceptar tenir-ne un d'Agar. A la nostra època el desig dels fills ha disminuït molt. A Europa hi ha pocs homes que s'enamorin pensant que volen tenir fills. Tinc present el cas d'un artista del sud, que anomenarem *l'escultor*, per a qui els fills eren essencials. Una vegada va perdre el cap literalment per una noia molt bella i que hauria estat la dona ideal, si no fos que, de petita, va créixer en una família pobra i va educar quatre germans petits tota sola. Per això no volia tenir fills de cap de les maneres. Quan l'escultor va entendre que això era un fet irreductible, va començar a allunyar-se'n i, a poc a poc, va fer avortar el seu amor per ella.

Al contrari, si l'home exclou els fills del projecte amorós d'una manera explícita, la seva presència pot matar l'erotisme. Això succeeix sobretot a les formes d'amor-revolta, com en el cas de *l'home de Torí* o d'*Antonio* de Buzzati, perquè l'home busca l'erotisme dels amants: un erotisme boig, desinhibit, que no accepta frens ni disciplina. Si hi ha nens, ha de controlar-se, amagar-se, fixar uns horaris i callar. Ja no pot esclatar, no pot constituir l'espai domèstic en excés dionisíac, en el paradís extasiant de la fusió total i exclusiva amb la dona sense que hi hagi algú altre pel mig. Per a molts homes, la convivència quotidiana amb els fills, l'educació, els horaris, les bones maneres i els ulls indiscrets destrueixen a poc a poc l'erotisme com àmbit separat on impera el desenfrenament i la transgressió; tot això destrueix, en síntesi, el que fa que l'erotisme sigui erotisme per a l'home i res més.

A la dona, aquesta exigència de separació, d'especificitat, normalment és menor, perquè sent que ha nascut per procrear. Afecte, tendresa, emotivitat i erotisme van junts per a ella, i té la impressió que no hi ha oposició entre els diversos àmbits, sinó que es potencien els uns als altres. Per a moltes dones, l'embaràs és una expressió d'amor cap al marit. Espera que ell admiri la seva nova bellesa de gestant i sofreix si això no succeeix. Per a moltes dones, el naixement del fill completa l'amor. N'hi ha que se senten plenament enamorades sols quan també són mares.[6] Tot es desenvolupa en el registre del continu, de l'augment. Per demostrar al marit un amor més gran, la mare troba natural portar el nen al llit entre tots dos, acariciar-lo i abraçar-lo contra el pit. Després espera que, en despertar-se, el marit sigui un cavaller i es recordi d'enviar-li un ram de flors. Ni tan sols s'adona que el marit hauria desitjat una altra classe d'erotisme adreçat exclusivament a ell. L'home també està emocionat pel contacte amb el tendre cos del nen, però aquesta emoció no té cap relació ni cap semblança amb el desig que sent pel cos excitat de la femella, per l'olor, pels espasmes del ventre i de la pelvis. La visió de la mare amb el nen fa que augmenti, en canvi, una altra forma d'amor: un amor ple de deure i de responsabilitat, una cosa que el mascle de l'espècie humana va aprendre durant el procés llarg de la humanització, quan havia de defensar, com a caçador i guerrer, el territori i també la dona i els petits desarmats i dèbils.

És un amor que s'assembla a l'amor matern, però que no en té les virtuts sensorials, tàctils, cinètiques i que, per damunt de tot, no té res d'eròtic. És un amor vigilant, fet de cura i d'atencions ocultes. És un amor que es manifesta en accions i no en carícies, que s'expressa en la defensa contra els perills externs, i el símbol més adequat n'és el sentinella que vigila, fora del campament, a la nit. És un amor, doncs, que no s'altera ni el més mínim per la distància, que no té necessitat de la proximitat física, del contacte. Aquesta classe d'amor creix amb el pas dels anys, creix amb el naixement dels fills i amb la vida en comú. És un amor afermat pels records compartits, per haver lluitat junts contra l'adversitat. Està entreteixit d'intimitat intel·lectual i espiritual, del costum del diàleg. D'aquesta manera, la dona esdevé l'altra "meitat", com es deia abans.

Doncs bé, aquest amor tan veritable, tan profund, pot no tenir absolutament res d'eròtic. Així, l'home es troba amb el fet que estima profundament una persona que li és indispensable però per qui no sent cap atracció sexual, encara més, per qui pot sentir repugnància. Aleshores pot fer l'amor a totes les altres dones del món menys a aquella, o bé li fa perquè s'ho imposa, per deure. Quan es troba en societat o viatja, no pot evitar mirar les altres i, quan compara i veu que l'esposa és millor i fins i tot més bella, no aconsegueix no desitjar altres cossos i altres contactes. No estan en joc ni l'estimació ni el reconeixement ni l'afecte. Continua apreciant les seves extraordinàries qualitats intel·lectuals i morals, el seu refinament i el seu gust. Pot considerar inestimables els seus consells. De cap manera voldria fer-li mal i sofreix per la indiferència que sent, la viu com una culpa.

Certament, aquest conjunt de sentiments pertanyen a l'amor. Un home pot dir que estima una dona i aquesta ser-li eròticament estranya, no satisfer-li la necessitat d'erotisme. Una necessitat que roman intacta com la fam o la set i que el fereix.

En les dones és menys freqüent aquesta classe de desdoblament. Per a elles, erotisme i amor són sentiments bessons. Si perden l'interès eròtic pel marit, sol ser perquè ja no l'estimen i aleshores no desitgen veure'l. Si, en canvi, l'estimen, continuen esperant-ne un gest romàntic, una carícia, una abraçada, una atenció amorosa que és erotisme per a elles. Mentre que per a l'home, l'erotisme és una altra cosa. La cavallerositat no és erotisme, les flors no són erotisme, la gentilesa no ho és ni tampoc ho és la carícia. L'erotisme, per a l'home, és una regió independent, resplendent i turmentosa, sempre desitjada i sempre fugissera, que apareix i desapareix com un miratge.

El drama específic de l'home ha estat el d'estimar una persona i desitjar-ne una altra, i sentir això com una *culpa*. Culpa no expiadora, pecat original al qual intenta posar remei augmentant les seves responsabilitats, les atencions i els deures. Tot és inútil, perquè no és això el que se li exigeix. Se li demana que uneixi dues coses que en ell es divideixen d'una manera capriciosa. És aquest conflicte la causa de l'autodisciplina que els mascles s'han imposat sempre des de l'antiguitat,[7] del govern propi, de la repressió sexual que sempre han considerat meritòria. Ja ho hem vist i ara ho retrobem: en la dona, erotisme i moral van junts; en l'home, no.

Els amants

Entre les moltes maneres de construir una parella hi ha també la de no trencar la relació anterior, de no separar-se, de no divorciar-se, sinó establir una relació clandestina. Hi ha mil motius per actuar d'aquesta manera: perquè un està satisfet en conjunt del matrimoni, per no causar dolor a la dona o al marit, per evitar problemes amb els fills, per no afrontar les serioses despeses que comporta un divorci, per no renunciar a una casa bonica i a una vida còmoda; o bé senzillament, perquè un no està segur d'estar enamorat de debò de la persona nova o de ser correspost; o bé perquè desitja una aventura, una cosa diferent, no quelcom alternatiu, sinó alguna cosa que s'afegeixi al que ja existeix.

L'erotisme s'estimula des de la diversitat, des de la novetat.[8] En la major part dels casos, després d'uns quants anys de matrimoni, l'estímul eròtic perd força, mentre que es desperta en contacte amb persones noves i diferents. És així com neix l'aventura, l'arravatament eròtic. És així com s'estableix una relació que no duu a la separació o al divorci, sinó que serveix per enriquir la vida quotidiana amb un sabor que ha perdut. En l'amant, el subjecte troba aquell desig ardent que li manca, aquella emoció de l'espera, aquell abandonament desenfrenat, aquell plaer tèrbol i trasbalsador que ja no sent amb el marit o amb l'esposa. I així li sembla que agafa alguna cosa que se li deu i que l'altre ja no és capaç de donar-li.

Si no hi ha enamorament, la relació amb l'amant implica solament una part de la persona. Els dos amants no posen en comú tota la seva vida, tot el seu passat, no aspiren a una comunió total de l'ànima, a tenir els mateixos gustos i els mateixos principis. No s'expliquen totes les petites coses de l'existència, no comparen l'opinió que tenen sobre les altres persones del seu ambient, no llegeixen els mateixos llibres i no es confien els seus pensaments secrets. No han d'edificar una vida comuna, un món comú. Hi ha confiança entre tots dos, però no hi ha fusió. La intimitat afecta principalment el cos i el sexe. No modifiquen l'ambient físic i social que els envolta. Poden trobar-se a casa de l'un o l'altre, o bé en un hotel, el lloc no és important. Solament compta la relació i no pas les objectivacions.

La seva intimitat és limitada també en el temps. Es troben certs dies, a certes hores, i volen sols agradar-se mútuament, satisfer les seves necessitats sexuals i eròtiques. Els amants assaboreixen amb antelació l'encontre i es preparen per a la cita amorosa amb cura. La dona es vesteix de manera elegant, va a la perruqueria i es maquilla. L'home s'afaita, es perfuma, porta flors o un regal. Cada encontre és un ritual de festeig seguit després de l'orgia eròtica, desenfrenada, amb els vestits llançats per tota l'habitació i els cossos nus abraçant-se. Com succeeix al principi de l'amor, amb la frescor de la sorpresa i de l'inici. Forma part del plaer de les relacions entre amants tenir cites secretes en un apartament amagat o en un hotel llunyà. El plaer d'un cap de setmana, d'un viatge d'incògnit, una mena de viatge de noces més excitant pel secret, pel fet de robar als altres aquell plaer.

La vida conjugal està feta també de retrets, de despits, de petites venjances. Hi ha qui castiga mentalment el cònjuge, per les seves mancances, pels seus defectes, anant-se'n amb l'amant. De vegades, això és una coartada per a la consciència pròpia, però en d'altres casos, és justament el gust de trair-lo. Quan la tensió domèstica és més forta, els dos amants fan burla dels marits i de les esposes traïdes. Fan burla del món i afirmen el plaer propi contra els deures conjugals, familiars, la llibertat desenfrenada contra les obligacions socials. No és una subversió com l'enamorament, és una *dessacralització* de la relació oficial, de la institució. N'hi ha que senten plaer duent l'amant al llit de l'esposa o del marit, i d'altres que demanen d'anar-hi precisament per profanar-lo, per ofendre i desvalorar simbòlicament l'altra persona, prendre'n el lloc obscenament i escarnir-la.

En d'altres casos, en les relacions entre amants, trobem per contra aquella classe d'amor que hem descrit com *illa daurada*. Relació amorosa separada del món, protegida en la seva puresa, on tot el deure i tot l'esforç queden fora, i tot el bé i tota l'alegria, dins; on ha d'haver-hi solament festa. És un amor que no té com model la família, la vida profana, sinó el culte mistèric, amb les seves orgies sagrades protegides pel secret iniciàtic. Un model que no és la celebració nupcial manifesta, la casa oberta als amics, sinó la secta on els adeptes estan lligats per una germanor jurada, per l'obligació de la dissimulació. És un amor secret i clandestí, protegit. És un amor-premi quan els deures conjugals han estat complerts i les tasques professionals acabades. Aleshores es concedeix la festa de l'ànima i del cos, el tripudi.

La relació amb l'amant pot continuar durant molt de temps, fins i tot anys. I si de vegades s'afebleix fins a desaparèixer, d'altres es reforça. A poc a poc, la intimitat esdevé més profunda, la confiança recíproca creix i s'estableix una amistat veritable. I el lloc de l'encontre es converteix en una casa autèntica i real. Una segona casa que s'afegeix a la primera: la casa de la segona dona o del segon marit. De vegades, també neixen fills d'aquestes relacions. Aleshores es creen dues famílies, ocultes l'una de l'altra. I potser viuen a la mateixa ciutat.

15

Fidelitat-infidelitat

Fidelitat i exclusivitat

En l'amor, fidelitat vol dir *exclusivitat*: amor per una sola persona, relacions sexuals només amb ella. Com en el monoteisme absolut: "No tindràs cap altre déu tret de mi". En canvi, en el politeisme, puc ser fidel a més d'una divinitat. Com en l'amistat. Ésser fidel a un amic significa conservar intacte en el temps el meu amor, la meva lleialtat, el meu ajut. No vol dir no tenir altres amics.[1]

En la nostra tradició, la fidelitat té un origen doble. Un deriva del concepte de possessió exclusiva. A l'època patriarcal la dona pertanyia a l'home i, si el traïa, se l'havia de matar. En canvi, l'altra arrel és la de la fidelitat exclusiva a la tribu, a la pàtria, a la fe i al cap. Aquesta classe de fidelitat és exigida tant pels moviments polítics i religiosos com pels enamorats. L'amor individual i l'amor pel cap carismàtic divinitzat estan fets de la mateixa substància.

Amb la fidelitat comunico al meu estimat que ell val més que cap altra persona, que és el meu únic bé, el meu desig. Quan l'enamorat es queda totes les nits davant de la casa de l'estimada, li comunica que ella és l'única cosa al món que compta de veritat, que li és indispensable sempre, a cada moment.

Ara bé, i si l'altre no sap que li sóc fidel? Què vol dir ser fidel a algú que no en té coneixement? En aquest cas, la fidelitat esdevé una relació amb mi mateix. És un acte que realitzo per a mi mateix. Expulso del meu pensament qualsevol altra presència, qualsevol altre desig, per deixar lloc sols a ell, que n'esdevé el protagonista absolut i privilegiat. Estenc la meva ànima, el meu cos, excloent-hi tot allò que podria destorbar, malmetre el meu amor i allunyar-me'n. Elimino tota seducció possible, tota temptació possible. Creo una barrera protectora entorn del meu amor.

Això no obstant, l'enamorat que es queda totes les nits davant de la casa de l'estimada, durant quant de temps ho pot fer? I quan abandona, vol dir que el seu amor s'ha acabat? No; hem de treballar, menjar, dormir, mantenir relacions socials, produir i crear. Es pot ser fidel i exclusiu fent totes aquestes coses, però, fins a quin punt? La dona d'un científic amic meu sostenia que la traïa amb les seves investigacions. Li preguntava: "Però tu qui estimes més? a mi o els teus conillets d'Índies?" I probablement tenia raó, perquè ell estava absorvit per les investigacions. No tenia ni aventures ni amants, però tornava tard de nit i, sovint, es tancava al laboratori, fins i tot dissabtes i diumenges.

La fidelitat implica sempre una dedicació de les energies, un dispendi d'un mateix en favor de l'estimat. És entrega del jo, entrega del temps propi, de les atencions i dels pensaments propis. Per a l'amic —que sens dubte no vol res de manera exclusiva—, la fidelitat també requereix un mínim de record, d'atencions i de cura. Qui és fidel a un sol déu li fa ofrenes, li adreça pregàries i li agraeix els dons rebuts.

D'altra banda, hi ha les relacions amb l'altre sexe. Quan es presenta de sobte la infidelitat? En quin moment la relació amb l'altre pot considerar-se sostracció d'alguna cosa que se'ns deu de manera exclusiva? A la nostra societat, abraçar un altre home ballant no és infidelitat, com tampoc ho és besar-lo a les galtes quan ens trobem o ens despedim. No és infidelitat fer un viatge amb un col·lega de l'altre sexe per motius de treball. Ara bé, tampoc no ho és anar a casa seva tots els vespres per tenir-hi converses privades, ni que sigui sense mantenir-hi relacions sexuals? Quan és que l'amistat i la relació espiritual entre un home i una dona superen aquell límit que ens faria parlar d'infidelitat? Si la relació entre els dos cònjuges és rica i el diàleg intens i continu, aleshores fins i tot l'amistat espiritual amb una altra persona no crea problemes. Nogensmenys, si el diàleg és pobre, basta una conversa apassionada per suscitar la gelosia. Com li va succeir a una dona que anomenaré *l'escriptora*. Alguns anys després del seu casament i del naixement dels seus dos fills, comença a escriure. Invita altres artistes a casa seva per parlar del que estan fent. Està convençuda d'agradar així més al marit i vol implicar-lo. En canvi, ell, que és empresari, reacciona molt malament i se sent exclòs. El matrimoni va cada vegada pitjor i acaben per divorciar-se.

Finalment, existeixen les relacions sexuals pròpiament dites. Durant mil·lennis, les relacions sexuals que el marit tenia fora del matrimoni, amb les esclaves i les prostitutes, no eren considerades actes d'infidelitat. Ho eren els de l'esposa. Avui en dia els dos sexes estan equiparats. De tota manera, encara hi ha qui jutja com a insignificant una relació sexual ocasional sense implicació emotiva. D'altres, al contrari, consideren traïció fins i tot un simple petó a la boca.

La fidelitat també pot veure's sota l'aspecte del sofriment que infligim als altres. Qui és infidel no sofreix. Sofreix qui ha estat traït, sobretot si és fidel, però només sofreix si té coneixement de la nostra infidelitat. I si no ho sap? I si menteixo tan bé que li dono la impressió que l'estimo solament a ell i aquest engany té éxit tota la vida? Què és més important moralment, dir la veritat o no fer sofrir?

La infidelitat pot ser una manera de venjar-se. Hi ha gent que realitza un acte d'infidelitat quan se sent negligida o maltractada. L'*home de Torí* se n'anava amb una prostituta cada vegada que es barallava amb la seva dona. *El comandant* anava a casa d'una de les moltes amigues amb les quals mantenia una amistat eròtica. D'altra banda, existeix l'ús de la infidelitat com a instrument de la llei del talió. Et castigo amb la infidelitat perquè m'has estat infidel. Em venjo de la infidelitat essent-te infidel i, per fer més cruel la venjança, per ferir-te mortalment, ho faig davant dels teus ulls.

Inquietud sexual

Amb l'enamorament, dos individus s'escullen de manera electiva, es prefereixen a qualsevol altre i adopten un compromís recíproc de fidelitat. No obstant això, aquesta força sempre ve contrastada per una d'oposada: pel desig sexual per persones noves, diferents i interessants. L'amor que uneix de manera exclusiva té com adversari perenne la *tendència exploratòria* present en tot individu, mascle o femella.

En la nostra recerca sobre l'amor hem partit de l'enamorament, de l'exclusivitat i de la monogàmia, però també ho hauríem pogut fer de la tendència exploratòria i considerar l'enamorament i l'amor com una interrupció inscrita en el nostre patrimoni biològic. En gairebé totes les espècies animals, però sobretot en els mamífers, el mascle produeix i difon mil·lers de milions d'espermatozous. A la base de la conducta sexual hi ha el principi d'inseminar la quantitat més gran de femelles possible. En canvi, la femella és a la recerca del mascle dotat del millor patrimoni genètic a fi d'assegurar-se una descendència forta i vencedora.

La temptació eròtica també pot despertar-se en el més fidel dels marits i en la més virtuosa de les esposes. Aquest erotisme es desvetlla justament com a transgressió, traïció, aventura, desordre, atracció imprevista per una persona que, en altres circumstàncies, mai hauria suscitat el nostre interès; es desvetlla com a desig ardent, fam de sentir el contacte d'un cos desconegut o prohibit, plaer de seduir, de ser seduït, joc eròtic, emoció forta i transgressió.

Què ha empès sempre els homes casats i amb fills, amb responsabilitats familiars, a buscar aventures eròtiques perilloses i potser catastròfiques? Què ha empès moltes dones casades a arriscar-se que les matin per una acusació d'adulteri? I, avui en dia, què duu tantes persones a arriscar-se a contraure una infecció mortal com la sida? Normalment ens imaginem que a la base deu haver algun motiu seriós, una insatisfacció profunda del matrimoni, o bé un gran amor apassionat. Doncs no, generalment no és l'amor ni la desesperació. És un motiu més fútil, un plaer més capriciós i gratuït. És el gust per la novetat, per la diversitat, una embranzida primordial i irracional. Va ser aquesta força obscura la que va fascinar Freud i el va empènyer a situar la sexualitat a la base de totes les activitats humanes, perquè li semblava que era la potència més difícil de disciplinar, de canalitzar i de dominar.

La paraula sexualitat ens suggereix la idea d'impulsos com la fam, la set i la son, d'una tensió que vol descarregar-se i, un cop ho ha fet, desaparèixer. Amb tot, en l'ésser humà, la sexualitat és secundada per la fantasia i s'alimenta d'amor i odi, d'emocions, d'esperances, de passions, d'alegries, d'angoixes, de repugnàncies, de somnis i projectes. La sexualitat esdevinguda erotisme es transforma en una potència inquietant, capriciosa, desmesurada, que desafia el risc, perquè s'alimenta d'una fantasia inexhaurible. Tots desitgem una vida més intensa. Desitgem veure nous països i desitgem nous encontres. Desitgem no solament viure més temps, sinó viure més ràpid. El que ens caracteritza és una inquietud de recerca, una tendència a transcendir-nos. L'erotisme neix quan aquesta tendència, divina i demoníaca, irromp a la sexualitat i hi fa entreveure el meravellós, l'extraordinari, la revelació d'alguna cosa sorprenentment nova. Ho va entendre molt bé Bataille[2], que va considerar l'erotisme sinònim de transgressió i violació d'un tabú. Per això creu impossible un erotisme que es canalitzi en la normalitat i en la institució.

Mentre que l'enamorament no coneix diferències de sexe, d'edat i de país, la *tendència exploratòria* continua essent prou diferent en els dos sexes. L'home està més estimulat per la diversitat, i la dona, per la qualitat. A l'home el fascina el cos de la dona. N'hi ha prou amb un vestit que cobreixi o descobreixi el pit, que el deixi entreveure. Basta amb una faldilla curta que deixi al descobert les natges quan ella s'ajup, o amb una faldilla amb un tall que s'obre quan ella es mou. D'altra banda, l'home cerca sobretot el sexe, el plaer sexual pur. Fins i tot alguns dels actors de Hollywood que tenen tantes admiradores freqüenten les prostitutes.

En canvi, la dona, encara que admiri la bellesa escultòrica d'un cos masculí, no s' acontenta només amb això. Per esdevenir eròtic, per encendre el seu desig, aquell cos, aquell sexe, ha de convertir-se en festeig, ha de prometre una relació íntima. La dona s'excita amb el desig que l'home sent per ella. El donjoan veritable fa sentir a totes les dones que són úniques i extraordinàries. Les contagia amb el seu desig. L'erotisme femení sempre és una fantasia amorosa de la qual la relació sexual n'és un moment. En realitat, que quedi clar, la dona és potencialment tan promíscua com l'home. Necessita la mateixa varietat que ell i faria sempre l'amor amb homes nous. Què l'atura? El fet de no trobar l'home escaient, perquè és molt, molt més exigent que el mascle. Se sent atreta només per homes plens de vida i de desig, de passió per ella. La dona cerca, doncs, excitar l'home. S'exhibeix i balla. La dansa eròtica, la dansa dels set vels, la dansa del ventre, el ball desinhibit de la discoteca, són femenins. De vegades la dona sent més plaer veient l'efecte de la seva potència seductora que a l'acte sexual en si mateix. Una cosa que l'home no entén.

Doncs bé, en ambdós sexes hi ha justament aquesta *tendència exploratòria*, errabunda, destructiva, aquest desordre que, en arribar a un cert punt, es tradueix en potència creadora i unificadora. Del desordre neix de sobte l'ordre. L'esclat eròtic transgressor de l'enamorament produeix la fusió de parella i l'exclusivitat. L'enamorament, el "t'estimo", interromp aleshores la recerca i genera, per contra, una estructura estable, una entitat permanent, una parella fidel. Per a l'home, més atret per la diversitat com a tal, l'enamorament és, doncs, un fet més sorprenent, més trasbalsador que per a la dona.

A la nostra època, moltíssimes persones, durant una part més o menys consistent de la seva vida, viuen de manera *promíscua*, tenen relacions sexuals simultànies amb moltes altres. I sempre hi ha hagut moviments polítics i religiosos que han mirat de realitzar l'amor lliure en el seu si. Per aquest motiu s'han oposat a les relacions de parella exclusives i han mirat amb sospita l'enamorament. Comunitats ideològiques promíscues d'aquest gènere es troben entre els Germans de l'Esperit Lliure a l'època tardomedieval, o entre els Franquistes, una secta hebraica sorgida del moviment messiànic de Sabbatai Zewí. Al segle passat van sortir les comunitats Nashoba i Oneida als Estats Units. Va haver-hi un altre brot de comunitats promíscues amb els moviments juvenils de les dècades de 1960 i 1970. Ara bé, la *promiscuïtat* màxima es va donar possiblement a la comunitat gai, on la sexualitat separada de l'amor va ser una condició d'iniciació durant un cert període de temps. Un procés anàleg va succeir a les comunitats de solters sorgides a la dècada de 1970 i els primers anys de la dècada de 1980.[3]

Actualment són molt freqüents les *xarxes d'amistat eròtica*. Cada subjecte té relacions sexuals regulars o ocasionals amb un cert nombre d'amics de l'altre sexe els quals, al seu torn, en tenen amb d'altres. Així es crea una xarxa molt vasta en què més d'un amic té relacions sexuals amb la mateixa persona, de vegades sabent-ho i, de vegades, ignorant-ho. Aquestes xarxes eroticoamistoses són més freqüents entre els joves i entre els solters, però també es troben entre les persones casades. Quan dues persones s'enamoren en aquestes xarxes amicals, interrompen les relacions eròtiques amb els altres. Amb tot, n'hi ha prou amb el fet que la parella trobi una dificultat perquè ressorgeixin els antics costums. Si una parella vol ser fidel, ha d'abandonar la xarxa de les amistats eròtiques i freqüentar solament les no eròtiques.

L'erotisme, mentre transgredeix i infringeix, explora tot buscant altres lligams possibles, altres relacions, altres amors. Cada encontre eròtic, fins i tot una senzilla mirada, un desig que ens colpeix, una frase de festeig, el contacte fugaç amb una mà, amb un braç, amb el cos de l'altre, és l'inici potencial d'alguna cosa diferent. Com si hi hagués un amor en germen, una relació possible i, per tant, una vida nova possible.

Per això les persones que estimen solen ser geloses i no suporten que l'estimat miri, festegi i tingui una relació sexual amb algú altre, perquè aquella relació no és mai, no pot ser mai, purament física, ni tan sols l'ocasional amb una prostituta. Sempre és un encontre entre dues ànimes, una obertura amorosa a l'altre, fet que és possible justament a partir de la relació sexual, de la intimitat màxima dels cossos, de la seva fusió. Car la relació sexual, fins i tot quan succeeix entre desconeguts, crema totes les etapes de les convencions socials. Hi ha un moment en què l'home i la dona, compromesos fins aleshores en el ritual social que regula la manera de vestir, les paraules, els gestos i les distàncies, es desfan de tot això. Es despullen i, traient-se la roba, es despullen de tota regla, per la qual cosa poden besar-se, penetrar-se de totes les maneres, contòrcer-se, cridar, dir frases obscenes, xuclar i barrejar les seves secrecions, fer no solament tot el que està prohibit, sinó considerat repugnant a la vida social. I en aquesta intimitat són possibles les confessions sobre coses que habitualment s'oculten. Fins i tot el festeig més simple, l'aventura més morigerada, estableix una intimitat, una relació, un patrimoni comú de records.

En la major part de les parelles fidels la inquietud sexual s'expressa en el nivell de les fantasies. Fins i tot les persones que s'estimen profundament poden sentir-se atretes per algú altre i imaginar-se que hi tenen una relació. En aquest cas la fantasia substitueix l'acció, pren el seu lloc i permet restar fidel a l'estimat. Molts homes miren amb voracitat revistes o pel·lícules pornogràfiques i moltes dones viuen aventures eròtiques a les pel·lícules o a les telenovel·les. Moltes vegades també es traeixen durant l'acte sexual. Algunes dones s'imaginen que estan amb un personatge popular de les revistes del cor, o bé amb un amant anterior. D'altres tenen la fantasia que les violen. Els homes fantasien amb detalls de relacions ja viscudes. Tot això generalment desapareix després, quan ve l'orgasme. És com una exploració preparatòria. Més tard, els records, els somnis, les imaginacions es concentren en la persona estimada, hi conflueixen i hi reverteixen l'energia i l'evocació de les fantasies del passat. Els membres de la parella més fidel també es traeixen, doncs, en el nivell de l'imaginari. Poden conservar la relació monogàmica que els hi és pròpia sols a condició que es mantinguin acuradament en secret els mons fantàstics de cadascú.

És ben diferent la situació entre els que no s'estimen. En aquest cas les fantasies eròtiques no convergeixen en la persona estimada, al contrari, en divergeixen cada vegada més. I per atènyer l'orgasme, cadascú ha d'imaginar que està amb un altre. Una situació que, tard o d'hora, provoca la impotència o el refús.

El pacte de fidelitat

En l'ésser humà hi ha dues tendències enfrontades. La primera es caracteritza pel vagareig sexual, la recerca d'allò nou, la promiscuïtat. La segona, per l'enamorament, que estableix un lligam amorós exclusiu i durador. Amb tot, l'estat naixent amorós ha d'esdevenir projecte, institució. I hi ha molts projectes possibles, moltes institucions possibles. Dos enamorats poden decidir que no aniran a viure junts, que no dormiran junts; poden decidir també que seran completament lliures i tindran relacions sexuals i amoroses amb qui vulguin. Un fet més aviat rar, perquè sol passar que quan estem enamorats, volem l'altre per a nosaltres sols; però pot succeir.

L'escriptora George Sand va conèixer Alfred de Musset el 1833, quan tenia trenta anys i ell vint-i-dos. Van enamorar-se i van marxar a Itàlia. Ara bé, cadascú se sentia lliure i no obligat per pactes de fidelitat. Quan van arribar a Gènova, George Sand es va posar malalta i Alfred la deixava sola per freqüentar les prostitutes del port. El mateix es va repetir a Florència i sobretot a Venècia, on ella es quedava sola al dormitori mentre que Alfred es dedicava a les actrius i a les ballarines. Aleshores entra en escena el metge italià Pagello, que la cura i, aprofitant la indiferència de Musset, inicia una relació amb ell. Els papers es capgiren. Alfred emmalalteix i George, recuperada, es converteix en l'amant de Pagello. Alfred es veu obligat a tornar a

França de nou. George Sand i Pagello, aleshores, fan un viatge als Alps i no el tornaran a trobar fins molt de temps després a París. A París la relació entre Sand i de Musset recomença, però sense força. A la mateixa època també s'acaba la relació amb Pagello.

Estaven George Sand i Alfred de Musset realment enamorats? Probablement sí. És cert que cap dels dos ha fet el més mínim esforç per ser fidel a l'altre, per donar un caràcter monogàmic a la relació. Tan bon punt George va posar-se malalta, Alfred, avorrit, va dedicar-se a altres dones i ella, per demostrar-li que estava al seu nivell, va comportar-se de la mateixa manera amb el metge que la va guarir. És així com la relació va deteriorar-se ràpidament.

Perquè l'enamorament esdevingui un amor exclusiu, fidel, es necessita que ambdós ho vulguin. L'amor és institució respecte de l'estat naixent de l'enamorament, i això és una cosa escollida, volguda. És el producte d'un pacte. Si no s'estableix explícitament un *pacte de fidelitat*, l'estat naixent pot generar altres classes de relacions.

En les relacions de parella, la fidelitat està influenciada profundament per la cultura. La parella és fidel si la societat indica que la fidelitat i la duració són models a seguir. Si, per contra, la critica, si proposa com a model la poligàmia, la promiscuïtat, la parella oberta o la vida de solter, aleshores la parella amorosa s'esquerda. Els suports culturals externs a la parella són fonamentals. L'enamorament és un estat plàstic. Si la cultura no li indica que formi una parella, una casa i una família, no les forma. Els dos es busquen, però no saben ben bé què fer del seu amor. Eloïsa no volia casar-se amb Abelard, perquè creia que el matrimoni no tenia cap relació amb l'amor, que n'era una corrupció; una idea que va persistir durant molt de temps, fins i tot a l'època romàntica. Una altra idea apresa culturalment és que l'erotisme ha de desaparèixer del matrimoni concebut com a instrument per tenir descendència.

Més recentment s'ha difós una ideologia contrària a la parella i a la fidelitat conjugal. Aquesta ideologia es va propagar de manera extremadament ràpida a la dècada de 1970 amb la revolució sexual i el feminisme. Explicaré un sol dels innombrables casos anàlegs d'aquella època. Hi havia dues parelles de joves enamorats profundament i tendrament. Els anomenaré *Bruno i Bruna* i *Carlo i Carla*. Amb l'arribada del feminisme, *Bruna* comença a sovintejar un grup que promou la presa de consciència femenina on li expliquen que la fidelitat sexual és una cosa reaccionària. Hi arrossega *Carla* i juntes comencen a tenir relacions sexuals amb altres homes a casa seva. Els marits respectius han d'esperar a la porta fins que hagin acabat. A poc a poc, els encontres sexuals esdevenen múltiples i, de nit, el terra està pràcticament cobert de cossos que s'abracen. Després d'uns mesos, *Carla* comença a vomitar i té una crisi anorèxica. El marit es torna taciturn, troba una altra feina, se'n va a viure a una altra ciutat i, dos anys després, s'enamora d'una altra dona. *Carla* surt destrossada de l'experiència.

Bruno, en canvi, resisteix la prova. Es queda a l'altra banda de la porta fins a la matinada per no destorbar l'esposa que compleix els seus deures eròtics amb l'home de torn. Quan neix un nen, en té cura com una mare. Tot seguit, ell i *Bruna* se separen, però ningú s'enamora una segona vegada. Continuen essent amics, una mica tristos. Quan *Bruno* mor, *Bruna* el plora durant molt de temps, perquè havia estat el seu únic amor autèntic.

La tendència espontània a l'exclusivitat i a la fidelitat de l'enamorament es transforma en fidelitat efectiva sempre que sigui desitjada, volguda, exigida i *incorporada al pacte com a punt de no retorn.* Aquest és un punt molt important. *El pacte de fidelitat* es forma quan està en acte el procés de fusió i les emocions i les promeses són com lava ardent, com un metall líquid que s'aboca dins un motlle i assumeix la seva forma definitiva. És l'equivalent a la constitució dels països democràtics escrita en el moment entusiasta de l'alliberament, el record del qual resta gravat profundament a les ments i als cors.

El compromís de fidelitat, com tots els altres compromisos de parella, s'ha de renovar en el temps. La institució és el producte d'aquesta reconfirmació del pacte. Si això succeeix, si el pacte es respecta durant molt de temps, produeix un canvi profund de la relació eròtica. A poc a poc, ambdós renuncien a elaborar fantasies de traïció, no s'exposen a temptacions i aprenen a cercar la bellesa i el plaer al cos de l'altre. Permeteu-me una analogia. Hi ha persones que estimen els viatges, que busquen contínuament paisatges nous. I es cansen, s'avorreixen si estan obligades a quedar-se sempre al mateix lloc; mentre que d'altres s'"enamoren" d'un cert paisatge o potser només del seu jardí. En descobreixen la seva complexitat infinita. Saben apreciar els matisos dels colors a les diferents estacions, la joia de les flors que neixen. I no pot dir-se que aquesta emoció estètica sigui inferior a la de qui contempla les cascades d'Iguazú o els cims dels Alps.

Més amors

Hi ha ambients on la infidelitat, si bé provoca sofriment, no és considerada un motiu suficient per a un divorci. Això succeeix sovint al món de l'aristocràcia i de la gran burgesia europea, on hi ha títols nobiliaris i fortunes immenses en joc. No és un matrimoni obert. Els dos cònjuges no s'han d'explicar les coses. Cadascú fa veure que no en sap res a condició que l'altre continuï respectant les obligacions familiars i sàpiga guardar les formes. És en aquest ambient que se situa el cas de *la princesa*. Nascuda en una família de pagès, era molt bella, tenia una intel·ligència extraordinària i estava dotada d'una vitalitat irresistible. Als setze anys guanya un concurs de bellesa i es fa model. Durant una desfilada coneix un aristòcrata molt ric que s'enamora d'ella. És realment el príncep blau, i en queda fascinada i se n'enamora. El noi la presenta al pare, un vell industrial molt agradable que, colpit per la personalitat de la noia, dóna el seu consentiment al matrimoni a pesar de les objeccions de germans i familiars. Comença una vida meravellosa feta de recepcions, viatges, iots, entre magnats, artistes i gent de la reialesa. És una mestressa de casa perfecta i, en deu anys, porta al món molts fills. Està orgullosa del seu matrimoni.

Esdevé una de les protagonistes de la vida mundana del seu país, admirada i festejada. Un dia s'adona que el marit la traeix amb la seva amiga íntima. Si hagués seguit el primer impuls, l'hauria llençat escales avall i després li hauria demanat el divorci, però se n'està. Sap que en el seu ambient no es trenca un matrimoni per tan poca cosa. No es posa en crisi la família, els fills, el títol i l'empresa. No obstant això, es trenca alguna cosa. Viatja sola cada vegada més sovint, duu una vida mundana més intensa i així coneix un gran pintor, un dels homes més famosos de la seva època. Ell té vint anys més i està casat. Sent que envelleix. De tant en tant troba admiradores que se li llancen als braços, però no es vol lligar amb cap d'elles. Viu retirat entre les seves teles. Amb tot, ella li transmet una ànsia de viure irrefrenable i ell se n'enamora.

Ella també està preparada per a un enamorament, però s'hi resisteix. Vol ser una bona esposa, una bona mare, vol merèixer la posició elevada que ha conquerit. Nogensmenys, a l'artista l'enamorament li provoca un renaixement veritable i autèntic. Deixa de banda l'antic món polític i ideològic, queda totalment absorbit i encisat per la bellesa de la dona que estima i reconstrueix tot el seu món pictòric entorn d'ella. Durant vint anys sols la pintarà a ella. Crea obres prodigioses. *La princesa* se sent transportada per aquest amor, per aquesta adoració, per aquest flux creatiu. Es converteix en una amant discreta. L'esposa del pintor no en sap res. El marit de la *princesa* no ho sap o no vol saber-ho. I ella estima tots dos, encara que amb un amor diferent. El primer, fet d'una sòlida tendresa, l'altre, de somni, d'impuls místic.

Està enamorada? Sí, però s'ho controla. Més que estimar, es deixa estimar. Ella i el pintor no fan mai el projecte d'anar a viure junts.

Tot el seu amor es desenvolupa en l'espai tancat de l'estudi. Ella viatja, arriba i se'n va, s'atura unes hores i, després, surt i continua la seva vida. A ell li basten els encontres estàtics, perquè després se submergeix de nou en la creació, s'alimenta d'ella. Quan la princesa no hi és, la recrea, però ella no en té prou. Voldria arrossegar-lo al remolí de l'activitat mundana, fondre les seves dues vides en una i potser tenir un fill.

És d'aquesta manera que neix, silenciosa, una obscura insatisfacció. És aleshores quan coneix un gran donjoan, l'home més bell del país, i se n'enamora. Aquesta vegada és una explosió eròtica, però aquesta relació tampoc es tradueix en convivència. Ella continua anant a casa del pintor, que estima profundament. Ell està gelós, però no surt mai de casa i és fàcil amagar-li tot. No obstant això, si ho sabés, possiblement no faria res i continuaria estimant-la, perquè està casat i no vol divorciar-se. Perquè no vol causar un dolor tan gran a l'esposa que ha envellit amb ell. Perquè està absorbit pel seu art, amb el qual la recrea contínuament. L'amor és de la classe *illa daurada*, on solament compta el moment, on el món extern es manté fora, apartat. És una classe d'amor que, d'altra banda, pot alimentar-se de la idea que cadascun dels membres de la parella mantingui relacions amb d'altres. Perquè el pintor s'apropia d'ella amb la creació, l'arrenca del món, l'eternitza i així la fa seva exclusivament.

Aquesta situació continua durant uns deu anys, fins que el gran pintor mor. Aleshores, de sobte, *la princesa* s'adona que ha perdut la persona més important de la seva vida, perquè tota la seva joventut, la seva bellesa, està en els quadres d'ell, perquè ell, immortal, l'ha feta immortal a ella. Al cap de poc temps els altres amors desapareixen. Ara n'està realment enamorada. Se separa del marit, deixa l'amant i es queda sola.

El matrimoni obert

En lloc de parlar-ne en abstracte, començaré il·lustrant un cas concret: el de *Giovanna i Donato*. Ell és americà i ella, italiana. Es van conèixer als Estats Units al final de la dècada de 1960, quan circulava entre els joves la ideologia de la vida en comunitat i es condemnava per burgesa la monogàmia i la gelosia. En casar-se, estableixen un pacte: cadascú és lliure de tenir relacions amoroses i sexuals amb qualsevol altra persona a condició que respecti tres condicions. La primera, explicar totes les experiències pròpies amb tot detall al cònjuge. La segona, continuar conservant les relacions eròtiques i d'amistat entre ells. La tercera, ajudar-se mútuament, tenir cura dels fills i no demanar ni la separació ni el divorci. En síntesi, una monogàmia permissiva a nivell eròtic, però molt rígida pel que fa als compromisos familiars.

Aquest esquema funciona durant vint anys. Cadascú té nombroses relacions eròtiques amb altres persones. La dona s'enamora diverses vegades, però de seguida li diu a l'home que estima que no anirà a viure mai amb ell, i que mai no li serà fidel. Cada vegada, ell accepta en un primer moment, després fa alguns intents per tal de convèncer-la i fer que renuncii a la promesa. Al final comença a trair-la al seu torn i acaba allunyant-se'n.

El compromís d'haver d'explicar tots els pensaments, els sentiments i els projectes propis, de donar a conèixer l'amant a l'altre cònjuge, va impedir-los de desenvolupar un projecte amorós alternatiu. I va fer impracticable també el model de l'amor refugi, de l'*illa daurada* lluny del món. Els enamoraments de Giovanna van romandre, doncs, en el nivell exploratori i mai no van amenaçar el seu matrimoni.

En contrapartida, amb el matrimoni obert van crear nombrosos problemes als amics, perquè tendien a exportar el seu model de convivència. Cadascú festejava el marit o l'esposa de l'amic com si fos la cosa més natural del món i, després, si l'altre acceptava tenir relacions sexuals, anava a corre-cuita a explicar-ho a l'altre cònjuge amb pels i senyals, amb les conseqüències que podeu imaginar-vos.

Cicles amorosos

Hi ha persones que són vagabunds eròtics, a qui la promiscuïtat els agrada. D'altres, per contra, tendeixen a establir lligams sòlids i duradors. Ara bé, en el curs de la vida, més o menys tots travessem períodes on predomina el primer tipus de tendència i períodes en què s'aferma el segon. Períodes de vagareig eròtic o emotiu, de recerca i promiscuïtat, i períodes d'amor monogàmic fort i fidel.[4]

Donades les enormes diferències individuals, aquest esquema pot variar profundament. Hi ha homes i dones en els quals domina la promiscuïtat, mentre que en d'altres domina la monogàmia. Hi ha persones en què la separació entre la *fase* monogàmica i la *fase* promíscua és clara. En canvi, en d'altres és confusa. Hem identificat, doncs, una sèrie de casos típics.

1) *Promiscuïtat absoluta*. Els casos de promiscuïtat absoluta només es troben fàcilment en parelles que van casar-se de molt joves, amb un matrimoni obert que han respectat. N'és un exemple

la història de *Giovanna i Donato*. De vegades, la promiscuïtat s'interromp per donar pas a breus períodes monogàmics. Com en el cas d'Hugo Hefner, el fundador de la revista *Play Boy*. Hefner va casar-se molt jove. Tenim, doncs, una primera fase monogàmica breu. A continuació, experimenta una fase poligàmica molt llarga, quan funda la revista *Play Boy* i crea un veritable harem a Chicago, d'on treu cada mes una favorita per presentar-la nua al públic de la revista. No obstant això, hi ha dues vegades en què sent un afecte més fort: primer amb Baby Benton de Los Ángeles i després amb Karen Christy de Xicago. Són dues fases monogàmiques breus. El conflicte entre les dues dones, però, el fa tornar ràpidament a la seva promiscuïtat habitual.[5]

Els casos més típics de promiscuïtat absoluta els trobem en alguns personatges cèlebres que van assolir l'èxit de molt joves. Per exemple, Elvis Presley que, després del triomf, sempre va dur una existència totalment promíscua, fins i tot en el període del seu matrimoni amb Priscilla. L'última fase de la seva vida va caracteritzar-se per una successió contínua d'orgies i drogues que va durar fins la seva mort.[6]

2) *Amors que se succeeixen.* Les experiències eròtiques o passionals es succeeixen com les argolles d'una cadena. Un exemple ens l'ofereix la vida de George Sand. Casada sense amor amb Casimir Dudevant, aconsegueix imposar-li una espècie de matrimoni obert, i té una primera relació amb Jules Sandeau. A la relació amb Sandeau acaba per superposar-s'hi una altra amb Prosper Merimé. A continuació vénen les d'Alfred de Musset i de l'italià Pagello. Quan torna a París, George Sand s'enamora del polític Michel de Bourges i, a continuació, de Leroux i de Chopin. Tot això en un interval de vuit anys, des del 1830 fins el 1838.[7]

Un altre exemple ens l'ofereix la vida de d'Annunzio. Després d'un enamorament adolescent amb Giselda Zucconi, d'Annunzio s'enamora de Maria Hardouin di Gallese, filla d'un marquès. L'atracció ve determinada per l'alt nivell social de la noia. Poc temps després, d'Annunzio es cansa de la vida conjugal i s'enamora, aquesta vegada de manera profunda, de Barbara Leoni. Som el 1887. Fins aleshores sols havia escrit poesies. L'enamorament marca el començament d'una fase vital i creativa nova. Escriu les novel·les *El triomf de la mort, El plaer* i *L'innocent*. En acabar la història d'amor amb Barbara Leoni viu un intermedi conjugal amb Maria Gravina, que li dóna dos fills més. Després es produeix l'encontre amb Eleonora Duse. És per a ella que escriu les obres de teatre *La ciutat morta, El somni d'un matí de primavera, La Gioconda* i *Francesca de Rimini*. A l'última fase de la seva vida, però, d'Annunzio no es torna a enamorar. Es dedica a la guerra i a la política, i porta una vida totalment promíscua.[8]

3) *Més amants simultanis*. És una modalitat bastant estesa de la qual hem vist un exemple en el cas de *la princesa*. Després d'una fase monogàmica, el subjecte s'enamora una segona vegada o senzillament instaura una nova relació eròtica sense interrompre l'anterior. I llavors torna a fer el mateix una tercera o quarta vegada. D'aquesta manera té una relació principal i, alhora, una o més relacions amb amants, i totes continuen en el temps. A Mèxic, es va difondre el costum entre els mascles de les classes acomodades de comprar una casa a cada nova amant, tot engrandint i enriquint al mateix temps la de la dona i la de les amants precedents, a fi de conservar la jerarquia. En definitiva, una modalitat informal de poligàmia.

4) *Fases amoroses llargues*. L'exemple típic n'és Goethe que, a la seva joventut, va tenir diversos amors no correspostos. En particular, un amb Charlotte Buff, compromesa i casada després amb el seu amic Kestner. El producte d'aquestes experiències el transfereix a *Els sofriments del jove Werther*. Quan esdevé famós, coneix el príncep Carles August a Frankfurt, que el convida a Weimar, on es convertirà en el seu braç dret en el govern del petit estat. Aquí coneix Charlotte von Stein, una dona més gran que ell, culta i refinada. Se n'enamora i tenen una llarga relació. És amb ella que ateny la maduresa i es converteix en un home d'estat. Als trenta-set anys, però, es rebel·la i, d'amagat, marxa de viatge a Itàlia, un viatge que dura quasi dos anys. Quan torna a Weimar, la relació amb Charlotte von Stein arriba a la seva fi. S'enamora de Christiane Vulpius que, al contrari de Charlotte, és molt animada i a qui li encanten els vestits colorats, les joies vistoses i la bona taula. Goethe entra en una tercera fase en què no viatja, fa vida domèstica i estudia botànica, física i ciències naturals.[10]

5) *Recerca promíscua i arribada monogàmica*. És una classe d'experiència bastant freqüent entre les persones molt dotades que parteixen, però, d'una posició social molt baixa. Al principi ningú no les pren en consideració, tenen frustracions diverses i acaben per acontentar-se amb un amor consol. Després, amb l'èxit, viuen una mena d'estat d'ebrietat i s'abandonen als excessos. Es casen, es divorcien, tenen nombrosos amants i sol ser cap a la maduresa quan troben la persona amb qui tenen afinitats electives reals. Aleshores es produeix una fase monogàmica estable.[11]

6) ***Amor gran i únic.*** Existeixen també les persones que tenen un amor gran i únic a la vida i hi resten fidels. És el cas de Giuseppe Verdi. Després d'un matrimoni sense amor amb la filla del seu benefactor, s'enamora de la soprano Giuseppina Strepponi, que confia en ell i l'ajuda a l'inici de la seva carrera. Viuran sempre junts fins que Giuseppina mor. L'únic incident en aquest recorregut monogàmic és l'enamorament imprevist, i que, amb tota probabilitat, devia romandre a nivell platònic, de la soprano Teresa Stolz. El cas de Freud no és gaire diferent.[12]

16
La crisi precoç

Per què la crisi?

Les investigacions dutes a terme sobre la vida matrimonial mostren que, en totes les cultures i en totes les societats, la crisi i el divorci es produeixen principalment durant els primers anys.[1] Per què? Hi ha molts autors que ho expliquen pel fet que els processos amorosos són el producte de factors emocionals, de somnis infantils i, per tant, d'eleccions impulsives i irracionals. En canvi, nosaltres mantenim que la *crisi precoç* de la parella s'esdevé, en la majoria dels casos, perquè no s'ha establert un lligam amorós fort. És a dir, perquè no hi havia enamorament veritable. Certament, també hi ha casos en què la crisi es produeix a pesar de l'enamorament. Això s'esdevé quan les divergències sobre el projecte són massa grans.

Manca l'enamorament

Moltes parelles van malament perquè les dues persones que "s'ajunten" senzillament no estaven enamorades de debò. Examinarem quatre d'aquestes situacions.

1) **L'exploració amorosa.** L'enamorament comença sempre en forma d'exploracions. Es desperta un interès, un amor sobtat, una emoció intensa. Cadascú prova d'agradar a l'altre. No li demana que faci tasques feixugues, sinó que, a més, l'ajuda. No li retreu res, no l'escridassa, al contrari, li fa compliments. No li dóna ordres, sinó que demostra ser servicial. En el període de festeig ens dediquem enterament a l'altra persona. No treballem, no acumulem recursos, sinó que els gastem. Com a les vacances, com als dies de festa. Ens comportem com grans senyors i ens ocupem solament del cos, de la bellesa, de l'erotisme i de l'amor.

Amb tot, si ambdós comencen a sortir amb regularitat, si van a viure junts, els problemes de la vida quotidiana retornen. Tornen de nou la feina, el cansament i les preocupacions. I aquelles dues persones, que abans tenien tot el temps per pensar només en el joc amorós, ara han d'afrontar els problemes pràctics del món. Cadascú ha d'exigir coses a l'altre, el critica, li fa retrets i li recorda les seves obligacions. Sorgeixen les personalitats, les diferències d'hàbits. Avui en dia molts joves viuen en família durant molt de temps, i són els pares qui els ajuden i en tenen cura. No estan habituats a afrontar les petites dificultats de la vida, fer neteja, rentar, cuinar, fer-se els llits, treballar i gastar amb prudència els pocs diners que tenen. Si no hi ha un enamorament veritable, en poc temps la poesia desapareix i l'amor s'esvaeix.

Al seu assaig *Quan l'amor acaba*, Donata Francescato ens presenta molts casos d'aquesta mena. Per exemple, *Teresa* diu: "Com que quan el veia el dissabte i el diumenge em divertia... creia que si m'estava amb ell tota la setmana o tota la vida... encara seria millor i jo esdevindria una persona millor".[2] I *Valeria*: "Casar-me amb el meu marit va ser un acte impulsiu. M'agradava tant fer l'amor amb ell, el trobava bell, fascinant, imprevisible, [... però] cap dels dos suportava el fet d'haver-nos lligat tan joves, els nostres amics eren tots lliures, i nosaltres no. Estàvem acostumats a casa, que les nostres mares ens servissin... Així és que, en créixer, em vaig donar compte que tot era una farsa, una cosa inconsistent."[3]

2) **Fantasies romàntiques de matrimoni**. Les adolescents tenen un nivell d'aspiració amorosa extremadament elevat. Moltes tenen fantasies d'amor amb les estrelles del món de l'espectacle. N'hi ha que acaben prometent-se i casant-se amb homes que consideren netament inferiors a l'ideal. I s'hi casen sense estar-ne enamorades, encara que després no ho admetin. Desitgen estar-ne, volen el gran amor, però, com que no el tenen, ja que l'home real és una solució alternativa respecte de l'ideal, s'autoconvencen de sentir una passió que no senten. N'hi ha que pensen en el vestit blanc, en el convit sumptuós, en l'admiració de les amigues i en la incorporació al món de les dones casades. És a dir, conceben la cerimònia nupcial, *la institució, com allò que hauria de produir* l'aparició, el naixement de l'amor. Naturalment, amb el matrimoni la transformació màgica no es produeix. La passió no creix, el marit no es transforma en un home corprenedor i irresistible. Quan estan junts, no tenen més a dir-se del que ja es deien abans. Quan estan sols, les hores no passen mai, s'avorreixen. Cadascú descobreix que l'altre continua essent el mateix d'abans, amb els seus costums, defectes i prejudicis. A continua-

ció venen la contrarietat, la ràbia, els retrets, les baralles, les recriminacions i les acusacions. Uns mesos o un any després, comencen els tràmits de divorci.[4]

Recordaré el cas de *la filla del banquer*. Era més aviat bonica, arrogant i segura d'ella mateixa. Mai no s'havia enamorat, per bé que va tenir diverses aventures o amors sobtats, fenòmens que, en la nostra terminologia, són exploracions. No obstant això, se sentia incompleta, havia somiat amb un gran amor i amb el casament des de petita; un gran casament, amb el vestit blanc, amb centenars de convidats. Volia convertir-se en una "senyora" amb un marit i una casa. Volia ser adulta. El noi amb qui sortia li agradava físicament i disfrutaven fent l'amor. Cadascú vivia amb els pares, que pensaven en tot. Havien fet vacances precioses junts, vacances romàntiques on s'agafaven de la mà i deien que estaven promesos, i tots els miraven amb simpatia. Estava convençuda que, amb el casament, el seu amor esdevindria encara més gran.

Volia estar enamorada i s'imaginava que ho estava. Un examen atent del seu comportament, però, demostrava que no existia estat naixent de cap manera. No havia començat la transformació radical d'un mateix que permet de plasmar-se en l'altre, de fondre-s'hi, de formar una comunitat nova, capaç d'afirmar-se en el món amb lluites i sacrificis perquè sap que duu en el seu si un destí i una meta. Va continuar essent ella mateixa, una noia acostumada a les comoditats. En la seva imaginació, havia de ser el casament el que posés en marxa, desencadenés, revelés i fes néixer l'amor. El matrimoni, és a dir, la institució, havia de generar el miracle de l'estat naixent. Un error increïble i malgrat tot freqüent, sobretot entre les noies joves.

3) En d'altres casos, per contra, manca l'enamorament perquè el subjecte ha decidit **escollir la persona més escaient emprant la raó**. Dalma Heyn ens presenta el cas de *June* que, quan desitja tenir un fill, considera adequat casar-se. Aleshores escull un marit com cal, escaient, equilibrat i servicial. Poc després del casament s'adona que no el suporta i es divorcia. Encara més interessant és el cas de *Connie*, una adolescent que considera el sexe una conquesta i un deure. Per ser moderna i emancipada, fa l'amor amb centenars d'homes diferents. En arribar un cert moment, decideix que ha de fer bondat i convertir-se ella també en una dona adulta i seriosa, que ha de casar-se. Així que es posa a buscar el marit escaient i, per no equivocar-se, per no deixar-se influenciar pels sentiments o per l'erotisme, n'escull un que li sembla pausat i seriós, però que no li suscita cap emoció ni cap atracció eròtica. El resultat, naturalment, és catastròfic.[5]

Aquesta classe d'elecció en fred, racional, s'esdevé molt sovint després d'una decepció amorosa. N'hem parlat en el capítol sobre l'*amor consol*, on hem vist el cas de *l'home de Torí*. Al principi duia una vida malsana i desordenada, però al cap d'alguns anys, va sentir la necessitat del caliu d'un afecte sincer, de l'amor devot d'una dona. Aleshores va començar a veure's amb una companya d'escola molt simpàtica i gentil, que el tractava amb dolcesa i es desfeia per ell. No n'estava enamorat, però n'apreciava molt les qualitats humanes. Era generosa, sincera, alegre i fidel. Hauria estat una esposa excel·lent. Sexualment l'atreia poc. Existien dones molt més belles i desitjables, però sabia que a la vida no es pot tenir tot. D'altra banda, es deia a si mateix, l'amor creix amb el coneixement recíproc. I ell se sentia segur, protegit i estimat amb aquesta dona. S'hi casa i tenen fills però, com ja sabem, uns anys després s'enamora d'una altra. Per concloure, recordem la dramàtica *història de Chiara*. Després d'una decepció amorosa accepta casar-se amb un home que viu prop de Milà sols perquè li recorda el seu gran amor perdut. Després de la mort del pare, fuig de casa una nit d'hivern i ningú no n'ha sabut res mai més.

4) **Quan estima solament un de tots dos.** Per a la formació de la parella amorosa és necessari que hi hagi reciprocitat. Sense reciprocitat el procés de fusió és parcial, no es produeix el procés d'historiació i el pacte no té la importància dramàtica que posseeix quan el fan dues persones que s'estimen de debò. Una llarga tradició de saviesa popular diu que l'amor d'un desperta el de l'altre amb el temps. Potser això succeïa en el passat, a les societats rurals, però actualment tant els homes com les dones es consideren eròticament joves almenys fins als seixanta. Estan envoltats d'estímuls i tenen moltes possibilitats de fer coneixences. Qui no estima se sent sacrificat i presoner. Pot sentir tendresa, de vegades reconeixement, però és molt, molt difícil que aquests sentiments es transformin en amor.

Vegem el cas que anomenarem *la dona del metge*. Era una noia que va viure sense pare i amb una mare autoritària. Bella i atractiva, sempre va atraure l'atenció dels homes. La mare, perquè considerava la bellesa de la filla un capital preciós per a invertir, sempre l'havia dissuadida de lligar-se a un home que no fos molt ric. Així van passar els anys i la noia va arribar als trenta, sempre bella, però ara preocupada perquè el seu encant començava a desaparèixer.

Una nit, a la discoteca, coneix un metge que, des de jove, ha tingut automòbils esportius i de luxe. Actualment també gasta bona part dels seus guanys en cotxes cars. Dóna la impressió de ser ric. En el període en què ella el coneix, està travessant una època de desenfrè eròtic i de recerca. Va a la discoteca i no torna mai a casa abans de les tres de la matinada. L'atrauen tota mena de dones. Passa d'un amor sobtat a l'altre. En realitat, està preparat per a un canvi radical, per a un nou enamorament.

Ella se sent atreta. No li agrada físicament, però la fascinen els automòbils fabulosos i la seva vida de gran senyor. La mare s'informa i s'assabenta que l'home està a punt de rebre una gran herència; en fi, que és molt ric. Això té un efecte excitant en la nostra noia, que veu realitzar-se finalment un somni conreat durant molt de temps: casar-se amb un milionari.

En el primer encontre, quan el metge la veu, alta, atractiva, amb una cabellera pèl-roja i un pit imponent, queda enlluernat. La invita a pujar al seu luxós cotxe i la gent es tomba per mirar-los. Mai no ha tingut una dona semblant, és una estrella, una deessa. I aquesta deessa l'accepta, li fa l'amor i està disposada a anar a viure amb ell. Mai no ha sentit tant d'orgull, tanta sensació de potència. La possessió de la bellesa, de la bellesa que tots admiren, que tots veuen, que tots volen i que solament ell posseeix, li fa sentir vertigen. És com Paris quan posseeix Helena, la dona més bella del món. El seu desig s'alimenta dels desitjos de tots els homes que, en veure-la, la volen. La seva situació és comparable a la de la noia que ha conegut el gran personatge famós, que ha estat l'escollida i que camina orgullosament al seu costat, seguida per les mirades envejoses de totes les altres dones. Amb tot, la seva adoració idòlatra esdevé amor veritable, desig de fusió, de dedicació. Ell pensa: "Aquesta dona és la que sempre he buscat i la que sempre estimaré".

Ella, al contrari, no està enamorada. L'home no li agrada físicament, no la fa "tombar-se". El que la atrau és la vida luxosa, els automòbils faraònics i l'exuberància. Es diverteix, i bàsicament veu en ell un futur ple de riquesa, per a ella, per a la seva família i per als futurs fills. A més, la noia es troba en una edat de la vida en què ha d'elegir si vol convertir-se en mare. I ella ho vol ser. Es queda embarassada. I per això es casen.

Després ve la decepció. En viure dia rere dia al costat del marit s'adona que, en realitat, no és tan ric com creia. Guanya molts diners, té cotxes bonics, li fa regals molt cars, perquè l'estima amb bogeria, però no és milionari. Darrera els gestos grandiosos solament hi ha la professió de metge, els guanys que es procura dia a dia amb la seva feina. Aquesta descoberta la traumatitza i s'apodera d'ella una còlera violenta. D'altra banda, comença a estar a disgut amb ell, a sentir fàstic pel seu cos i per la relació sexual. Quan neix el nen s'hi dedica obsessivament i no es digna ni a mirar el marit. L'acusa de ser avar i egoista, i l'escridassa en públic. El matrimoni està a punt de trencar-se de manera irreparable quan l'home reacciona. Li explica que no li va dir mai que fos ric, que mai no va provar d'enganyar-la, que ha d'escollir si vol un pare pels seus fills o viure sola. Ell l'estima i serà un bon pare. Ha d'escollir, però amb claredat i sense canviar més tard d'idea. Confrontada a una alternativa tan clara, la dona decideix quedar-se, però, com que no l'estima, el seu matrimoni està condemnat.

Pseudoenamorament

Moltes vegades la parella entra en crisi ràpidament perquè ambdós han confós pseudoenamorament i enamorament autèntic. En el pseudoenamorament les persones creuen estar enamorades i sols un examen atent mostra que no hi ha tots els elements de l'estat naixent. Les formes més freqüents de pseudoenamorament són: l'amor competitiu, l'amor a l'ídol i l'arravatament eròtic.

1) **L'amor competitiu**. En aquesta classe d'amor el sentiment subjacent veritable és la competició. Desitgem amb ardor algú que pertanyi a algú altre, algú que se'ns resisteixi. El desig s'alimenta de l'obstacle i la lluita.

L'amor competitiu té tres formes. La primera és el *desig de conquesta*, de seducció. N'hem vist exemples en els personatges de Diego i d'Stefano a les novel·les de Castellaneta, i del duc de Nemours a la novel·la *La princesa de Clèves*. L'amor de tipus competitiu és nefast per a la formació de la parella, perquè s'esvaeix a penes és correspost.

La segona classe d'amor competitiu s'alimenta del desig d'afermar la *superioritat sobre el rival*, com fa Casanova a la pel·lícula interpretada per Alain Delon, com fa *la noia que busca marit*. Aquesta classe d'amor també desapareix en el moment en què es derrota el rival o la rival.

La tercera classe d'amor competitiu és el que es constitueix a la parella coalitzada *contra un adversari, un enemic*. Ho trobem amb certa freqüència entre els joves que volen alliberar-se de la tutela de la família, emancipar-se i esdevenir independents. Ens en dóna un exemple Jurg Willi.[6] El fill d'un ric comerciant jueu s'havia casat amb una alemanya catòlica. Els pares miren de dissuadir-lo amb amenaces i afalacs, però sense cap resultat. Els dos es casen en secret i viuen en harmonia perfecta durant molts anys. Els manté units la lluita contra els pares d'ell, contra les pressions i l'ostracisme. Un dia, però, els pares es resignen, accepten aquell matrimoni i acullen afectuosament l'esposa. En aquell moment, el jove té una violenta crisi nerviosa i les relacions amb l'esposa es deterioren de manera sobtada.

2) L'enfervoriment amorós per l'ídol. Hem tractat llargament de l'amor a l'ídol quan hem parlat dels adolescents. La fragilitat de l'amor a l'ídol deriva del fet que l'afecte pel personatge popular depèn de la *indicació* de la societat i tendeix a desaparèixer quan s'esvaeix l'adoració col·lectiva. Amb tot, també desapareix quan, amb la proximitat i la vida en comú, la persona estimada es presenta en la seva realitat d'home o de dona comuns, amb les qualitats i defectes de les persones normals. Les qualitats extraordinàries del personatge cèlebre no són el producte de la nostra transfiguració personal, és a dir, de la capacitat que adquirim a l'estat naixent d'apreciar i estimar el que és, l'ésser en si mateix, de recollir-ne la seva bellesa extraordinària i única. A l'exaltació per l'ídol no veiem l'ésser, sinó el que la societat ha projectat en la celebritat. Per tant, quan ens trobem a soles amb ell, podem experimentar una decepció terrible. Ens imaginàvem que era fort, generós i serè, mentre que és avar, poruc i fals. Crèiem que era dolç i gentil i, en canvi, és brutal i arrogant. D'altra banda, hem de tenir present que la relació amb el personatge famós està desequilibrada i que ell o ella es consideren superiors i creuen que tenen més drets.

En fi, sovint la persona que s'ha casat amb el personatge important, l'ídol, comença a desitjar la mateixa notorietat, la mateixa fama. Quan va a les recepcions, s'empipa en veure's negligida mentre tots corren cap a ell. Generalment, les dones suporten aquesta desigualtat millor que els homes. Estan més acostumades a conformar-se a ser "la dona de"; però per als homes és diferent. Com ho mostra el cas de *l'home de la cantant*. Ella és una de les cantants més grans del país, bellíssima, intel·ligent i misteriosa. Ell és un arquitecte brillant. La coneix una nit mentre ella actua i queda fascinat: un amor fulminant. La festeja apassionadament i ella, que està entrant en una fase nova de la seva vida, correspon al seu amor. Està preparada per anar a viure amb ell immediatament, fins i tot per casar-s'hi. L'home, però, entra en crisi perquè quan surten junts tothom la mira, perquè en una recepció tothom pregunta per ella, perquè a l'escenari, ella és sota la llum dels focus i ell resta ignorat en un angle. No s'adapta. No accepta ser "l'home de", "el marit de". Rebutja, doncs, la vida en comú. Actua com un solter. L'obliga a veure's només de tant en tant, com dos amants clandestins.

3) L'enfervoriment eròtic. Hem estudiat diversos casos d'enfervoriment eròtic. En el mascle es caracteritza per un plaer sexual desenfrenat que, malgrat tot, no esdevé mai estat naixent ni projecte de vida en comú. En la dona sovint es nodreix dels components de l'ídol, com en el cas de *Carmen* a l'òpera de Bizet. Carmen és una dona ardent, té ganes d'estimar i de ser estimada. Don José li agrada perquè és bell i duu un uniforme, perquè l'ajuda a escapar. Que ell no n'està enamorada es fa palès quan ell, que tot just acaba de sortir de la presó per causa d'ella, vol tornar a la caserna per no ser arrestat una altra vegada. Ella se'n burla i l'obliga, mitjançant la seducció, a desertar i a seguir-la amb els contrabandistes. Ella no renuncia a res i ell, a tot. Quan esdevé un desertor, l'home queda abatut i trist. I Carmen se'n cansa. Ja té al pensament un nou amor: el torero Escamillo.

Un cas típic d'enfervoriment eròtic és el d'un executiu italià que va anar a Rio de Janeiro per carnaval i va quedar fascinat, embruixat eròticament, per una mulata molt jove. L'anomenaré *l'home de Rio*. Convençut d'estar bojament enamorat, la persuadeix una setmana després perquè se'n vagi amb ell a Itàlia. D'amagat de l'esposa, l'allotja en un estudi de Milà. Li dóna una elevada suma de diners cada mes, que ella envia a la seva família del Brasil. La noia viu retirada, parla malament l'italià i sofreix a causa de la soledat. Sent a faltar la mare, els germans i les amigues. S'ha tornat trista. Ha perdut tota l'energia, tota la fascinació, tot l'erotisme desbordant que tenia durant el carnaval. L'home s'adona que la seva brasilera té un cos diminut, prim, i uns pits petits, quasi de nena. Ara, més que impuls sexual sent per ella una tendresa paternal. Al cap d'un parell de mesos, la noia li demana plorant poder tornar a Brasil i ell se sent alleujat. Li regala una forta suma de diners i l'acompanya a l'aeroport. Queden com bons amics. Una vegada fins i tot es tornen a veure a Brasil, però del gran amor no en queda cap rastre.

Incompatibilitat de projecte

La crisi de la parella també pot esdevenir-se quan hi ha hagut enamorament autèntic i, per tant, estat naixent, fusió, historiació i pacte. No obstant això, tot i que l'estat naixent ens fa maleables, adaptables l'un a l'altre, conservem personalitats diferents, amb somnis, aspiracions, sentiments i projectes vitals diversos i distints. Ja hem parlat de la *lluita amb l'àngel* i de les divisions i els drames que pot provocar. N'hem examinat diversos casos. Ara ens limitem a recordar el de Tolstoi i la seva dona Sònia. Després del casament se'n van a viure a la hisenda de Yasnàia Poliana. És el regne de Tolstoi, dels seus costums. Un lloc on impera el desordre més total, la brutícia, on els pagesos dormen als passadissos i el cuiner és un borratxo. Sònia se sent atreta pel geni capriciós de Tolstoi, però en voldria fer un marit normal. Pren les regnes de la casa i prova de transformar-la en una residència elegant. Tolstoi interpreta aquestes exigències com coqueteria. Així que cap dels dos aconsegueix realitzar el projecte de vida que tenia en ment. Ella vol una vida alegre i mundana; ell, una vida simple de pagès. Ella busca un home amb qui tenir un encontre espiritual, ell, una dona amb qui tenir relacions sexuals, que vesteixi sense mirar-s'hi gaire, renunciï a la vida social i s'ocupi solament de la casa i dels fills, sense pretensions intel·lectuals. Doncs bé, quan va enamorar-se'n, Tolstoi va sentir-se atret precisament per la seva vivacitat, energia i elegància. Ara vol anular tot allò que el va seduir: l'alegria, l'espontaneïtat, el desig de divertir-se i d'agradar.[7] I atès que cadascú fa llegir a l'altre el diari on descriu els dubtes i les rancúnies, després dels primers mesos de matrimoni comencen els enfrontaments violents.

Factors externs

En l'enamorament tornem a tenir a les mans el nostre destí individual. Ens alliberem dels condicionaments de la família, de l'ambient social. Cerquem un camí propi. De vegades, però, aquestes forces socials ens atrapen de nou i ens obliguen a tornar a ser qui érem abans. Aleshores l'amor també desapareix. El llibre de Woods Kennedy[8] *Un any d'amor* descriu una relació amorosa entre dos joves americans de divuit anys a París. L'ambient correspon al món desordenat de la diàspora intel·lectual nord-americana de Fitzgerald, Pound, Henry Miller i Hemingway. Ell és de família rica i no ha tingut mai experiències sexuals. Ella, Sarah, prové en canvi del món de les varietats de Nova York, ha estat l'amant d'un director de cinema i, a causa d'una malaltia venèria, ja no pot tenir fills. Amb tot, és molt bonica i molt dolça. Li revela els secrets del cos femení, li ensenya l'amor eròtic i, a través de l'erotisme, neix un amor profund entre ells. La noia comença a freqüentar el seu ambient, van a escoles d'art i viuen en una intimitat absoluta. En aquell món desordenat, transgressor, constitueixen una parella d'enamorats inseparables i fidels.

Aleshores arriba un moment en què la mare del noi el fa tornar a Boston. S'enduu Sarah. Tanmateix, és un altre ambient: ric, altiu i purità. Té altres valors i altres regles. Sarah està atordida i angoixada. Se sent rebutjada i s'hi ofega. L'home que estima és el noi lliure de París, no el fill esclau de la seva família, de les convencions socials. Comprèn aleshores que no l'acceptaran mai, que mai no reeixirà a realitzar l'amor que ha somiat, i la revolta es desperta al seu cor, l'odi contra aquell món que de petita havia vist de lluny, un món fred, hostil i despietat. Va a buscar la seva mare al barri miserable de Nova York on viu i retroba dins seu aquella força depredadora, rebel, que li havia permès de lluitar i sobreviure. Decideix incorporar-se de nou al món de l'espectacle i gaudir sense prejudicis de la seva bellesa i la seva sexualitat. Així és com acaba aquest amor, perquè cap dels dos aconsegueix superar les diferències dels mons sorgits del passat que els assetgen amb tentacles, perquè no aconsegueixen inventar una modalitat de vida alternativa. A cadascú el xucla de nou el seu ambient familiar, i se separen.

Aquesta mena de lluita entre la parella nova i els ambients socials de provinença sempre existeix, encara que no sempre és tan extenuant. Els conflictes semblants que s'esdevenen als primers anys del matrimoni són deguts a les interferències dels pares del marit o de l'esposa.[9]

Debilitar l'altre

Hi ha persones que s'enamoren d'algú que té característiques i capacitats superiors a les pròpies. Després, quan estan segures que el seu amor és correspost, busquen destruir precisament aquelles qualitats que els van fascinar. És el cas de l'home casat i com cal, ric, que s'enamora de la ballarina, de l'actriu, perquè se sent atret per la llibertat, perquè la veu com a símbol de transgressió, d'erotisme desenfrenat; perquè vol alliberar-se dels límits, dels frens que li imposa una avorrida mediocritat. Aleshores però, té por de la seva bellesa, de la fascinació que exerceix sobre els altres i sobre ell. Sap que, per tenir-la, ha de estar sempre a l'altura de les expectatives que ha alimentat en ella. I no està segur d'aconseguir-ho, no està segur de les capacitats que té, i coneix massa bé la potència eròtica que ella és capaç d'exercir quan és ella mateixa, una estrella. Té por que algú altre la hi pugui prendre. Té por del seu propi amor. Aleshores la tanca a casa, l'allunya del seu ambient, li demana que deixi la feina, li fa tenir fills i li imposa que porti roba banal, anònima. La transforma en una mestressa de casa tradicional, innòcua i mancada d'atractiu eròtic. La neutralitza i la destrueix. Així deixa d'estimar-la i de desitjar-la. Es desembarassa del seu amor.

No havíem dit que si un està enamorat de debò desitja estimar i vol intensificar el seu amor? Certament, però també hem vist que en tot ésser humà hi ha forces en favor de l'amor i d'altres que hi actuen en contra. Les forces contràries són més fortes en aquest tipus humà. La *por* preval sobre l'amor. Ell va enamorar-se d'un animal salvatge magnífic que corria lliurement pel món. I llavors el tem, tem ser-ne l'esclau. I no vol renunciar-hi, no vol sofrir. Aleshores usa amb astúcia un mètode enganyós per matar l'amor. Mira de domesticar-lo, de transformar-lo en alguna cosa familiar i innòcua. Li talla les ales i, al final, quan l'ha reduïda a la condició de lloca, també el seu amor s'acaba. És el que hem vist en el cas de Tolstoi i la seva dona Sònia.

Si observem més atentament aquesta classe d'amor, descobrim que pertany a l'àmplia categoria dels amors competitius, dels amors que s'inicien pel desig de guanyar una competició amb els altres, de possessionar-se d'un trofeu, de dominar, de sobresortir; d'una classe d'amor en què el subjecte s'aferma ell mateix, però que no està preparat per donar-se, per entregar-se; d'un amor egoista, un amor que no vol elevar l'altre, sinó que prova per tots els mitjans de rebaixar-lo, de reduir-lo al seu nivell; d'un amor enverinat per l'enveja de la competició. Quan l'home comú aconsegueix casar-se amb la gran estrella i tots la contemplen, al principi n'està orgullós però després se sent disminuït i neix l'*enveja*. Aleshores prova de destruir-li la bellesa, de fer-ne una dona comú, mediocre com ell. Solament així se sent còmode, solament així no ha d'esforçar-se per millorar, per pujar al nivell de l'altre.

Ens ho recorda el cas de Sandra Milo, una actriu que es va fer famosa amb Fellini i que va abandonar el paper d'ídol per amor. Es casa amb un metge, i se'n van a viure a un poblet. Es converteix en mare. Quan es casen, ell li demana que renuncïi a ser actriu i esdevingui una esposa, una dona que estigui només per ell. En síntesi, demana que l'estrella es transformi en una dona normal. Tanmateix, va enamorar-se'n justament quan ella estava a l'apogeu de la seva carrera, famosa, resplendent i inassequible. Quan aquesta obra de destrucció s'ha acabat, l'amor també desapareix. Sandra Milo torna a Roma, al seu ambient, però ja no hi ha una cort d'admiradors que l'esperi ni directors de cinema que se la disputin. L'època de glòria s'ha acabat.

Una cosa semblant li ocorre a Ingrid Bergman quan es casa amb el director de cinema italià Rossellini. Rossellini era famós per la invenció d'una tècnica cinematogràfica nova: el neorealisme. Ingrid Bergman era una gran estrella de Hollywood gràcies a pel·lícules com *Per qui repiquen les campanes*, *Encadenats* i *Casablanca*. Ambdós pensen que junts faran coses extraordinàries, però Rossellini no aconsegueix sortir del seu esquema. Li dóna papers de dona de poble propis de les pel·lícules neorealistes, però aquests papers no li escauen. El resultat és un fracàs. Aleshores Bergman es dedica a la casa i als fills, lluny de Hollywood, del seu món i dels seus amics. Fins que un dia es rebel·la i se'n va, però res no serà ja com abans.

L'enamorament està fonamentat en la igualtat i la valoració recíproca. Si algú prova de rebaixar l'altre, mata l'amor. En l'enamorament ningú no s'ha de deixar trepitjar, dominar o empresonar, perquè l'enamorament és paritat i llibertat, i si jo no reivindico la meva dignitat i el meu valor, si no defenso la meva personalitat, em traeixo i traeixo l'altre també, que em va escollir pel que sóc.

Superació d'un punt de no retorn

Tots tenim objectes d'amor essencials, valors essencials, constitutius de la nostra personalitat i que no poden ser destruïts ni tan sols en l'enamorament. Al contrari, enamorant-nos els descobrim de nou, els tornem a confirmar i els situem al centre del nostre projecte amorós. Ja hem vist el cas de la *dona que volia un fill*. Descobreix i reconfirma el seu desig de maternitat enamorant-se. Hi ha homes que també tenen una necessitat anàloga de paternitat. Recordem el cas de *l'escultor*. Aquest home, com ja hem vist, s'enamora d'una noia molt bonica i la festeja despietadament. Quan al final ella li correspon, ell li comença a parlar dels seus projectes matrimonials. És ric i té una gran casa al costat d'un llac. És allà on vol viure amb ella i tenir molts fills. Amb tot, la noia té un projecte diferent pel que fa a la seva vida. Vol acabar la carrera i després dedicar-se a la direcció de programes televisius, tasca que aleshores feia ocasionalment. Potser algun dia també voldrà tenir un fill però, per ara, no té cap intenció d'enterrar-se en vida en una torre prop d'un llac. Vol quedar-se a la gran ciutat on viu, perquè solament allà pot realitzar la seva vocació artística i professional. *L'escultor* no es rendeix i mira de convèncer-la amb una actitud seductora. Però la noia se sent acorralada.

El desig de veure'l es transmuta en desig de fugir-ne. Així que el deixa. Uns anys després, l'escultor coneix una dona que desitja tenir una gran família com ell. S'hi casa sense estimar-la i tenen molts fills. L'escultor realitza el seu somni i esdevé una mena de patriarca renunciant a l'amor.

De vegades el punt de no retorn depèn d'una decisió presa amb anterioritat, com en el cas que anomenaré *la noia del director de cinema*. Un director de sèries de televisió s'havia casat amb una refinada dona anglesa, experta en literatura i apassionada pel cinema. Eren una parella molt ben avinguda. Ella seguia la seva feina, l'estimulava i l'ajudava. Sospesaven els temes plegats, l'elecció dels actors, la banda sonora, el guió. Un dia, però, el productor el convida a agafar d'ajudant una jove llicenciada que aspira a convertir-se en directora de cinema. Ell ho accepta, la dona ho aprova i l'ajuda a ensenyar a la jove deixeble els rudiments de la direcció. Ara bé, progressivament el director i la noia discuteixen els aspectes de la sèrie que estan rodant com si estiguessin sols. L'esposa és anihilada. Observa silenciosa la complicitat que s'ha creat entre ells i comprèn que ja no hi ha lloc per a ella. Deixa el marit, el plató, la casa que havien construït junts i es refugia en un apartament moblat, on prova de concentrar-se en una recerca literària.

Mentrestant, la noia se'n va a viure amb el director. Li diu que l'estima i que vol estar amb ell. Tots pensen que són amants, sobretot la dona, que empra tot el seu autocontrol anglès per tal de no destorbar-los. Un dia, però, el marit va a buscar-la, no per excusar-se ni per demanar-li perdó pel sofriment que li ocasiona, sinó per demanar-li ajuda. Li explica que la noia de qui s'ha enamorat està disposada a viure amb ell, a ajudar-lo a la feina, a ocupar-se de la casa, però que no vol tenir relacions sexuals. Pot ésser la seva còmplice, la seva amiga, la seva germana, però no la seva amant. I per què? Perquè uns anys abans va estar enamorada d'un home de la seva edat que coneixia des que anava a la guarderia. Quan aquest noi va morir en un accident de cotxe, va fer vot de castedat. I no té cap intenció d'infringir aquell vot. El director no es rendeix, parla amb els pares de la noia, demana la intervenció d'un sacerdot. Tot és inútil, l'actitud de la noia és inamovible. La seva vida és un malson, ja no aconsegueix dormir ni treballar. Està obsessionat pel desig. No obstant això, no té el coratge de trencar. La sola idea de perdre-la el fa delirar. Què ha de fer?

L'esposa l'escolta en silenci i aleshores, mentre obre la porta de bat a bat, li diu: "Em quedo per gaudir del final de la teva aventura romàntica. Després tornaré a Anglaterra per sempre". Quan torna a casa, el director no troba la noia esperant-lo, sinó una nota de poques línies: "El meu lloc és en un convent. La vida d'un director és plena de passions. No em permetria respectar un vot com el que he fet. Si em quedo al món, solament podré causar dolor. Ja n'he causat massa, fins i tot a tu. No em busquis". Des d'aleshores aquell home no la va buscar mai més. I tampoc va cercar la dona, que va tornar a Anglaterra. Va trencar amb l'amor i va deixar la feina. Es va refugiat en la solitud de l'alcohol.

17

La parella que dura

Evolucionar junts

La vida és un procés incessant de mutacions. I les mutacions, encara que s'esdevinguin a través de passes molt curtes, es manifesten, per regla general, de manera discontínua. Un fil de metall sotmès contínuament a la càrrega d'un pes s'altera a nivell molecular fins que, en arribar a un cert punt, es trenca. Les malalties també es presenten de manera imprevista. Durant molt de temps el nostre organisme controla l'acció dels agents patògens fins que les defenses cedeixen i aleshores es manifesten els símptomes. En el camp de les decisions humanes succeeix el mateix. Creix la meva insatisfacció per la feina que faig, començo a mirar al meu voltant i hi descobreixo altres possibilitats. Em poso en contacte amb amics o agències especialitzades, però després arriba el moment en què he de prendre la decisió irrevocable. Aleshores la meva vida experimenta una transformació brusca. Els moviments col·lectius i l'enamorament també segueixen la mateixa llei: s'acumulen molt canvis minsos, moltes petites tensions, s'exploren amb la imaginació molts camins nous, fins que s'esdevé una explosió, una revolució.

Si els canvis es produïssin de manera contínua o per passes infinitesimals i en fóssim conscients, ens hi podríem adaptar amb facilitat i prevenir les crisis; però això és impossible estructuralment. Les tensions, les incomprensions i els problemes que també maduren dins de la parella segueixen la mateixa llei. I és per això que els psicòlegs aconsellen sempre els cònjuges que parlin i examinin els problemes abans que aquests no augmentin de tamany i arribin a un llindar crític. No obstant això, atès que totes les forces existents, tots els esdeveniments de la vida, actuen en nosaltres de manera discontínua, la parella està obligada inevitablement a afrontar transformacions brusques i problemes inesperats. N'hi ha que són la conseqüència d'antics desitjos que no vam poder satisfer mai, com tenir fills o una casa bonica i fer viatges a països llunyans. D'altres sorgeixen de la nostra maduresa, de la nostra evolució. Quan assolim una meta ens en posem una de més alta. Volem el reconeixement que creiem merèixer. N'hi ha d'altres que també actuen sobre nosaltres des de l'exterior, com una malaltia, o la malaltia del nostre marit o de la nostra dona; o bé dels germans o dels pares.

Totes aquestes coses poden colpir els dos membres de la parella separadament i tenir efectes prou diferents en cadascun d'ells. Per consegüent, tota transformació és potencialment motiu d'una crisi, perquè constreny els membres de la parella a refer els seus projectes. En totes aquestes situacions, els dos subjectes poden convergir, trobar un camí comú i redescobrir el propi amor. I a l'inrevés, poden divergir i agafar camins que els allunyen. Tots els esdeveniments discontinus de la vida constitueixen per a la parella ocasions similars de transformació convergent o divergent.

L'amor no és, doncs, una cosa que existeix, que dura, que roman, sinó allò que contínuament es desafia, s'agita, s'allibera i es posa a prova. I que pot renovar-se contínuament, renéixer o, al contrari, atenuar-se, degradar-se i desaparèixer. No pot existir cap estudi sobre la persistència de l'amor de parella que no sigui també un estudi dels desafiaments que pateix i supera. L'amor és justament una superació d'aquestes crisis, una renovació a través de les crisis. La *co-evolució*[1] no és un procés continu, sinó el producte de la solució convergent de tensions, conflictes i crisis.

Prenguem el cas que anomenaré dels *dos intel·lectuals*. Ell és científic i ella, escriptora. Una parella sense fills, una parella d'esposos-amants, profundament enamorats, que s'agraden eròticament i sempre han afrontat junts el món. Viatgen junts, treballen junts, discuteixen tots els problemes i generalment arriben a les mateixes conclusions. Si se'ls observa des de fora, sembla que mai no tinguin problemes, que sempre estiguin d'acord. En realitat, la seva relació amorosa és el producte d'allunyar-se contínuament per acomplir una exploració i de retrobar-se contínuament.

En un moment donat el marit té un gran èxit inesperat. La dona, que l'estima de debò, se n'alegra i sent una atracció encara major. Tanmateix, tot i que ella és igualment competent, a partir d'aleshores tothom s'adreça al marit, l'entrevisten a ell i ignoren les qualitats intel·lectuals de la dona. Sovint és ella qui resol els problemes i troba les solucions, però la gent les pren en consideració solament quan les formula el marit il·lustre. Les dones l'envegen perquè és "l'esposa de" i l'ignoren d'una manera ostensible a les reunions. Els rivals del marit l'ataquen per ofendre'l. Ella sofreix per aquesta injustícia i, en certs moments, s'apodera d'ella un abatiment que podria convertir-se amb facilitat en enveja i rancúnia cap al marit. L'enveja sorgeix precisament quan entre dues persones que es consideren iguals, una supera l'altra.[2] La crisi, que hauria pogut ser destructiva, se supera prenent la decisió d'aparèixer en públic ostensiblement units i còmplices. Viatgen junts, fan conferències plegats, s'enfronten junts al món exterior. D'aquesta manera l'erotisme també es renova. És un gest espontani per ambdues parts però, al mateix temps, una solució intel·ligent a un problema perillós.

Uns anys després a la dona se li desperta un interès viu per la política. Cada vegada l'absorbeix més. El marit, per amor, s'hi deixa implicar. És una regla fonamental de la co-evolució que cadascú tingui interès i participi intensament en allò que fa l'altre. Amb tot, l'interès polític acaba per fer-se dominant a la dona. Discuteixen continuadament de política i ell se'n cansa, voldria ocupar-se d'altres coses. L'esposa es passa tota l'estona a les reunions dels partit i accepta alguns càrrecs públics. Li ofereixen presentar-se a les eleccions. Ell no la reté i ella comença a viatjar sola i surt amb altres homes. Ell s'adona que està gelós i llavors li ho diu. La dona sap que si accepta presentar-se a les eleccions, optarà pel camí de la carrera política i la vida en comú haurà de canviar profundament. Consideren també la possibilitat de dedicar-se tots dos a la política, d'anar a viure junts a la capital per continuar units, per continuar treballant junts. Després ella s'adona que al marit no li convé, que per a ell seria un sacrifici massa gran. Aleshores fan un programa en què ella estarà absent quatre dies a la setmana i estaran junts els altres tres.

Fins que arriba un moment en què la dona entén que l'activitat política no és solament una batalla ideal. És feta també d'esperes que consumeixen, de xerrades inacabables, de compromisos continus. I sent nostàlgia de casa seva, dels seus llibres, de la reflexió assossegada, de la profunditat amb què parlava amb el marit. I entén que la seva vocació veritable és ser escriptora. Així tornen a trobar de nou un objectiu comú. Continuaran ocupant-se de la política, però solament com a activitat intel·lectual, sense una participació directa. L'ocasió per a aquesta fase nova de la seva vida és acabar el manuscrit d'una gran novel·la històrica.

Amistat

L'amistat i l'enamorament són dues coses diferents.[3] L'enamorament apareix bruscament amb l'estat naixent. L'amistat es consolida a poc a poc, encontre rera encontre, amb el plaer d'estar junts, amb el creixement de la confiança. L'enamorament és una passió, estimem fins i tot qui no ens estima. En canvi, l'amistat sols pot existir si és recíproca. L'enamorament està més enllà del bé i del mal. Podem estimar també una persona malvada, que ens fa sofrir. Per contra, l'amistat és un sentiment moral. No podem ser amics d'algú que ens tracti malament, que ens enganyi i ens traeixi. Quan veig la persona de qui estic enamorat em venen palpitacions. Quan veig l'amic, estic content, serè. Els enamorats tendeixen a la fusió, exerceixen una pressió mútua. Els amics, en canvi, es tracten com dos grans senyors i tenen un respecte màxim per l'altre i pel seu món personal i social. Quan estic enamorat no suporto estar lluny de l'estimat, el temps no avança prou de pressa. Els amics, al contrari, poden estar lluny l'un de l'altre durant molt de temps i, quan es troben, continuen el diàleg en el punt on el van deixar mesos abans. L'amor és exclusiu i gelós. Si el meu estimat em diu que estima un altre, emboigeixo de dolor. Si un amic m'explica que s'ha enamorat d'algú i que se n'hi va de viatge per tot el món, estic content de la seva alegria.

Doncs bé, la relació amorosa, per durar, necessita els sentiments morals de l'amistat: la familiaritat, la confiança, el respecte recíproc, la lleialtat, la moderació, la prudència i la sinceritat. Necessita la delicadesa, la llibertat de l'amistat que no imposa res, perquè no creu tenir cap dret sobre l'altre i el respecta en la seva diferència. A l'amor de l'enamorament, l'amistat s'obre camí quan s'alenteix l'embranzida frenètica cap a la fusió i s'aferma el que és una necessitat en el si de tot ésser humà, el respecte per la individualitat pròpia. El procés d'institucionalització pot descriure's en part com un pas de la fusió a l'amistat, amb els seus confins i els seus límits, amb les seves relacions morals fonamentades en compromisos i pactes.

Aleshores ens podem preguntar si amb la disminució de la passió amorosa, de l'interès eròtic, la parella pot continuar unida, mantenir-se estable, gràcies només a l'amistat. Nosaltres afirmem que no. És la mateixa conclusió a què ha arribat Sternberg. Segons Sternberg[4], l'amor de parella està constituït per tres components: la passió, la intimitat o amistat i el compromís. Si hi falta totalment la dimensió de la passió, de cap manera pot parlar-se de parella.[5]

L'amistat, doncs, és un component important de l'amor de parella. El desenvolupament de les relacions morals de l'amistat contribueix al seu reforçament. Amb tot, no n'hi ha prou només amb això, perquè l'amistat es fonamenta en el principi del plaer i un amic que ens és desagradable deixa de ser amic nostre. Quan ens tracta malament, ens menteix, o bé simplement és desordenat o ens molesta, l'evitem. L'amor de l'enamorament és una força que supera aquestes dificultats. L'amistat, no.

Després hi ha el tema de la seducció eròtica. Dos amics no estan obligats a agradar-se eròticament. Ningú no prova de seduir l'altre. Si ho fes, ni tan sols podria parlar-se d'amistat. Els amics es presenten tal com són, sense artificis, amb naturalitat i espontaneïtat màximes. Nogensmenys, una parella en què cap dels dos es preocupa ja d'agradar a l'altre, on ningú vol ja suscitar cap interès, es redueix a ben poca cosa: a l'estimació recíproca, al costum. Això els va bé a dos vells que ja no esperen res més de la vida, però com pot bastar a dues persones joves i plenes de desig?

En fi, l'amistat no és exclusiva. El meu amic pot tenir tots els amics que vulgui. Pot casar-se, divorciar-se, tenir amants i deixar-les sense cap obligació de dir-m'ho. Què ocorre, però, quan aquesta llibertat total s'admet també a la parella? Per què li hem de dir aleshores "parella"? No emprem l'expressió "una parella d'amics"; diem senzillament "dos amics".

Intimitat

En aquests últims temps s'ha donat molta importància a la intimitat,[6] sobretot per part d'algunes psicòlogues feministes. Han observat que les dones, principalment les adolescents, quan són amigues es toquen, s'abracen, estudien els seus cossos, els comparen sense vergonya, fins i tot a les parts més íntimes. I parlen de les experiències amoroses i sexuals i dels sentiments sense reticències. S'ho confien tot. Tenen aquella curiositat mútua, impúdica i sense límits que les mares tenen amb les filles, com si encara continuessin formant-ne part del cos i en fossin extensions de l'ànima.

Mentre que els mascles tenen problemes per comunicar els sentiments, els torbaments amorosos. Se n'avergonyeixen com si es tractés d'una debilitat, tenen por de mostrar la part vulnerable de l'ànima. A l'imaginari col·lectiu, l'home autèntic no es desfà en sospirs i lamentacions, no es deixa endur per emocions que l'alteren, no plora, no sospira, no xerra, perquè això són coses "femenines". Ell és rude, fort i silenciós. Afronta impàvid les adversitats.

Aquesta diferència entre els sexes és el producte d'una llarga tradició cultural. Sigui com sigui, encara existeix i pot crear problemes a la parella, quan la dona sent una necessitat profunda de rebre i comunicar emocions, mentre que l'home en defuig. Ho hem vist en molts dels nostres casos. L'home s'ocupa de la feina, arriba a casa al vespre cansat i no s'adona de les moltes maneres en què la dona li ha testimoniat el seu amor: posant flors en un gerro, unes estovalles noves a la taula, un coixí de colors al sofà. De vegades no té ganes de parlar. En certs casos no sabria ni què dir. Aleshores ella troba aliment emocional en una telenovel·la, mentre que ell mira els esports.

Amb tot, quan s'enamora, l'home també està obligat, a desgrat, a viure vibracions, sentiments, passions, i sent la necessitat d'expressar-les, de dir-les a la persona estimada. Quan s'enamora, fins l'home més rude es commou, sospira, plora i desitja fondre's amb qui estima, explicar-li tot d'ell mateix i saber-ho tot d'ella. Aquesta fase d'obertura i de fusió, però, sovint dura poc. Quan l'home està segur que l'estimen, torna a sorgir la vella desconfiança vers les expressions afectives. I torna a posar-se la cuirassa amb què estava acostumat a viure.

La vida de la parella depèn de la capacitat de conservar, ni que sigui en una part, la intimitat provocada per l'estat naixent amorós. La institució ha de ser la custòdia i l'hereva de la promesa de l'estat naixent, entregar alguna cosa del que ha fet entreveure i ha promès. Per contra, seria un error pensar que l'estabilitat de l'amor de parella és proporcional al grau de fusió, d'identificació entre dos amants, pel qual esdevenen quasi indistingibles, quasi la mateixa persona. Aquesta classe d'intimitat la tenen els bessons idèntics o homozigòtics, que veuen la imatge, els sentiments, els pensaments i els gestos propis a l'altre i, per tant, es coneixen en profunditat, sense barreres, sense defenses. D'altra banda, es coneixen a través de l'altre, que n'és la imatge especular. No obstant això, la intimitat amorosa comporta sempre una distància, una diferència, un descobriment. No és una dada, és una conquesta, un regal.

N'hi ha que afirmen que els cònjuges s'ho han de dir tot i no amagar-se res, no mentir mai. Si senten un impuls agressiu, cal expressar-lo, cridar si és necessari. Si senten desig per una altra persona, manifestar-ho, perquè tot el que es manifesta no fa mal, mentre que tot el que s'amaga esdevé inconscient i provoca danys. Tot això no té cap sentit. El "flux de la consciència" és un encavalcament caòtic de pensaments, raonaments, hipòtesis, emocions, dubtes, pors, somnis i impulsos amorosos i agressius.[7] És un riu que neix de mil afluents, que es dispersa en mil braços, que es reuneix i es divideix ulteriorment. Deixar-se guiar per això significa transformar-se de manera caòtica, deixar esclatar la violència i desmentir-ho a continuació.

La vida de parella requereix dir la veritat, ser sincer, però també requereix coherència, projecte. Requereix també callar pensaments i emocions que podrien torbar o ofendre excessivament la persona que estimem. Les paraules malvades, les acusacions rabioses, les vulgaritats, els insults, deixen ferides que, a poc a poc, obren un abisme.

Tots nosaltres, en realitat, estem constituïts per molts individus diferents. En el curs de la nostra vida hem agafat molts camins, hem començat a construir personalitats que després hem abandonat. I a cada canvi de la nostra existència, cada vegada que hem agafat una via nova, hem utilitzat algun dels fragments d'aquells *jo avançats* que havíem descartat. En qualsevol cas, tots els nostres *jo avançats*, tot i estar subordinats a la identitat nova, continuen formant part de nosaltres, constitueixen el nucli profund del nostre ésser i podem rescatar-los en condicions d'emergència, o bé fins i tot per diferenciar-nos.

Quan ens enamorem expliquem a la persona estimada el que hem estat i com hem esdevingut el que ara som durant el procés d'historiació. En aquest recorregut del passat els trobem de nou i els tornem a despertar. Són com dimonis adormits i encadenats, dimonis que ens poden dotar de forces extraordinàries, però que no podem deslligar i deixar-los irrompre en la nostra vida al seu gust. En el diàleg íntim podem evocar-los, fer-los parlar i actuar, però sempre dins del cercle màgic de l'exorcisme. Deixar emergir caòticament aquests dimonis significa esmicolar la nostra personalitat, caure presoner del desordre. I això destruiria l'amor, perquè l'estat naixent és precisament el pas del desordre a l'ordre. *Intimitat* també és, doncs, revelar els somnis impossibles, alliberar les personalitats prohibides, però sempre de manera compatible amb la identitat personal i col·lectiva i amb l'amor nous, com a instrument de creativitat en el procés de *co-evolució*.

Aquests *jo avançats* constitueixen també un recurs extraordinari per afrontar situacions noves i imprevistes. En una narració cèlebre de Rabindrānāth Tagore, un gran home d'estat decideix retirar-se a meditar a la muntanya quan arriba a la vellesa. I dit i fet. Durant molts anys viu en una soledat absoluta sense pronunciar ni una paraula, fins quasi esdevenir un vegetal, una roca. La gent del lloc el considera un sant, però no gosa acostar-se-li. Un dia, però, la regió és assolada per un huracà de gran violència. Els torrents de la pluja s'enduen pobles i cases i la gent corre embogida de por. Aleshores el vell, com si es despertés d'un somni, torna a ser de nou el que havia estat abans: el gran home d'estat. Dóna ordres, organitza aquesta població desorientada, fa construir terraplens, defenses, i la salva. Després s'allunya silenciosament a la muntanya per reprendre la seva immobilitat ascètica.

En el procés de co-evolució de vegades és necessari recórrer a aquests recursos amagats per tal d'afrontar situacions noves que requereixen esquemes d'acció diferents. I es fa més fàcil si entre els amants hi ha confiança, si poden revelar-se també, sense temor, aquests aspectes ocults i perillosos de la personalitat i la història pròpies.

Complicitat

La paraula italiana còmplice té un significat negatiu. Es refereix a la solidaritat, a la confiança i a l'ajut recíprocs entre dues persones fora de la llei. Còmplice és qui ajuda el lladre a robar i a escapar de la justícia. No importa el motiu pel qual ho faci, siguin diners, amistat o amor. Des del punt de vista de la llei és indiferent. De qualsevol manera, l'acte és menyspreable.

En francès, en canvi, s'usa també en sentit positiu de confiança, d'acord secret, de solidaritat entre dues persones que s'estimen. Així es diu que dos promesos, dos esposos, són còmplices. La complicitat és un dels aspectes íntims i reservats de l'amor. Indica que dues persones enamorades són del mateix bàndol, fan front comú contra aquells que els obstaculitzen, els amenacen i constitueixen un perill per a la unió. Aquest significat és important. Certament, no n'hi ha prou amb dir que aquells dos estan d'acord, que s'ajuden contínuament i es donen suport. A la relació de parella hi ha alguna cosa més: la defensa contra el món exterior. Una parella enamorada és una entitat social que ha de sobreviure en un món hostil. Ha de ser, doncs, una fortalesa, un baluart, rebutjar els atacs i preparar ofensives. Com en un estat major, els dos còmplices han d'elaborar estratègies, preparar plans, dur-los a terme amb paciència, sense dir ni una paraula a ningú.

Cadascun d'ells coneix les virtuts i les debilitats de l'altre. Rep suport dels seus punts forts i supleix les seves carències. A la vida social posa de manifest les seves virtuts i amaga els seus defectes. Quan l'ataquen, corre a socorre'l amb tots els medis: amb els diners, amb la mentida i amb la violència, si és necessari.

Existeix un plaer de la complicitat. El sentien els guerrers de les tribus antigues quan sortien en grups petits per atacar l'enemic. Se sentien sols en un territori estrany on qualsevol matoll, qualsevol ombra, podia amagar una emboscada. Tanmateix, no estaven tan sols, perquè cadascú tenia al seu costat un altre que li cobria les espatlles. Aquest antic plaer perviu quan dos amics, dos amants, dos esposos, afronten junts un obstacle o un desafiament. Ho veiem en les parelles més diferents. Fins i tot entre el marit i la muller que administren junts un negoci. Una unió que sembla afermada solament per l'interès i que, en canvi, és una aventura de caça i de guerra, un joc de rol, una contínua posada en escena on basta una mirada, una inflexió de la veu, per transmetre un missatge, com entre dos tafurs consumats. He vist cònjuges que aparentment estaven en desacord dirigir empreses i, en realitat, estar integrats, ésser complementaris, indispensables l'un per l'altre. La complicitat en el matrimoni és un lligam que pot ser més fort que l'erotisme, o bé substituir-lo quan declina.

La complicitat és una figura de l'amor, però no de les grans passions. Generalment creix amb la vida en comú, amb el coneixement recíproc, amb el costum de lluitar junts. Es nodreix de virtuts ètiques com la sinceritat, la confiança o la intimitat. Té absolutament necessitat, però, dels freds recursos intel·lectuals per afrontar i resoldre conjuntament els problemes, jutjar les persones i elaborar estratègies. Les passions la destorben i la gelosia la destrueix, perquè la gelosia condueix a la sospita i fa que els dos amants s'escrutin com dos enemics potencials. La còlera i la por la destrueixen igualment, perquè són massa impulsives, massa inestables. Necessita qualitats complementàries. Guardem-nos-en si tots dos són víctimes de la mateixa emoció i s'exciten successivament. Si un té por, és necessari que l'altre conservi tot l'autocontrol, tota la sang freda. Si un accelera massa, l'altre ha de saber frenar. Si un perd el cap, l'altre ha de ser reflexiu.

18

La crisi tardana

Per què succeeix?

Moltes investigacions demostren que la vida en comú, la repetició dels gestos, el coneixement recíproc reforcen la familiaritat, fan estable l'afecte, però minven l'interès sexual i l'espera d'allò nou.[1] Així, a poc a poc, s'instaura un amor sense passió, sense problemes, sense aventura. El que Fromm escriu a L'art d'estimar es refereix a aquesta segona classe d'amor conjugal, basat en la seguretat serena de poder comptar amb l'altre sense tenir, però, necessitat de la presència física en tot moment, sense commocionar-nos quan el veiem caminar, dormir o respirar, sense tremolors eròtiques, sense tenir el cor encongit, sense moments de felicitat incontenible i d'èxtasi.

Les recerques fetes amb el meu equip han demostrat que la passió és més elevada, tant en els mascles com en les femelles, durant els tres primers anys de matrimoni. Aleshores s'atenua i, deu anys després, disminueix més en les dones que, amb tot, són les que més sofreixen per aquesta raó.[2] L'home s'adapta amb més facilitat a la monotonia de la vida matrimonial, s'hi troba més a gust. La dona no tant, perquè és ella qui s'ocupa de tots els problemes domèstics i de l'organització de la casa, mentre que l'home se'n beneficia; i també perquè dóna més importància al sentiment, al diàleg, a la intimitat. La matrimonialista Laura Remiddi deia en una entrevista: "No m'he trobat mai amb un home que demanés la separació o el divorci perquè la seva dona no dialogava amb ell, mentre que moltes dones ho fan".[3] El sofriment provocat per l'esterilitat de la relació sí que fa que algunes dones escullin anar-se'n a viure soles abans que compartir l'existència amb un marit que sembla haver-se convertit en un dispeser. Tenen nostàlgia de l'època incandescent i daurada de l'enamorament, quan aquell mateix home era apassionat i atent. Semblava un cavaller valent i gentil que els feia vibrar el cor. Més tard, un dia, no recorden ben bé quan, van començar a tenir nostàlgia de l'amor.

En passar la nostàlgia, va sorgir una sensació d'estranyesa i després una còlera sorda. Una còlera que l'home no entén, per la qual cosa encara s'enfurismen més. Fins que prenen la decisió d'estar soles. D'altra banda, sovint fins i tot després de pocs anys de matrimoni, els marits comencen a mirar les seves esposes amb ulls mancats de desig. Semblen atrets solament per les altres.

Ara bé, què hi ha darrere d'aquests fenòmens? Un procés gradual d'atenuació de l'erotisme, una addicció a la vida quotidiana i la seva banalitat o el precipitat de crisis innombrables mal gestionades i no resoltes? Tot això conjuntament.

1) *La "quotidianització"*. Els enamorats, a l'inici, pensen que els basta amb un "passarem les penes plegats". Després, però, descobreixen la fatiga de llevar-se d'hora al matí, les tensions de la feina, els nens que ploren. Havien somiat un futur fàcil i radiant. Ara els obstacles que troben tendeixen a debilitar-ne l'impuls, a privar el món de la seva poesia. Les persones optimistes, plenes de vida i d'amor, afronten el món amb generositat, lluiten, superen les frustracions i gaudeixen fins i tot dels esdeveniments més insignificants. D'altres, però, són més fràgils i tenen una sensació de fracàs.

Repetim tot el que ja hem dit. El factor crucial és la força de l'enamorament, la càrrega d'energia, d'entusiasme, de determinació, la fe en un mateix, en el propi amor i, per tant, el plaer de lluitar per l'èxit, per fer feliç la persona estimada a qualsevol preu. I a més, hi ha el procés de *transfiguració*, que ens fa trobar valor i bellesa a totes les coses. És veritat, però, que per a tothom, fins per a les persones més enamorades, la vida en comú està feta de deures molt petits, de molèsties. Cadascú necessita que l'altre faci certes feines, les hi demana i protesta si no les obté, el renya i el critica.

Si aquest procés no s'atura, en sofreix l'erotisme. L'erotisme està fet de joc, d'entusiasme, de festeig. L'erotisme sempre és una ruptura de la vida quotidiana, ordinària.[4] Sovint és així com neix la traïció: com a revolta contra la monotonia, el deure, l'esclavitud de la quotidianitat; per la necessitat de tornar a sentir-nos vius, frescos, nous, sense que ningú no ens demani que fem això o allò, sense obligacions. Amb una persona desconeguda podem oblidar qui som, les nostres frustracions, els nostres deures. L'encontre eròtic és com unes vacances. Interromp la trama de la vida normal feta de feina, d'enfrontaments, d'esperes, de protestes i de compromisos. L'amant no ens fa retrets, no ens critica, no remuga. És amable, ens fa sentir belles de nou, interessants, desitjades. Ens fa la sensació que tornem a respirar, a ser joves i lliures, que podem buscar només el plaer.

2) *Les crisis*. Tanmateix, aquest procés no ho explica tot per si sol. La parella és una societat viva amb una vida, una història. Es transforma i pateix tensions i crisis. I aquestes crisis poden dividir-se en tres categories. La primera es deu al *retorn del passat*. La segona, a l'*evolució divergent*. Els dos membres de la parella reaccionen de manera diferent davant de les circumstàncies de la vida. La tercera és el producte del desenvolupament d'una *competició envejosa* i de l'odi recíproc, amb venjances i represàlies.

El retorn del passat

Ja hem vist casos de dones que desitjaven un fill o que volien dedicar-se a una activitat creativa mentre que el marit bloquejava la seva embranzida vers el futur. En canvi, de vegades es bloqueja el reclam del passat. És el cas de *la dona del sud* que es casa amb un empresari del nord. Ell és el seu 'ideal i per això està disposada a plasmar-se en el seu model, a convertir-se en el que ell vulgui. L'home, però, està extremadament unit a la seva família, als seus hàbits, i és feroçment antimeridional. Es nega a visitar els sogres i ordena a la dona que trenqui completament amb el poble, amb els seus pares i amb les seves tradicions. Li retreu l'accent i ella assisteix a classes de dicció per canviar-lo. És a dir, li imposa una naturalització forçada. Ella s'adapta a aquestes exigències, encara que les considera exagerades i, de vegades, humiliants. No obstant això, després d'uns quants anys sent amb força el desig de tornar a la seva terra, d'estar una mica amb els pares, de tornar a sentir el so del seu dialecte. I atès que el marit sempre la porta a llocs diferents, té la impressió de viure a l'exili. Quan la seva mare es posa malalta, li diu que vol marxar. Ell li posa objeccions, perquè està acostumat a deixar-ho tot a les seves mans, però ella insisteix. Tenen un enfrontament i ella se'n va. A penes arriba a l'aeroport, té la impressió d'haver conquerit finalment la seva llibertat. El marit continua telefonant-li i li demana que torni. No entén el seu problema, no li importa la sogra. Així, per primera vegada, la dona experimenta una sensació de repulsió, d'odi. Es rebel·la i li diu amb claredat que està cansada de les seves imposicions, que vol quedar-se a la seva terra i que tornarà sols quan ella ho desitgi. L'home se sent abandonat, traït, i pensa en un complot dels familiars. Comença així una crisi que tindrà conseqüències molt greus.

És el retorn del passat. Un passat que semblava no tenir importància i que, en canvi, constituïa una part integrant de la persona. En el procés amorós renunciem a molts aspectes de nosaltres mateixos, ens transformem, però continuem ocultant al cor desitjos i necessitats que poden manifestar-se fins i tot després de molt de temps. Com li succeeix a *l'enginyer*, un home crescut en una família pobra que va poder estudiar i casar-se amb una dona rica. Després d'uns anys de matrimoni decideixen construir-se una gran casa i la dona proposa edificar-la en un terreny del seu pare. I dit i fet. *L'enginyer* hi inverteix tots els seus estalvis. La dona, que té molt bon gust a parer del marit, escull el projecte, l'arquitecte i la decoració. Quan la casa és acabada, l'enginyer demana al sogre que els vengui la part de terreny que l'envolta. Vol realitzar el somni que sempre havia acariciat: tenir una casa pròpia amb un gran jardí. El sogre, però, li respon que és impossible, que no hi ha cap raó per partir la propietat, que és dels altres fills en comú. L'esposa li dóna suport. *L'enginyer* s'ho pren malament i torna a insistir, però descobreix que tota la família de la dona està indignada per la seva petició. L'esposa li retreu haver gosat fer una proposta semblant. Aleshores ell té la impressió de trobar-se al costat d'una estranya lligada solament a la seva família i a la tradició. Per conseqüent, estem davant d'un retorn al passat doble: per a ell i per a la dona. En el seu cas, es tracta d'un retorn al desig juvenil, en el d'ella, a l'orgull familiar.

Evolució divergent

Reaccionem de manera diferent davant dels desafiaments que la vida ens planteja, de les oportunitats diverses que ens presenta. Dues persones que, a l'inici, estaven extraordinàriament unides, poden separar-se dia rere dia i agafar camins diferents. Això pot succeir quan la divisió dels papers entre els sexes és molt forta. L'home fora de casa, a l'oficina, i la dona ocupant-se de les tasques domèstiques i dels fills. Ell desenvolupa interessos, amistats i gustos separats dels de l'esposa. I d'aquesta manera, el terreny comú de diàleg es redueix. Fins que l'un o l'altre es busquen un amant i aleshores encara tenen menys a dir-se.

Avui en dia és més freqüent que l'evolució divergent es produeixi perquè la dona vol realitzar una vocació, treure profit d'una capacitat. És un cas del que ja hem parlat: *l'escriptora*. L'encontre entre ella i el que seria el seu marit va succeir com en els contes. Una mirada, un somriure, els ulls lluminosos que ja havien dit "sí, m'agrades" abans que ho expressessin les paraules. Quan es casen, ella té divuit anys i ell vint-i-set. Ell és el propietari d'una fàbrica de productes d'electrònica. És ric, bo, amable i està enamorat. L'omple de regals i posa a nom seu tot el que compra: una casa al camp, una altra a la muntanya i una tercera al mar. Vol que ella conegui tots els clients i no pot estar lluny d'ella ni un instant sense sentir la seva absència. La porta sempre amb ell. Després d'alguns mesos però, la jove esposa es matricula a la universitat i ell no s'ho pren amb gaire entusiasme, més aviat prova de dissuadir-la i tot perquè, aleshores, acaba de saber que està esperant un fill. Ara bé, la dona és irreductible. Va a la universitat i, quan neix el nen, en té cura amb amor i es llicencia. Després sent néixer el desig d'escriure i, tot i tenir un segon fill, es posa mans a l'obra amb passió. És entusiasta, fa nous amics i els convida a casa. Els vespres es tornen intel·lectuals, però al marit li agraden cada vegada menys. Se sent fora de lloc, incòmode. Sobretot li molesta que l'esposa sempre sigui el centre d'atenció. Lentament, se n'aparta emmurriat. La situació empitjora quan la novel·la de la dona té èxit. Arriben els crítics, els periodistes i ell s'engeloseix. L'escruta, li retreu que s'hagi deixat la brusa massa oberta. "Has estat ensenyant els pits tota la nit", li diu. Alhora està excitat i quan acaba la reunió, vol fer-li l'amor una i dues vegades; però de pressa, sense gestos de tendresa.

És un acte de possessió, com si marqués el seu territori, la propietat. Després es torna gelós d'una manera obsessiva. Li pregunta amb qui ha estat i què ha fet, però quan ella li demana que l'acompanyi a una conferència literària, reacciona amb un atac de còlera. Arriba un moment en què li imposa que no escrigui més, que no freqüenti més aquells intel·lectuals imbècils. La dona comença a sofrir claustrofòbia i sent créixer la tensió fins a pensar en el suïcidi. Després d'uns anys, se'n va de casa amb els fills i demana el divorci.

Quan els dos enamorats són molt joves i encara no coneixen les seves possibilitats, ambdós poden desenvolupar ràpidament actituds i potencialitats diverses. I si estan poc enamorats i són massa rígids, no accepten el canvi, com en els casos de *Renato i Gianna* descrits per Donata Francescato: "Ens vam casar perquè estàvem molt enamorats i ens sentíem atrets físicament. A més, per a mi, el matrimoni era sagrat i inviolable i esperava estar amb ella tota la vida. Amb tot... ella va canviar, va tornar-se diferent de la dona de qui em vaig enamorar. En resum, a ella li agradava fer una vida moguda, manar; en canvi, jo desitjava una persona que fos, per damunt de tot, dona i mare de família. Aquest era el punt més controvertit... Havíem desenvolupat dues visions diferents de la vida i del futur". L'esposa ho confirma: "Ja no era capaç de ser com ell volia. Estimo la família, estimo el meu fill, però no m'agrada particularment estar-me a casa: per a mi no és tan important la quantitat de temps transcorregut amb una persona com la qualitat. M'agradava molt viatjar, conèixer gent, criar el meu fill fins i tot fora de casa. El meu marit és exactament el contrari i, al final, va dir-me que ni tan sols desitjava que treballés".[5]

L'evolució divergent pot néixer de fracassos, de manca d'èxits que apaguen la força vital d'un dels dos cònjuges. Pot venir també de la riquesa, de l'èxit. Moltíssimes parelles entren en crisi quan un dels dos obté un èxit inesperat. Christian Barnard va casar-se de jove amb una infermera que va ajudar-lo en la carrera ben difícil de cirurgià. No obstant això, amb el primer trasplantament de cor, assoleix la fama mundial i esdevé un ídol envoltat de dones joves, riques i belles. Aleshores se n'enamora d'una altra i s'hi casa.

Competició i enveja

Hi ha gent que creu que un cert grau de competició afavoreix la vida de parella. Una recerca empírica[6] que hem fet demostra el contrari. No hem de confondre el desig d'afirmar-nos a la vida per demostrar a l'altre que mereixem el seu amor amb el desig de semblar millors que ell, d'afirmar la nostra superioritat sobre ell.

Tota persona humana vol tenir un valor i no vol sentir-se només estimada, també vol veure els seus mèrits reconeguts. Vol ser apreciada per les seves virtuts i les seves capacitats. Fins i tot a la parella més unida, més solidària i més plena d'amor, cadascú vol sentir-se també estimat per l'altre, sentir que té un valor als seus ulls i saber que el que fa és apreciat. Si una dona s'ocupa dels fills i de la casa mentre que el marit és un gran cirurgià, l'amor és possible solament si ell aconsegueix transmetre-li la sensació que el paper que ella desenvolupa és tan important, noble i ple de significat com ho és el seu. Això és possible perquè l'enamorament crea els seus propis criteris interns de valor i menysprea sobiranament els socials.

Nogensmenys, quan l'enamorament s'allunya, la societat, amb els seus valors, torna a penetrar en la vida de la parella. La dona que veu que el seu marit és contínuament admirat, adorat, mentre que ella sempre està en un segon terme, experimenta una sensació de buidor. Abans era feliç, ara està amargada. És el drama de l'amor a l'ídol. L'adoració per l'ídol, la felicitat de trobar-se al costat d'una persona molt cèlebre, de compartir la seva llum, deixa pas a poc a poc al desig, certament natural, de tenir una llum pròpia, un valor propi. Pobres de nosaltres si, en casos com aquests, s'inicia de sobte la competició, perquè el judici el fa la societat. La competició està destinada a la derrota i amb la derrota, apareix l'enveja.

L'enveja és el sentiment que tenim quan algú, el valor del qual considerem igual que el nostre, ens supera i obté l'admiració dels altres. Aleshores tenim la impressió que hi ha una injustícia profunda al món. Mirem de convèncer-nos que no ho mereix i fem de tot per arrossegar-lo al nostre mateix nivell, per desvaloritzar-lo. En parlem malament i el critiquem, però si la societat continua elevant-lo, ens rosega la còlera i, al mateix temps, ens domina el dubte, perquè no estem segurs d'estar en el cert. Per això ens avergonyim de ser envejosos i, sobretot, de ser assenyalats com a persones envejoses.

La insídia de la competició i de l'enveja és particularment forta a les parelles en què ambdós fan la mateixa activitat i consideren que tenen el mateix valor. La raó és que n'hi ha prou amb què la societat, amb raó o sense, ofereixi un reconeixement major a un d'ells perquè a l'altre l'assaltin el dubte i l'aflicció. Aurore Sand (que després prendrà el nom de George Sand) i Jules Sandeau estaven molt enamorats i havien escrit junts una novel·la, *Rose i Blanche*. La van firmar amb les inicials dels seus noms Jules (com *Jules* Sandeau) i Sand (com Aurore *Sand*). Aleshores però, Aurore comença a ser independent. Es retira a la casa de camp de Nohant i escriu tota sola i d'una tirada una nova novel·la, *Indiana*. No la firma amb el seu nom, Aurore, es limita a abreviar el pseudònim d'abans: Jules Sand esdevé G. Sand. El llibre té un èxit triomfal. Sandeau es queda sorprés i potser comença a sentir una mica d'enveja. La catàstrofe arriba, però, quan Aurore escriu una altra novel·la sola, *Valentina*, i la firma George Sand. Llavors s'ha convertit en George Sand, famosa, adorada per tots, i ell és quasi oblidat. El seu amor mor.

És necessari un amor gran, molt gran, per superar l'enveja. És necessari que un aconsegueixi gaudir de l'èxit de l'altre. Això succeeix més fàcilment si col·labora d'una manera activa en la seva construcció, per exemple, fent-li de representant. Així aconsegueix viure'l com si fos seu. D'altra banda, també és necessari que aquesta contribució es reconegui públicament i sigui corresposta amb la fidelitat.

Despits i provocacions

Quan l'amor declina, les frustracions que els membres de la parella es provoquen l'un a l'altre ja no es minimitzen, no es perdonen ni s'obliden. Produeixen ràbia, ressentiment. Dia rere dia es crea, llavors, un cúmul de rancúnia que sovint es desfoga després amb despits i provocacions.

El despit és un acte agressiu fet per algú que manté ocult el seu gest. Així l'altre no pot retreure-l'hi. Aleshores farà com qui baixa dels núvols i respondrà, ple de menyspreu: "Com t'atreveixes a acusar-me de tanta mesquinesa?". Si algú ens insulta obertament, podem respondre-li, si ens amenaça, podem amenaçar-lo nosaltres també. Ara bé, davant del despit, o renuncio o he d'acceptar el joc, fer un altre despit. El joc, com ha demostrat el psicòleg Eric Berne,[7] un cop començat, és un recinte màgic, una barrera mental que el subjecte ja no aconsegueix trencar. En veure la darrera mala passada que li han fet, el subjecte se sent dominat per una còlera cega i pensa només en venjar-se amb una represàlia adequada.

A la parella s'instauren jocs ferotges de despit. I tothom porta una mena de comptabilitat perversa on són llistats tots els ultratges rebuts per poder-se venjar en proporció. Hi ha dones que fan un despit al marit refusant-li precisament allò que ell desitja més. Si a ell li agrada sopar a una certa hora, ella sempre arriba tard, però troba centenars de motius per justificar-se i sempre sembla innocent. Hi ha marits que, quan la dona ha anat a la perruqueria o s'ha comprat un vestit nou i està llesta a la fi per presentar-se en públic, li diuen indefectiblement que s'ha engreixat, que té cel·lulitis, que el vestit li està malament o que el pentinat l'envelleix.

La provocació s'assembla al despit, però és més greu, més sistemàtica, i té com a objectiu fer esclatar de ràbia l'altre, portar-lo a la crisi nerviosa, enverinar-li l'existència. Recordaré dos casos de Mara Palazzoli Selvini.[8] Una senyora molt jove i atractiva va casar-se amb un industrial sempre ocupat amb la seva feina. Li va comprar una casa molt bonica on ella no havia de fer res. Tanmateix, sempre arribava tard. El sopar sempre trigava. Quan havien de sortir amb els amics, sempre feia tard. Al matí no estava mai desperta. Quan havien de marxar, les maletes no estaven mai fetes. El marit s'irrita i té crisis de còlera. Amb el temps arriba a insultar-la i a tractar-la d'estúpida en públic. Què obté aquesta dona provocant així el marit? Demostrar a si mateixa, al marit i als amics, que ell no és l'home equilibrat, savi i imparcial que pretén ser; que no és l'organitzador perfecte que pretén ser. La provocació, en general, ataca una qualitat a la qual l'individu dóna molta importància. El segon cas és el d'un home que va casar-se amb una artista molt bonica i refinada que encaterinava tot aquell que se l'escoltava. Quan parlava l'esposa, ell no parava de badallar i la dona perdia completament el control de la situació, semblava que s'hagués tornat estúpida.

Quan veiem dos cònjuges que es barallen, esposes que tenen atacs de plor, marits que tenen crisis de còlera, gairebé sempre vol dir que cadascú prova de posar l'altre entre l'espasa i la paret. Sovint els provocadors comencen la batalla des del matí. Ella no aconsegueix despertar-se si no es beu el cafè al llit. Ell vol prendre'l al bar i per això li diu, rabiós, que té dret a beure un cafè decent. Ella respon que es tracta solament d'un pretext per no quedar-se a casa ni tan sols un minut. I el joc no té fi.

El joc de la provocació és un joc agressiu i mira de fer embogir l'altre. En els casos greus, de matar-lo. Recordo un episodi impressionant. Al costat de casa meva hi vivia una parella de mitjana edat amb fills. Ell era gros, rude i trist. Ella tenia una veu prima i calmada, amb un delicat accent vènet. Jo solament sentia la veu d'ell quan tornava a casa al vespre i no pas la d'ella, perquè parlava gairebé mormolant. Ell començava a queixar-se d'alguna cosa respecte dels fills; que no havien fet els deures, que no s'havien rentat, que havien tret males notes. Ella els defensava i després continuava parlant ininterrompudament amb aquella veu monòtona. Ell alçava el to i ella insistia obsessiva, mentre s'apressava a fer les tasques domèstiques. Lentament, el volum de la veu de l'home creixia i creixia fins que esclatava en crits, en una crisi de còlera irrefrenable. No feia res físicament violent, es limitava a cridar i a cridar.

Un vespre, a la culminació de l'enèsima crisi, va tenir un infart i unes hores després va morir. Parlant amb els metges vaig saber que ja havia tingut episodis d'infart anteriorment i que tothom, l'esposa i els fills, van ser avisats que un atac violent de còlera podria matar-lo. Després de la seva mort, la dona va renéixer.

Mutacions dels cicles vitals

Abans era l'home qui, quan arribava als quaranta anys, s'enamorava d'una noia més jove i començava una nova vida. Avui en dia és més usual que sigui la dona qui deixa el marit, té un amant o s'enamora d'algú altre. La raó és que abans era l'home qui sortia de casa, tenia activitats socials, s'entretenia amb l'esport, la política, creixia. Així, en arribar a un cert punt, se sentia preparat per iniciar un cicle vital nou, per tornar a començar. La dona, absorbida per la monotonia de la vida domèstica, minvada pels embarassos i la feina, envellia precoçment.

Ara la dona estudia, treballa i fa una carrera professional. Als quaranta anys sembla encara una noieta i és més vivaç i jove que el marit. Té davant seu més de la meitat de la vida, perquè viurà passats els vuitanta anys. Els fills estan acabant l'escola. Pot dialogar-hi i viatjar-hi. Ha complert el deure reproductor i està preparada per començar una altra fase vital.

Quan acaba una fase de la nostra vida, els deures del passat se'ns tornen insuportables, fins i tot els més lleus. La dona, que encara duu damunt les espatlles la responsabilitat de la gestió de la casa, dels fills i del marit, es cansa de la rutina. Li costa posar-hi ordre i preparar el menjar, tot activitats monòtones que no tenen cap reconeixement. I en un cert moment, té la impressió d'haver dedicat tota la vida al servei del marit i dels fills i de no haver dedicat temps a si mateixa. Se sent desil·lusionada, traïda i explotada. Era optimista, estava plena d'esperances i de somnis: buscava el gran amor, la gran aventura. Què ha obtingut? Té ganes de rebel·lar-se i de cridar.

Després, a poc a poc, de la rancúnia emergeix el desig, l'esperança. Vol recuperar el temps perdut, viure la vida que no ha viscut, realitzar les possibilitats que ha negligit. Vol tornar a ser una noia bonica i jove, vol distribuir-se el temps com vulgui. Vol sortir amb amics, viatjar i ser festejada i desitjada de nou. Sent dins seu una gran energia vital, un desig d'erotisme i d'acció. I el marit? Sovint estima el marit, però és un amor rutinari, mancat d'impuls, de passió i d'aventura. Ell és tranquil i està segur de si mateix. De vegades sembla un dispeser que arriba a casa i s'ho troba tot fet.

Si en aquesta fase vital el marit no canvia, si no s'enamora de nou de la dona, no la festeja i no inventen junts una vida nova, la tensió de l'esposa pot esdevenir explosiva. Ella està preparada per a una mutació, per a una metamorfosi, per a una mort-renaixement. Està llesta per a un estat naixent. Algunes dones, en aquesta fase de la vida, tornen a la universitat, d'altres es dediquen al propi cos, d'altres inicien una activitat professional o empresarial, d'altres es dediquen a la filosofia oriental o a la psicologia i d'altres fins i tot escriuen novel·les o poesies. Hi ha qui es busca un amant i, finalment, hi ha qui s'enamora.

Ens enamorem quan estem profundament insatisfets del present i, al mateix temps, ens anima un gran impuls vital. Quan estem preparats per deixar una experiència ja acabada i exhaurida i tenim l'energia necessària per dur a terme una nova exploració, per explotar capacitats que encara no havíem utilitzat, per realitzar somnis i projectes madurats en el nostre cor. Aleshores n'hi ha prou que algú simbolitzi una altra vida, més lliure, més jove, per llançar-nos a l'aventura, a allò nou. Els cicles vitals dels homes i de les dones canvien i, amb els cicles vitals, canvien els amors.

El desenamorament a través d'un estat naixent

Generalment, l'amor s'acaba mitjançant un procés de consumpció lenta, per l'acumulació gradual de decepcions, gelosies i rancúnies. El que resta a la fi és una sensació d'indiferència, de buidor i de rancúnia. D'altra banda, també hi ha casos on l'amor acaba bruscament a través d'un fenomen d'estat naixent que no és un enamorament. El subjecte té una experiència d'alliberament joiosa, de renaixement, de descobriment de l'autenticitat i la veritat pròpies. No hi ha ningú, però, que prengui el lloc de la persona que estimàvem abans.

Un exemple d'estat naixent que marca la fi d'un amor esdevingut opressiu és el viatge a Itàlia de Goethe. Durant molt anys Goethe va ser ministre del duc Carles August a Weimar i va estimar Carlota von Stein. No obstant això, l'activitat administrativa va començar a asfixiar-lo progressivament i l'amor de Carlota es va tornar opressiu. Està preparat per a una maduració ulterior. Aleshores, sense avisar ningú, marxa cap a Itàlia. Va vers alguna cosa que sempre havia percebut, un món espiritual pel qual se sentia profundament atret. A penes ha travessat els Alps, a Trento, escriu: "Es pot tornar a creure en Déu. És com si hagués nascut i crescut en aquest país i ara hi tornés [...] Sóc com un nen que ha de tornar a aprendre a viure".[9] És una explosió de joia, d'alliberament, un estat naixent. Corre cap a Roma amb "la impaciència d'un home que s'acosta al compliment d'un somni d'amor, segur de la victòria; i que, això no obstant, es complau durant les últimes hores a assaborir amb antelació i a fer més punyent amb el dubte l'alegria que l'espera".[10] Ell mateix interpreta la seva experiència com una transformació espiritual, un renaixement semblant a la conversió, similar a aquella conversió que tot pecador coneix quan reneix en Crist: "Compto un segon aniversari, un renaixement veritable, a partir del moment en què vaig entrar a Roma".[11]

A la vida de Gabriele d'Annunzio podem distingir clarament dos períodes. El primer arriba fins el 1915 i el seu centre d'interès sempre és algun amor. Quan acaba un amor, n'inicia un altre, i tots es tradueixen en poesies, novel·les i obres de teatre de tema amorós. Ara bé, amb l'esclat de la Primera Guerra Mundial, d'Annunzio ja no s'enamora mai més i deixa d'escriure sobre l'amor. De la ploma no li surten ni una novel·la ni una obra de teatre ni un poema, sinó solament discursos, proclames, records, memòries, poesies inspirades no per les dones, sinó per la Pàtria.[12] A l'estat naixent amorós el segueix una conversió política.

Hi ha qui s'allibera, qui es descobreix ell mateix i el seu destí llançant-se a un moviment religiós, convertint-se a una fe. Un altre pot trobar la solució en un moviment polític, en una militància fanàtica i ardent. L'arribada d'un moviment polític o religiós nous produeix quasi sempre un efecte d'evolució divergent a la parella.

I aquest efecte pot ser devastador quan el projecte del moviment es situa obertament en antítesi amb el de la vida amorosa conjugal. En aquest cas ja no compta l'evolució individual, el creixement de la insatisfacció individual dins de la parella. El moviment arriba com un remolí de l'exterior i arrenca els individus de les relacions habituals i consolidades. L'arribada del feminisme va determinar per a moltes dones una evolució divergent respecte dels mascles. Ja hem vist els casos dramàtics en aquest sentit de Bruno i Bruna i de Carlo i Carla.

Hem afirmat que, a la nostra època, són sobretot les dones qui sotmeten a discussió la vida conjugal. Després d'uns quants anys, sovint passats els quaranta, quan els fills ja han crescut, la dona té la impressió que ha dedicat tota la vida i totes les energies a la feina, als fills, al marit i que no ha fet res per a si mateixa. Comencen a presentar-se les primeres arrugues, sent que l'època de la joventut desapareix i aleshores desitja de manera frenètica i arrauxada recuperar el temps perdut. Voldria tornar a ser una joveneta, viure sola, distribuir-se el temps com millor li semblés. Llevar-se tard, menjar quan volgués, estar llevada a la nit, sortir amb qui volgués, retrobar-se amb si mateixa, amb la dona que era abans i que després va oblidar allò que volia. En aquest projecte de vida, sovint no hi ha cap lloc per al marit o per a un nou matrimoni; solament per a un amant amb qui anar a ballar, al cinema, amb qui renéixer a una nova vida, plena d'emocions i d'erotisme. Algú a qui no hagi de veure cada dia, perquè no vol un promès fix, sinó algú amb qui tenir relacions sense obligacions, sense deures, sense rutines, com quan era adolescent. Aquest alliberament, en alguns casos, es produeix a través d'una explosió de joia autèntica i veritable, d'un estat naixent.

Aquest desig d'alliberament, aquestes ganes de trencar les cadenes dels deures familiars estan representades a la novel·la *Paolo i Francesca* de Rosa Giannetta Alberoni. Francesca, que va deixar el marit amb qui es va casar per ambició i per conveniència, crida: "M'he sentit lliure, el meu cos vivia i no s'immolava. Em sentia potent, jove, lleugera. Em sentia una altra persona. Em sentia una dona. A partir d'aquell moment, suportar les mans de Paolo al meu cos se'm va fer impossible. I un dia, com per miracle, vaig trobar el coratge de dir-li a crits tot el fàstic que em feia... Sí, en el fons és fàcil dir em fas fàstic. I no me'n penedeixo, tinc ganes de repetir-ho fins a l'infinit: em fas fàstic, em fas fàstic. Cada vegada que ho penso, cada vegada que puc dir-li-ho cridant és com una explosió, un alliberament, una alegria desconeguda. El meu cos està exultant, vibra, gaudeix d'una eufòria indicible. És com si em purifiqués".[13]

La pel·lícula *Thelma i Louise* simbolitza aquesta rebel·lió femenina contra el paper tradicional de les dones. Les dues dones marxen de casa quasi com un joc, però les agredeix un violador. El maten i, després d'haver-lo matat, s'alliberen de qualsevol inhibició. Atraquen un supermercat, es desfan d'un policia i fan esclatar el camió d'un home que les ha ofès. Es transformen en guerrilleres, en venjadores del seu sexe. I afronten la mort somrient com dos antics guerrers.

Quasi dos segles abans, George Sand, en deixar el marit i descobrir la seva vocació artística, va escriure: "Viure! Quina dolçor! Quina meravella! Malgrat els marits i les afliccions, els deutes, els familiars i les xafarderies; malgrat les desesperacions violentes i les punxades del tedi. Viure és una ebrietat; estimar i ser estimat és felicitat, és paradís! Ah, pel cel! Viure la vida de l'artista, la bandera del qual és la llibertat".[14]

19

Què és l'amor?

Què és l'amor? És una pregunta a la qual hem de trobar resposta en el si de la nostra teoria. Per respondre-la prenguem com a punt de partida l'experiència clau de l'enamorament bilateral. Dues persones, en un cert moment de la seva vida, comencen una mutació, estan disponibles per deslligar-se dels objectes d'amor anteriors, dels vincles anteriors, per donar origen a una comunitat nova. Aleshores entren en estat naixent, un estat fluid i creatiu on es reconeixen recíprocament i tendeixen a la fusió. De tal manera constitueixen un *nosaltres*, una col·lectivitat d'una solidaritat i d'un erotisme molt grans. És a l'interior d'aquest *nosaltres* que els individus singulars realitzen els seus somnis eròtics i no eròtics, les aspiracions i les possibilitats inexpressades. La grandesa de la seva solidaritat i la immensitat del plaer eròtic que es donen contínuament els permet de sentir i d'exercir pressions molt fortes sobre l'altre, pressions que porten a la formació d'un projecte comú, d'una visió del món comuna. La nova parella naixent està animada per una energia inexhaurible i a vessar d'entusiasme. El món li sembla meravellós i les possibilitats d'acció infinites. Elabora una concepció nova de la vida, reestructura totes les seves relacions internes i externes, es construeix un hàbitat nou.

L'energia fluida de l'estat naixent es transforma així en estructura, en norma. Són principis, regles, convencions i costums construïts amb un impuls enèrgic, amb l'adhesió més entusiasta, perquè succeeixen al moment de l'embranzida màxima cap a la fusió. Són pactes jurats que custodien l'esperança i la promesa de l'estat naixent, on sempre es transparenta l'absolut. Amb el pas de la institució a l'estat naixent s'esqueia una conversió de l'estructura (família, llar, fills, amics, idees consolidades) en energia. Ara succeeix el contrari. És l'energia que es tradueix de nou en estructura: llar nova, amics nous, concepció nova del món.

Preguntem-nos aleshores: què és, en aquesta perspectiva, l'amor sense emoció i sentiment, sense experiència subjectiva i estat d'ànim?

L'amor és l'aspecte emocional interior del naixement d'una col·lectivitat nova i d'un nou jo en un mateix. I la persona estimada és el pern, l'eix entorn de la qual s'esdevé aquesta reconstrucció. És l'experiència de fondre'm-hi formant una entitat nova que em plasma de nou, em recrea i recrea el món on visc. És l'experiència de descobrir-me part d'un món nou, d'una terra i d'un cel nous. I la persona estimada és la porta per accedir a tot això.

L'amor com a emoció d'amor, com a impuls, llangor, desig, espasme i somni és, doncs, l'energia creativa en la seva manifestació; l'energia creativa que, travessant-me, m'usa com a substància per edificar un món i un jo nous. Per això estimem el que s'està creant i el que estem creant, de la qual cosa som al mateix temps fills i pares.

Això en l'enamorament. Ara bé, podem aplicar la mateixa definició també a les altres formes d'amor que coneixem? Comencem aquesta verificació partint de l'**amor de la mare** pel fill. Què acabem de dir? Que estimem el que estem creant i que ens està recreant. Des del moment que la mare espera el fill i després, quan l'alleta, el nodreix i el cria, experimenta la creació d'un ésser mitjançant el qual es recrea ella mateixa. Crea una comunitat i un món nous dins dels quals ambdós mutaran. És la co-creació d'un món. El fill no és passiu. Respon als estímuls i la porta a redefinir-se contínuament a ella mateixa, a redefinir-lo a ell i a redefinir el món. Aquest procés continuarà durant tota la vida. I és per aquest motiu que l'amor de la mare pel fill i del fill per la mare dura. Dura perquè es renova perennement.

Ara podríem preguntar-nos per què aquesta classe d'amor no corre el risc de desaparèixer com li succeeix en canvi a la parella. Per què resisteix a les frustracions més fortes i a les desil·lusions més amargues? Perquè a la parella hi entren dos individus ja formats, cadascú amb els seus lligams amorosos individuals i col·lectius, amb la seva concepció del món. Amb l'enamorament, es desestructuren el jo i el món anteriors. Solament en part, però. El procés de co-creació de la parella s'esdevé a través d'enfrontaments, de proves i de compromisos. Cadascú realitza renúncies però manté alguns valors sòlids. Amb el pas del temps, les dues personalitats poden tenir desenvolupaments divergents. L'univers en comú entre els pares i els fills és molt més extens. El procés d'ajustament recíproc es produeix quan el fill encara és molt maleable i continua, dia rere dia, sota la guia dels pares. Els pares gestionen el canvi i eviten que sorgeixin els conflictes insolubles, els distanciaments insuportables, que poden aparèixer solament a l'adolescència o a la vida adulta.

Vegem ara la relació amorosa que s'estableix a l'**amistat**. Està fonamentada en el principi del plaer. No es constitueix en calent, en el procés de l'estat naixent. No existeix una fusió inicial ardorosa, arriscada i apassionada. L'amistat es constitueix lentament, encontre rere encontre, i cadascú hi basteix un pont entre allò anterior i allò posterior. És el precipitat històric de les relacions reeixides, gratificants, reconfortants i divertides. Els dos amics també tendeixen a una fusió parcial, a elaborar una visió comuna del món. Ells també constitueixen un *nosaltres*, però sense la destrucció violenta i radical del món anterior. Si des del principi existeixen divergències entre ells pel que fa a les creences polítiques i religioses, disparitat de gustos, de costums i d'opinions, no hi ha un procés de fusió on tot es fongui com en un gresol. Fan delicada la seva relació i la mantenen. Els amics continuen units perquè descobreixen, a poc a poc, que tenen afinitats electives, perquè realitzen un esforç voluntari d'ajustament recíproc cercant el que els uneix i no el que els divideix. Si, però, apareixen divergències ideològiques, contrastos d'interessos, o si algú es comporta de manera èticament incorrecta, la relació d'amistat es trenca i, per regla general, la ruptura és irreparable. L'amic pot perdonar la mentida, la traïció, però les coses ja no tornen a ser com abans. L'amistat és la forma ètica de l'eros. El sentiment amorós de l'amistat també depèn de la construcció comuna d'un món i la seva identitat. S'intensifica en els moments de canvi, de crisi, quan ens confiem a l'amic, li demanem suport i consell. S'intensifica amb l'intercanvi d'experiències, afrontant junts els problemes, combatent contra un adversari, una amenaça, com dos caçadors, com dos guerrers.

Prenguem ara l'admiració, **l'adoració per un ídol** a la base de la qual hem col·locat el mecanisme de la indicació. Quan aquest interès és molt fort, el personatge es converteix en un component important dels processos de definició d'ell mateix i del món. Pensem què representen, per als adolescents, els campions esportius, les estrelles de l'espectacle, els cantants de rock. Els prenen com a models d'identificació. Les noies participen de les històries amoroses de l'ídol preferit. De vegades, s'hi imaginen una vida en parella.

És més profund encara el procés que s'esdevé a la relació amb el cap carismàtic d'un moviment polític o religiós. El cap carismàtic és el que interpreta la situació històrica, qui dóna un sentit al món, qui estableix una meta i una direcció. L'amor pel cap carismàtic s'assembla al que sentim per la persona de qui estem enamorats. I si el cap continua sent-ho durant molt de temps, l'amor per ell s'afegeix a l'amor per la mare o el pare i constitueix un punt fix de referència per a tots els problemes de la vida.

Aquesta definició de l'amor també val pel mecanisme de la **pèrdua**. En la pèrdua, el nostre món consolidat, familiar, les nostres metes i els nostres objectes estables de referència es capgiren, amenaçats de destrucció. Ens trobem sobtadament davant de l'abisme del no res. Aleshores estem obligats a reexaminar el valor de totes les coses que posseïm, a repensar-nos, nosaltres mateixos i la nostra vida, el nostre futur. A redefinir el que val i el que no val. La lluita per sostraure l'objecte d'amor individual o col·lectiu a la pèrdua és, doncs, una reconstrucció del món. No és l'aparició d'un món nou, no és la marxa vers la terra promesa, sinó que sempre és cap a la pàtria perduda, de la qual s'ha tornat a descobrir el valor i la bellesa; de la pàtria que s'ha de conquerir de nou amb la consciència que és el bé màxim i que per ella fins i tot val la pena morir.

Hem vist abans que totes les formes d'amor, tant les que sorgeixen de l'estat naixent com les que sorgeixen dels altres mecanismes, el plaer, la indicació i la pèrdua, comporten sempre la creació o la recreació d'una col·lectivitat de la qual formem part i en la qual ens plasmem. Podem concloure, doncs, dient que l'amor és l'aspecte subjectiu, emocional, del procés mitjançant el qual generem, mentre que al nostre torn som generats a partir d'alguna cosa que ens transcendeix.

De tot el que hem dit se'n deriva una conseqüència molt important. Que, si l'amor dura, si es prolonga en el temps, vol dir que continuen actuant els processos i els mecanismes que ho van fer en el moment inicial de la revelació, del descobriment i de l'enamorament. L'amor, si existeix i en tant que existeix, sempre és "naixent". Sempre és descoberta, revelació, admiració, adoració, desig de conjunció amb alguna cosa que ens transcendeix i que dóna ordre i sentit al món. La persona que estimem sempre és allò que se'ns està revelant com el pern del món en el moment en què l'estimem, allò que transparenta l'essència del món, l'ordenador del món. Per això l'amor sempre és estremiment de l'absolut en el contingent, quelcom misteriós, meravellós i diví. I quan és correspost, és do, gràcia que exigeix lloances i reconeixement.

20

La parella enamorada

La parella enamorada

Hi ha parelles en què ambdós continuen comportant-se com a amants, com a enamorats, fins i tot després de molts anys. No ens interessa saber si això dura tota la vida o solament durant un llarg període. Ni tan sols ens interessa si aquests casos són molts o pocs, si en el futur augmentaran o disminuiran. El que compta és que existeixen. En aquestes parelles, les propietats extraordinàries de l'estat naixent tenen la propietat de regenerar-se. El moviment esdevé institució, però la institució conserva la frescor, l'energia del moviment. L'enamorament esdevé amor, però l'amor conserva l'emoció, l'erotisme, la tremolor de l'enamorament. Cadascú mira el seu marit o la seva esposa amb els mateixos ulls meravellats i agraïts amb què l'enamorat mira l'enamorada. En despertar-se al matí, es queda sorprès de veure la bellesa al costat. De tant en tant, d'una manera imprevista, sent un calfred d'emoció i una sensació de turment dolorós. I és conscient del privilegi extraordinari, del do extraordinari que li ha esta concedit. Aleshores pot dir legítimament "estic enamorat de la meva esposa", "estic enamorada del meu marit".

Com és possible? Per respondre-ho hem de recordar el que hem descobert en contestar la pregunta "què és l'amor?". L'amor no és una mode d'estar, sinó d'esdevenir. És la ressonància interna d'un procés on cadascú genera allò que al seu torn el genera. És obrir els ulls, meravellat, a la bellesa de l'ésser. Una parella continua enamorada si les dues persones canvien, creixen, es transformen i tornen a conèixer-se, es redescobreixen, es veuen de nou amb els ulls enlluernats de l'estat naixent.

Una parella pot continuar unida pel costum, per la tendresa, per l'ajut recíproc, pel fet d'haver construït coses en comú. Amb tot, continua enamorada solament si aconsegueix satisfer l'impuls creatiu de la mutació al seu si. Totes les investigacions mostren que l'exposició repetida a un mateix estímul positiu produeix reaccions negatives en un moment donat. Totes les investigacions demostren que la repetició de la mateixa estimulació eròtica produeix avorriment i indiferència. Solament la introducció d'estímuls nous crea excitació i plaer.[1] La parella resta enamorada si respon a aquestes exigències de novetat, si al seu interior tornen a despertar-se estímuls nous, com una successió de brolladors d'aigua fresca. Per aquesta raó, la parella amorosa no és la que no modifica res ni a l'interior ni a l'entorn seus, sinó la que es renova contínuament i també renova el seu món. No és la que roman idèntica, sinó la que es transforma. L'organisme viu solament si les cèl·lules es renoven successivament. La ment només pensa si s'ocupa contínuament de nous assumptes. Pensar vol dir plantejar problemes i resoldre'ls. La vida és renovació, recerca i ascensió. La parella continua enamorada si l'energia del canvi, l'energia exploradora, actua per revitalitzar-la.

Això vol dir que la parella continua enamorada si conserva un component de sorpresa, de risc, d'incertesa, de descobriment, de revelació. La vida amorosa de la parella es desenvolupa entre *dos pols oposats, ambdós indispensables*. La primera és la seguretat, la fidelitat, la confortació recíproca, el desenvolupament d'esquemes comuns de conducta amb què afrontar els problemes i els perills de la mateixa manera. La segona polaritat és misteri, encanteri, aventura. És necessari que la relació entre els dos amants conservi un marge d'incertesa, d'inseguretat, d'atzar. La previsió absoluta de la conducta és típica del món inanimat, de l'autòmata, de la màquina. La vida és imprevisió per definició. L'esperit és llibertat i, per tant, en la parella amorosa ningú pot estar tampoc absolutament segur de la resposta de l'altre o del seu amor. L'altre és un ésser autònom, lliure i sempre nou. L'aliança no existeix per ella mateixa com un objecte inanimat, com una roca. Existeix perquè es renova contínuament i, per fer-ho, s'ha de posar en discussió, ha d'ésser desafiada per perills, assetjada per la seducció. A la parella enamorada, cadascú ha d'escrutar el rostre de la persona estimada per veure si està contenta o no, per obtenir-ne una resposta i un somriure. Entre bastidors ha d'haver-hi sempre una mica d'inseguretat, de palpitacions, de gelosia i d'ànsia. Cadascú ha d'acostar-se a l'altre amb atenció, amb respecte, fins i tot amb temor, perquè ningú pot estar absolutament segur de ser correspost. Ara bé, aquesta recerca, aquest dubtar i escrutar el rostre de l'estimat esperant el sí sempre acaba de manera positiva. La novel·la té un final feliç.

Amb tot, segueix essent una novel·la. I el fet que acabi sempre bé no es dóna per descomptat, ha de ser cercat i merescut. I de qualsevol manera sempre sembla un do, una gràcia. El sí de l'estimat sempre es presenta com un miracle. Un miracle que es repeteix. A la pregària *Jozer 'or* del *Shemah* donem gràcies a Déu perquè quotidianament fa aparèixer la nit i el dia, perquè renova l'obra de la creació a diari.²

A l'amor refem l'experiència de la pèrdua i del retrobament, de l'exili i l'arribada a la terra promesa nombroses vegades. T'he desitjat i t'he conegut. He marxat i he tornat. T'he perdut i t'he trobat de nou. L'amor és una recerca contínua, perdre's i trobar-se de nou contínuament. L'ésser sols és un descobriment, una cosa que ens ve a l'encontre, que es desvela, perquè al món tot resta fràgil i precari, tot s'esvaeix. A l'amor, però, retorna, es troba de nou. Se'ns presenta més del que mereixíem. Millor dit, més del que mai hauríem imaginat o pensat. La nostra vida no s'ha acomplert en d'altres camps, però no és el cas de l'amor. Aquí ha conegut la perfecció. Ha esdevingut digna, perquè ha estat tocada per la gràcia.

Renaixement continu

L'estat amorós dura fins que continuen funcionant els mateixos mecanismes que hem vist actuar en l'enamorament: el plaer, la pèrdua, la indicació, l'estat naixent. No obstant això, ja no funcionen de manera explosiva, com en una supernova o en una explosió termonuclear, sinó de manera controlada, com s'escau en el sol o en una central nuclear. Els processos són els mateixos i la naturalesa de l'energia, la mateixa. En lloc d'una explosió violenta, però, tenim la successió de molts llamps de foc. L'amor és, en la seva naturalesa profunda, discontinu. En les tempestes, en els errors i en les angoixes de la vida, la persona estimada cada vegada torna a ser l'eix del món. En la parella amorosa hi trobem, doncs, les mateixes experiències de l'enamorament, però com a ones, com a ensurts, com a raigs frescos que la renoven.

Comencem per la *unicitat* del nostre estimat. El miracle de l'amor rau en concedir a tot ésser humà, fins i tot al més pobre i al més lleig, l'experiència divina de posseir el que és més important que qualsevol altra cosa, el que val més en el món. Aquesta experiència, molt intensa en el moment de l'enamorament, desapareix en moltes parelles. Després d'un cert temps tothom fa comparacions amb els altres i els sembla que existeix algú que és preferible a la dona o al marit. En canvi, en la parella amorosa, sempre hi ha un moment, potser durant una festa o una excursió, en què el marit mira la dona i en queda "captivat". S'adona que la prefereix a qualsevol altra, que no hauria pogut trobar ningú millor, que la vida, en donar-la-hi, li ha donat infinitament més del que mai hauria pogut imaginar. I se sent agraït, recompensat i feliç.

Quan ens enamorem, la persona estimada dóna inici a la vida nova i en constitueix el coronament. És com un dia de sol: s'inicia amb ella i s'acaba amb ella. Ella és el principi i la fi, l'albada i el capvespre. Aquesta és l'experiència d'*inici i acompliment* que acompanya i escanneritza la vida de la parella amorosa. No ho fa de manera continuada, sinó discontínua, per enceses i recomençaments. De tant en tant, quan pensem de nou en la vida, la veiem en la seva globalitat i ens adonem que, gràcies a l'amor, ha estat molt bella. Comprenem que hem rebut l'essencial i ens sentim agraïts. Certament, podem viure encara molt més i tenim coses infinites per fer però, passi el que passi, sabem que ja hem tingut molt i que això ens podria bastar. En tot cas estem preparats per afrontar el nostre destí. Al costat de l'estimat aconseguim mirar sense por fins el llindar de la mort. Una vida completa és perfecta i comprèn també la mort.

Al principi, tots els enamorats es *festegen*. Volen semblar bells, interessants i fascinants per plaure a l'altre. L'home es torna amable, sol·lícit, i sent com sorgeixen espontàniament expressions poètiques dels seus llavis. La dona es torna més suau, més dolça i atraient. Ambdós volen plaure a l'altre, fer-se desitjables i irresistibles. I alhora, prometen amor i devoció. El comportament del festeig és un compromís, una promesa: "Mira com em comportaré amb tu quan estiguem casats". Generalment, però, aquests comportaments desapareixen en la rutina quotidiana, com si un cop assegurada la possessió estable de la persona estimada, no hi hagués cap necessitat de conquerir-la, de seduir-la. Per contra, en la parella enamorada, la seducció continua. La dona es prepara per a la cita amb el marit com si anés a una festa, com si volgués que la festegés un desconegut. Tenim una necessitat absoluta de novetat. Justament per això serveixen la vida mundana, les festes, els balls, el cos nu a la platja, les separacions i els jocs; per poder mirar la nostra dona o el nostre marit amb els ulls dels altres. En la parella enamorada, cadascú vol agradar a l'altre i vol seduir-lo com si fos un desconegut. No dóna res per segur. Sempre pensa que l'altre podria no estimar-lo, que s'ho ha de guanyar. I així, cada encontre conserva així una mica les palpitacions de l'enamorament.

En la parella enamorada, cadascú vol demostrar també el propi *valor* social. Totes les societats tenen proves i rituals en què l'home mostra allò que es considera important: l'excel·lència, la força, la destresa, el coratge, la riquesa, la capacitat guerrera, la força de caràcter. I la dona, la bellesa, l'elegància, la gràcia, la fidelitat, la intel·ligència. Quan es produeix el matrimoni, quan hi ha vida en comú, sovint aquest procés s'interromp. En canvi, continua en la parella enamorada. Cadascú vol seguir demostrant a l'estimat que val, que els altres l'aprecien per les qualitats, per les virtuts i pel valor. I que per això en mereix l'estimació i l'amor. En la parella enamorada, cadascú sap que l'amor ha d'ésser quelcom merescut i que cal també guanyar-se'l socialment.

A la parella amorosa, la recerca de la veritat pròpia, de l'*essència pròpia*, també continua. Estimar vol dir pujar i ajudar l'altre a pujar per l'escala de l'ésser. Cadascú està implicat, doncs, en un perfeccionament continu d'ell mateix; als seus ulls, als ulls de l'estimat, als ulls dels altres. Al mateix temps, mentre mirem la persona estimada com un prodigi de l'ésser, també sabem que pot florir, pot renéixer. Sentim que el nostre objectiu és ajudar-la a revelar el millor d'ella mateixa. En la parella amorosa, aquest perfeccionament d'un mateix i de l'altre continua amb la prudència i la paciència necessàries. Cadascú es transforma per adequar-se a l'ideal propi i a l'ideal que l'altre té d'ell. D'aquesta manera ambdós esdevenen millors del que mai haurien estat si haguessin seguit separats. Les voluntats es fecunden, les intel·ligències interactuen i les capacitats es complementen. És el contrari de la competició i de l'enveja, en què cadascú mira de prevaler sobre l'altre, de rebaixar-lo. En la parella enamorada cadascú desitja la perfecció de l'estimat i vol que aquesta perfecció es reconegui. Per això l'ajuda a pujar també socialment.

Les persones que s'estimen de debò es diuen la *veritat* per necessitat interior. No els pesa la por ni la mentida. La intimitat s'ha definit com la possibilitat de comunicar-se sentiments profunds, arriscats, d'entrar en un joc, doncs, amb el temor que l'altre no ens entendrà, que no respondrà. És per això que genera emocions violentes i una gran alegria quan ens adonem que l'altre ens comprèn i està de part nostra.[3]

. Les persones enamorades estan sempre fresques, lleugeres. No deixen que els costums se'ls incrustin. No s'arrosseguen darrere d'unes necessitats infinites. Hi saben renunciar. Un signe inconfusible de la parella amorosa és la *ductilitat*, la capacitat de modificar-se, d'adaptar-se, perquè conserva la plasticitat dels orígens. Som capaços d'aprendre i de corregir-nos. L'amor, com tota cosa viva, sobreviu gràcies a la invenció, a la flexibilitat i a la intel·ligència.

Una altra característica de l'amor que dura és el *comunisme amorós*. Les persones que continuen estimant-se no porten una comptabilitat de l'haver i del deure. Fins i tot la parella que ha decidit tenir els béns separats actua de fet després segons el principi del comunisme. Cadascú dóna segons les seves capacitats i pren segons les seves necessitats. I l'amor, precisament perquè és sincer i afecta l'essencial, dóna a ambdós mesura i moderació.

A banda del comunisme amorós és molt fort el sentit de la igualtat de valor. Els enamorats se senten *absolutament iguals* perquè cadascú pensa que l'altre val més que ell. L'amor acaba en el moment en què penso que valc més que l'estimat i que tinc més drets que ell.

Per continuar estimant és necessari que la persona estimada sempre sigui transfigurada en part. És a dir, que aparegui "a la llum de l'ésser" en què veiem el resplendor de les coses tal com són. És quelcom que té a veure amb la humilitat, un sentiment proper al *religiós*. I també té alguna cosa de religiós el respecte i el temor amb què ens hi acostem, perquè ella ens és infinitament propera però, al mateix temps, infinitament llunyana i desitjable. I sabem que, si no ens estimés, estaríem perduts. Aleshores veiem, com en una il·luminació, com hauria pogut ser la nostra vida si no ens haguéssim conegut, si no ens hagués estimat, si no ens estimés. I sentim un calfred de por. Gràcia, miracle, sorpresa, por, són totes elles emocions que apropen l'amor a l'experiència religiosa.

En l'enamorament vull ser estimat pel que sóc, per allò bo i allò dolent, però amb el pas del temps, amb la consolidació de la relació, això ja no em basta. No en tinc prou que l'altre em digui "T'estimo, t'estimo. Facis el que facis, t'estimo. Ets estúpid, però t'estimo. No t'aprecio, però t'estimo". Tothom vol afirmar-se ell mateix, vol ser reconegut en el seu valor, objectivament. No em basta amb ser estimat, també vull ser apreciat i considerat. Vull poder dir: "M'ho mereixo". Quant més em diu l'altre "t'estimo, t'estimo", sorgeix en mi l'objecció "no vull que em diguis que m'estimes, vull sentir-te dir que m'aprecies i em consideres perquè valc veritablement. Si sempre m'estimes faci el que faci, em tractes com un nen, no com un adult. Si em regales tantes coses boniques, però no em dones mai l'ocasió de merèixer-les, si només me les dones com un regal teu graciós, arbitrari, capriciós, noto que ets un dèspota, un patriarca a qui no tindré mai el dret d'exigir-li res. Jo no vull només amor, sinó també reconeixement i drets".

Una comunitat viva

La parella és una comunitat viva on es desenvolupa un procés continu de diferenciació i de creació però, al mateix temps, té una activitat que recomposa aquestes fractures, reconstitueix la seva unitat i, d'aquesta manera, la manté viva i en conserva la identitat.

A les grans civilitzacions els donen vida els processos creatius violents, els conflictes i les contraposicions. Totes aquestes forces, però, no porten a la desintegració, perquè els membres són conscients de la importància de la civilització que estan construint, l'estimen. Volen modificar-la, però no destruir-la. Una comunitat viva utilitza tots els individus, totes les energies i els conflictes, totes les creacions, per créixer i prosseguir. La creen ells però, al seu torn, també els crea, els plasma i els indica fins i valors. Els membres no conceben, doncs, sortir-se'n. Com diu Romeo a la tragèdia de Shakespeare: "No existeix el món fora de les muralles de Verona!". Aquella societat, aquella església, aquell partit és l'horitzó de valor; és el que dóna valor a les accions. És el que dóna sentit fins i tot a l'enfrontament, al conflicte. Els partits diferents lluiten per millorar el país. Les escoles teològiques, per consolidar la religió autèntica. L'exiliat continua, doncs, estimant la seva pàtria encara que l'hagi bandejat; l'heretge, la seva religió encara que l'hagi condemnat.

No tenim solament objectes individuals d'amor. Estimem també els objectes col·lectius: la pàtria, el partit, l'església i la família. I aquestes entitats col·lectives són tant més fortes com més orgullosos estem de pertànyer-hi, i hi dediquem les nostres vides.

El mateix val per a la parella. L'amor de parella no està fet solament de l'amor que cadascú sent per l'altre, sinó també del que tots dos sentim per la col·lectivitat que ambdós formem. I la parella dura sols si existeix aquesta classe d'amor, d'orgull. Dura si donem importància a l'amor, a ser parella, al que estem fent junts, si acceptem fins a les últimes conseqüències la nostra vocació amorosa. El que fa fràgil l'amor no és únicament el desacord individual, sinó sobretot la manca de fe en la unió, en la missió.

Els enamorats estan orgullosos de l'amor i d'ells mateixos. Estan convençuts que tenen un valor i un deure, i pensen que totes les accions han de ser exemplars i modèliques per a tots. A l'estat naixent, l'entitat col·lectiva que emergeix és més important que els membres singulars que en formen part, perquè és a través d'ella que es reconeixen, es renoven i es perfeccionen. D'altra banda, també, l'amor continua solament si segueix renovant-se aquesta classe d'experiència, aquesta fe. Quan els dos membres de la parella comencen a portar una comptabilitat dels guanys i de les pèrdues, quan tornen a ser importants com a individus singulars, quan l'individu es replega sobre ell mateix, sobre l'egoisme i la mesquinesa, l'amor desapareix. L'amor sols existeix si és capaç de donar més del que rep, únicament si aconsegueix fondre el subjecte en una entitat més important que ell, que el transcendeix i l'enriqueix.

La parella és una entitat viva que vol existir, vol afirmar-se en el món. S'ha de veure com una potència social, cultural, ideològica i política, com un centre organitzador, amb una ideologia. És conscient del seu valor, justifica les seves accions i s'atorga lleis pròpies. S'estén organitzant el seu ambient com un estat, com un partit o com una església. I sobreviu si és capaç de controlar les tensions internes i les que provenen de l'ambient, si sap defensar-se d'innombrables atacs i rebutjar victoriosament les amenaces que tendeixen a debilitar-la i a desintegrar-la.

Història i destí

Qualsevol formació social recorda amb orgull el seu passat per projectar-hi el futur. Fins i tot la tribu més petita commemora les gestes dels avantpassats, dels herois, i les transmet en els relats. En reviure-les, fa el present noble i esplendorós. El ritus religiós és la reactivació del temps diví dels orígens, quan els déus habitaven la terra. Segons Mircea Eliade[4], a tota religió li dóna vida una nostàlgia perenne dels orígens. La llei i el ritus hebreu reactiven el que va concloure's a l'època dels patriarques: Abraham, Jacob i Moisès. El cristianisme recorda i reviu el que Crist ha realitzat a la terra. L'Islam, la vida de Medina i la paraula divina dictada a Mahoma. El mateix marxisme té els seus pares fundadors i els seus textos sagrats. Totes les comunitats obtenen la seva saba vital del record i de l'activació dels moments heroics i creatius. Troben la força per mirar al futur recorrent als records, als períodes feliços, a la glòria, als herois i als seus avantpassats.

No obstant això, sabem que tota comunitat sorgeix de l'estat naixent; sabem que *el temps diví dels orígens* no és altra cosa que l'estat naixent del qual neix la comunitat. El temps diví dels orígens és el temps de la creació, quan tot era possible.

Tota civilització creix i evoluciona, doncs, conservant la identitat sols si periòdicament retroba aquest passat i n'extrau la força i la frescor de la renovació. D'aquesta manera aconsegueix romandre jove i recrear-se. Tots els grans moviments religiosos del cristianisme, pensem en els de sant Benedicte, sant Francesc, Luter o Calví, han hagut de tornar als orígens, a la vida i a les ensenyances de Crist, per néixer. I els que han sorgit a continuació es remeten a aquests grans personatges religiosos, constituint així una tradició ininterrompuda. Va succeir el mateix al judaisme, a l'Islam; i succeeix també a l'esfera laica, a la política. Pensem en la nació americana, que sempre ha reclamat l'esperit dels pares fundadors, de la Declaració d'Independència, des les grans figures del passat, com Abraham Lincoln, per exemple.

Doncs bé, la parella no és res més que la comunitat més petita existent, i per a ella valen les mateixes lleis de les comunitats més grans. La parella també neix d'un estat naixent, l'enamorament, i es revitalitza a través d'episodis nous de renaixement. Per tant, dura i es reforça si aquests processos es remeten a l'enamorament inicial, el redescobreixen i n'obtenen energies fresques i creatives. La parella continua estant enamorada si periòdicament en redescobreix els orígens, en retroba l'esperit, la plasticitat, l'entusiasme i s'hi regenera. És a dir, si cadascú es re-enamora de la mateixa persona.

Quan tot això succeeix, els records, les experiències exaltants que els dos enamorats han tingut en comú, les lluites sostingudes plegats, les experiències amoroses, es recorden i es reactiven. I constitueixen un ferment viu, una energia que alimenta el present. L'home ja no veu la seva dona sols com és en l'actualitat, sinó com era abans, en tots els moments més bells de la seva vida en comú, i torna a sentir la tendresa, l'orgull i l'alegria d'aleshores. I la dona, en mirar l'home actual, hi veu de nou el que era, el rostre, els gestos que admirava i adorava. Torna a sentir la dolçor dels petons i de les abraçades d'aleshores. Cada individu no està confinat al seu ésser present, sinó que adquireix un gruix, una profunditat, una riquesa a partir de tot el que ha estat.

Per entendre millor aquest procés, hem de recordar que l'enamorament és un moviment col·lectiu i, en els moviments, el cap carismàtic no és una persona normal. És extraordinari, brilla amb una llum divina. Amb el pas del temps es forma una llegenda entorn d'ell. La gent recorda els seus inicis difícils, les lluites, els triomfs. I tots aquests moments s'esculpeixen en la memòria col·lectiva i en el cor dels fidels. Tots els moments de la seva vida es recorden i esdevenen exemplars. Doncs bé, en l'enamorament, cadascú és el cap carismàtic de l'altre. Cadascú veu l'altre com una cosa elevada, admirable i sublim. I quan l'amor dura, la seva vida, com la vida del cap, esdevé una biografia admirable on tots els moments són importants i, quan s'evoquen de nou, ens commouen, ens alegren i ens donen força. L'amant es commou mirant les fotografies de l'estimat quan era petit, quan era jove. I quan torna a pensar en el passat, quan veu de nou les fotografies o les pel·lícules dels moments passats junts, torna a sentir l'alegria, la tendresa i l'impuls d'aleshores. Aquestes emocions donen caliu i enriqueixen el present.

Ara bé, a la parella no hi ha només la meva història i la de l'altre. Hi ha també la història del *nosaltres*, de la col·lectivitat creada entre ambdós. Hi ha el record del que hem fet junts, de les dificultats, de les lluites, dels esforços i de les victòries; i d'altra banda, de les objectivacions del nostre treball en comú. L'amor dura fins que aquest passat i les seves objectivacions es viuen com un únic moviment positiu que va vers el futur; perquè passat i futur s'han produït conjuntament, i no existeix l'un sense l'altre. Quan es malmet el passat, es malmet el futur, i viceversa. Per això una parella ha de conservar els records agradables i ha de tenir por del record dels conflictes i de les ferides que els dos amants s'han infligit.

Erotisme

Ara bé, una comunitat d'amants ha de tenir també una història *eròtica* i un futur eròtic. A la història de la parella l'erotisme és un component essencial. Si perd importància, si deixa lloc a altres valors, si no hi ha memòria de l'erotisme del passat, també s'extingeix a poc a poc l'erotisme del present. I es pot dir el mateix del futur. Si la parella no dóna importància a l'erotisme, si el posa al darrere d'altres prioritats, dia a dia l'erotisme desapareix. I el substitueix la simpatia, la tendresa, la familiaritat i l'ajut recíproc, l'amistat, que són formes d'amor, però no d'enamorament. Existeixen moltes parelles d'aquesta classe en què els dos cònjuges ja no es desitgen, ja ni tan sols es toquen, com si fossin germà i germana, com si els separés el tabú de l'incest. Algunes persones fins i tot n'estan satisfetes. Nosaltres, però, no podem considerar-les parelles enamorades. L'estat naixent amorós es diferencia de l'estat naixent de tots els altres moviments justament perquè està inflamat per l'erotisme, perquè produeix el desig espasmòdic de la comunió dels cossos, de la fusió dels cossos. El fonament de la comunitat amorosa el constitueix el plaer que es donen els cossos. L'erotisme és el llenguatge específic i insubstituïble de l'enamorament. Sense erotisme, l'enamorament és afàsic. No sap parlar i no pot existir. Una parella eròticament muda és una entitat diferent. No és una parella enamorada.

I ni tan sols basta amb l'amor adreçat a la comunitat mateixa, a l'afirmació i a les objectivacions: els fills i la llar. És necessari justament que ens agradi l'altre individu, que ens agradi físicament i eròticament; que ens n'agradin els ulls, els cabells, el nas; que ens n'agradin els pits i les espatlles, la manera com camina. És necessari el desig de tocar-lo, de besar-lo, de fer-nos besar, d'abraçar-lo, de ser abraçats, de jaure nu amb ell, amb ella, de fer-li l'amor. I com que aquell cos no ens ha saciat, el desig reneix, retorna i es renova. La parella enamorada no se'n va al llit per dormir, se'n va al llit per fer l'amor, tot i que després s'adormi de sobte, esgotada, amb les mans enllaçades.

El desig eròtic no existeix sempre, a cada instant. La vida en comú no sempre és erotisme. Està feta també d'altres coses. Ens despertem, ens adormim, mengem, treballem, discutim, viatgem, però, per a la parella enamorada, l'erotisme sempre està a l'aguait, prest a irrompre. Mentre l'altre es renta, s'afaita; mentre ella es posa la samarreta i mostra el cos nu, o bé quan aixeca els ulls maliciosos perfectament maquillada. L'erotisme sempre és despertar, obrir els ulls meravellats i ardorosos de desig. És el pas a una altra dimensió.[5] Com obrir una porta.

La parella enamorada també és aquella on tots dos, quan veuen de lluny l'estimat en companyia d'altres persones, quan se'encreuen pel carrer, quan l'observen sense que els vegi en un dinar, en una festa, tenen una impressió curiosa de desdoblament. Saben que aquella persona és la seva dona o el seu marit. Doncs bé, es queden encantats mirant-la com si fos una desconeguda, algú que no han vist mai. Estan fascinats i no aconsegueixen treure-li els ulls del damunt. Els sembla la criatura més bella que hagin vist mai, la més fascinadora, la més desitjable. I es meravellen que aquella persona que els agrada tant sigui precisament la que està amb ells, la que comparteix els seus dies i el seu llit. Gairebé no s'ho creuen. Es descobreixen pensant que si encara no la coneguessin, voldrien conèixer-la i parlar-hi. I ni tan sols saben si tindrien el coratge de fer-ho, perquè els sembla distant, massa elevada. Estarien insegurs i es mostrarien tímids.

Amb tot, no és aquesta l'experiència de l'amor fulminant, dels moments de revelació, de discontinuïta't típics de l'enamorament? Sabem que aquestes experiències apareixen quan deixem caure les defenses, quan ens abandonem a l'encant de l'altre, a la seva capacitat de seducció. En la parella amorosa, la vida quotidiana crea poc a poc opacitats, resistències. La fatiga, la feina, les discussions i el cansament són com molts maons erigits davant el rostre de la persona estimada. Són vels, benes als ulls, frens, resistències, pors que ens engabien l'entusiasme, que aturen el desig d'una vida extraordinària. La vida quotidiana ens ha atrapat de nou, ens ha apagat. Vet aquí, però, que de sobte el nostre impuls vital predomina. Trenca la barrera opaca i ens fa veure de nou l'objecte del nostre desig, que sempre ha estat allà, fins i tot en els moments en què estàvem ensopits i adormits. Els nostres ulls s'obren. L'erotisme és despertar.

Complexitat

La parella amorosa és una entitat complexa en què tot individu assumeix papers innombrables als ulls de l'altre. Com si no fossin dues persones soles, sinó moltes persones que desenvolupen activitats diverses i que interactuen, discuteixen, creen i modifiquen el món. La parella amorosa no està construïda com un diàleg, *sinó com una simfonia*.

Està fonamentada en la coexistència de dos principis aparentment oposats. El primer és el de la complementarietat. El segon, el d'allò substituïble.

Comencem pel primer. En tota parella les capacitats dels dos membres han de ser *complementàries*. Les capacitats i les qualitats del primer han de completar i corregir les de l'altre. Si un és entusiasta, l'altre serà reflexiu i prudent. Si el primer és optimista i no veu els perills, va bé que l'altre sigui una mica pessimista i vigilant. Si un és violent, l'altre hauria de ser diplomàtic. Si un és pròdig, és millor que l'altre sigui parsimoniós i, si el primer és rígid, cal que l'altre sigui tolerant.

Les activitats també haurien de ser complementàries i els deures, distribuïts. És inútil que tots dos ho facin tot. De la decoració de la casa se n'ocuparà sobretot qui tingui més gust. Dels negocis, qui sigui més capaç i més hàbil; i l'altre hauria de ser prou humil com per reconèixer-ho i deixar fer. Hi ha persones que tenen una visió de conjunt i d'altres que saben tenir cura dels detalls. Hi ha persones dotades de fantasia i d'altres, més realistes. Aleshores les primeres inventen contes i jocs pels nens i les altres organitzen la casa i la vida en comú. En suma, cadascú ha d'explotar lliurement les seves qualitats millors, la seva creativitat.

I ara vegem el *principi d'allò substituïble*. Els membres d'una parella enamorada i ben avinguda també han de tenir una gran afinitat electiva. Cadascú ha d'entendre i apreciar la feina de l'altre, estar en condicions de col·laborar-hi. Encara que el marit no tingui gust estètic per decorar, és important que sàpiga entendre i apreciar el que ha fet la seva dona. Si és distret, ha d'estar d'acord amb el fet que és millor l'ordre i saber seguir amb cura les directrius que rep. En realitat, en una parella enamorada, cadascú es reserva el paper que sap fer millor, però també s'identifica amb l'altre. L'entén perfectament, en comparteix les metes, les aprecia i sap reproduir-ne els processos mentals. Dos cònjuges enamorats s'entenen sense parlar-se, n'hi ha prou amb un simple gest, amb una mirada i, de vegades, amb no res. Així reaccionen de la mateixa manera sense ni tan sols consultar-se. Si fan feines diferents, també segueixen la de l'altre i poden ajudar-lo, aconsellar-lo i donar-li suggeriments útils. Fins a substituir-lo quan falta, fins a prendre una decisió al seu lloc.

Recordo el cas d'una parella molt ben avinguda. Ell havia creat una empresa molt important d'instruments electrònics coneguda arreu. La seva dona no hi havia treballat mai. Pel que feia a la divisió de les tasques, el marit se n'ocupava, però li explicava tot el que hi succeïa. Ella escoltava amb atenció i hi participava intensament. D'aquesta manera, en el curs dels anys, van discutir junts tots els problemes i totes les decisions financeres i organitzatives més importants. Ella coneixia tots els col·laboradors del marit i, moltes vegades, havia expressat valoracions i suggeriments, però sempre des de fora, sense cap paper formal. Quan el marit va morir, tothom s'esperava que ella es vendria l'empresa. En canvi, sorprenentment va cridar els directius i els va dir que la dirigiria en persona. Sols haurien de tenir una mica de paciència per explicar-li les qüestions tècniques que encara no coneixia, però ho aprendria. I dit i fet. Es va instal·lar al despatx del marit i, en poc temps, va tenir la situació per la mà. Va demostrar ser una empresària excel·lent i, avui en dia, la seva empresa és més pròspera i important que abans.

A la parella enamorada ningú veu l'altre com una sola persona, sinó com moltes persones diferents, sempre noves i sorprenents. Un vespre, mentre conversava amb un amic meu que, després de quinze anys de matrimoni, encara mirava amb ulls amorosos la seva dona, vaig dir-li: "Fixa't que la teva dona no és una sola dona per a tu. És moltes dones diferents. Fràgil com un jonc, graciosa, la tens als genolls com una nena, hi jugues: és la teva filla. Al mateix temps té cura de tu: és la teva mare. És bella, l'admires: és una estrella; però també és la teva amant, la teva *geisha*. Té cura de la casa, per tant és la teva majordoma. T'ajuda plena de sol·licitud: és la teva secretària. Alhora et guia: és el teu cap. Aprèn de tu: és la teva alumna. T'ensenya com actuar: és la teva mestra. Com que ets neuròtic, és la teva psicoterapeuta. Et dóna suport: és la teva còmplice. Et renya: és la teva consciència moral. I finalment, és la teva aliada més fidel a la lluita de la vida. Ja ho veus, vosaltres dos en realitat sou moltes persones diferents. I teniu tantes coses a fer, a discutir, tant a dir-vos, que no us en cansareu mai".

Notes

Capítol 1

1. És curiós que els estudiosos de la família sovint les ignorin completament. Vegeu, per exemple, Pierpaolo Donati, *Famiglia e Politiche sociali*, Franco Angeli, Milà 1981; William Goode, *Famiglia e trasformazioni sociali*, Zanichelli, Bolonya 1982; Chiara Saraceno, *Sociologia della famiglia*, Il Mulino, Bolonya 1988. Antonio Golini, *La famiglia in Italia*, ISTAT, Roma 1986; Rossella Palomba, *Vite di coppie e di figli*, La Nuova Italia, Florència 1987; Marzio Barbagli, *Provando e riprovando*, Il Mulino, Bolonya 1990.

2. És impressionant comprovar l'escassetat de recerques sobre aquest tema i quanta imprecisió hi ha en aquest camp, amb algunes excepcions, naturalment. Entre elles vull esmentar en particular la tasca de Murray S. Davis, *Intimate Relations*, The Free Press, Macmillan, New York 1973; Dorothy Tennov, *Love and Limerence*, Stein and Day, Nova York 1979; C. S. Lewis, *I quattro amori*, Jaka Book, Milà 1982; R. G. Sternberg "A triangular Theory of Love", *Psychological Review*, 1986, 93, pp. 119-135. I entre les obres més recents, Willy Pasini, *Intimità*, Mondadori, Milà 1991; Jurg Willi, *Che cosa tiene insieme le coppie*, Mondadori, Milà 1992; Gilbert Tordjman, *Le couple*, Hachette, Paris 1992; Giorgio Abraham, *Un amore tutto nuovo*, Mondadori, Milà 1995.

3. Sigmund Freud, *Psicologia delle masse e analisi dell'Io*, a *Opere*, Boringhieri, Torí, vol IX, p. 299.

4. Per explicar aquesta anomalia, Freud també va haver de canviar l'explicació que havia donat anteriorment. Ens diu que l'enamorament no brolla de la successió d'experiències sexuals desagradables, sinó que, al contrari, ho fa a partir d'un impuls sexual inhibit en la seva meta. Donat que no pot satisfer-se, la libido sexual esclata i genera una sobrevaloració de l'objecte estimat. Sigmund Freud, *Psicologia delle masse e analisi dell'Io*, op. cit., p. 300.

5. Simone de Beauvoir, *El segon sexe*, Edicions 62, Barcelona, 1968.

6. Sixte Properci, *Elegie*, Rizzoli, Milà 1989, p. 95.

7. Helen E. Fisher, *Anatomia dell'amore*, Longanesi, Milà 1992, p. 47. I l'autora hi afegeix: "Els Bem-Bem dels altiplans de Nova Guinea no admeten que sentin cap passió, però pot succeir de vegades que una noia es negui a casar-se amb l'home que el pare li ha escollit i que fugi, en canvi, amb el seu "amor de

veritat". Els Tiv d'Àfrica, que no tenen un concepte formal per a l'amor, anomenen aquesta passió *follia*. *Ibidem*, p. 47.

8. Vegeu William Jankoviak i Edward Fischer, "A cross cultural perspective on romantic love", a *Ethnology*, 31 (n. 2) 1992, pp. 149-155.

9. Dos sociòlegs prou coneguts s'han ocupat de la desaparició de l'amor en aquest període històric. Niklas Luhmann, amb el llibre *Amore come passione*, Laterza, Bari 1982 i Anthony Giddens amb *La trasformazione dell'intimità*, Il Mulino, Bolonya 1994. Cap dels dos, però, està en condicions d'explicar-lo. No obstant això, el fenomen es comprèn perfectament a la llum d'una teoria que considera l'enamorament (sigui allò que anomenem passió o amor romàntic) com un procés col·lectiu que genera la formació d'una parella. Mentre les famílies parentals segueixen essent fortes poden acordar els matrimonis o dominar-los. En arribar a un cert punt, però, la transformació econòmica i la divisió del treball afebleixen aquests lligams tradicionals i, aleshores, la parella es forma amb els mateixos mecanismes amb què emergeixen les altres comunitats: l'estat naixent i els processos d'institucionalització. S'assisteix llavors a un augment de la importància de la passió amorosa i a una epidèmia d'enamoraments. Vegeu aquesta tesi a Francesco Alberoni, *Genesi*, Garzanti, Milano 1989.

10. Qui s'anticipa en el temps és Shakespeare. L'enamorament com a base del matrimoni està present a totes les seves obres, des de *Romeo i Julieta* i *Molt soroll per a no res* fins a *La tempestat*. Goethe i Manzoni també es fan ressò de la sensibilitat popular. Al *Werther* de Goethe, el protagonista voldria casar-se amb Lotte. I això és un mirall d'un episodi de la vida de Goethe, que va enamorar-se de Charlotte Buff. *Les afinitats electives* comencen amb un diàleg entre Eduard i Carlota que, després d'un casament imposat per les famílies, finalment realitzen el seu amor en casar-se. En *Els promesos* de Manzoni, Renzo i Lucia son dos pagesos que s'estimen i l'església lluita per permetre'n el matrimoni contra la prepotència de Don Rodrigo.

11. José Ortega y Gasset, *Estudios sobre el amor*, Alianza Editorial, Madrid, 1996.

12. Denis de Rougemont, *L'amore e l'occidente*, Rizzoli, Milano 1977.

13. Erich Fromm, *L'arte di amare*, Il Saggiatore, Milà 1966.

14. Crec que això depèn del fet que a la llengua anglesa no té una paraula equival·lent a "enamorament" i, quan la paraula no existeix, sovint tampoc existeix el concepte. L'atenció va fixar-se aleshores en les formes històriques que presenta l'enamorament. D'Stendhal es va prendre el concepte d'*amor passió*. El concepte d'*amor romàntic*, per contra, es va importar de la literatura. Basta veure com l'analitza Giddens (Anthony Giddens, *La trasformazione dell'intimità*, Il Mulino, Bolonya 1994, pp. 51-57, o bé Steven Seidman a *Romantic Longings*, Routledge, New York 1991). S'han creat escales per mesurar aquesta "ideologia romàntica", com és el cas d'I. M. Rubin, *The Social Psychology of Romantic Love*, The Univ. of Michigan, Ph. D. Thesis. Lentament, s'ha acabat identificant *romantic love* i enamorament. Per defugir aquest equívoc, Dorothy Tennov va crear el neologisme ben poc afortunat *limerence*.

15. Aquesta tesi la sostenen tots els psicoanalistes. Vegeu, per exemple, entre els centenars de cites possibles, Jole Baldaro Verde i Gian Franco Pallanca, *Illusioni d'amore*, Raffaello Cortina, Milano 1984. La teoria de l'amor com afecte

no fa altra cosa que desenvolupar la mateixa idea. Les persones s'enamoren i es tenen afecte en substitució dels pares, i estableixen entre elles relacions d'ajut recíproc com les que hi ha entre mare i fill. D'aquesta matèria, el lector en trobarà una bibliografia molt extensa en el llibre de Lucia Carli, *Attaccamento e rapporto di coppia*, Raffaello Cortina, Milà 1995. La presència d'aquest esquema també a la psicoanàlisi junguiana és visible a les obres impagables d'Aldo Carotenuto, *Eros e patos*, Bompiani, Milà 1987; *Amare tradire*, Bompiani, Milà 1991; *Riti e miti della seduzione*, Bompiani, Milà 1994.

16. És la tesi que he mantingut en el meu llibre *Innamoramento e amore*, Garzanti, Milà 1979.

17. Sigmund Freud, *Tre saggi sulla teoria sessuale*, a *Opere*, vol. IV, p. 531. *Introduzione alla psicoanalisi*, a *Opere*, vol. VIII, p. 540.

18. Martin Heidegger, *Essere e tempo*, Longanesi, Milà 1982.

19. Abraham Maslow, *Religions, Values and Peak-Experience*, Penguin Books, London 1976.

Capítol 2

1. Dino Buzzati, *Un amore*, Mondadori, Milà 1966, p. 254.
2. *Ibidem*, p. 255.
3. *Ibidem*, p. 256.
4. Ludwig G. Biswanger, *Tre forme di esistenza mancata*, Garzanti, Milà 1978.
5. És la tesi que va exposar Stendhal a *Dell'amore*, Garzanti, Milà, 1972. A la nostra teoria, l'enamorament sorgeix a través de nombroses exploracions. A cada exploració el subjecte valora la possibilitat de ser correspost. Si està segur que no ho és, l'enamorament no continua. Ara bé, també pot cometre un error: interpretar una actitud amical o gentil, o bé una resposta eròtica, com disponibilitat a l'amor recíproc.
6. Sigmund Freud, *Lutto e melanconia*, a *Opere, Introduzione alla psicoanalisi*, vol. VIII, p. 102.
7. L'expressió *porta* apareix també en el llenguatge religiós. A les lletanies, la Mare de Déu s'anomena *Ianua Coeli*, porta del cel. Al món islàmic, *bab* és la porta d'accés a la divinitat. El sultà-califa s'anomena *la porta sublim*.
8. Roland Barthes, *Frammenti di un discorso amoroso*, Einaudi, Torí 1979, p. 38.
9. Edith Wharton, *The Age of the Innocence*, Corbaccio, Milà 1993, p. 156. [*L'edat de la innocència*, Edicions 62, Barcelona, 1996.]
10. David Herbert Lawrence, *L'amante di Lady Chatterley*, Mondadori, Milà 1946, pp. 25-27. [*L'amant de Lady Chatterley*, Proa, Barcelona, 1995.]
11. *Ibidem*.
12. *Ibidem*, p. 58.
13. *Ibidem*, pp. 62-63.
14. Sigmund Freud, *Opere*, Boringhieri, Torí, vol. V, pp. 256-336.
15. Ja ens hem referit a l'altre corrent de pensament que considera el lligam amorós com el desenvolupament i l'elaboració de l'afecte matern, tal i com ho ha estudiat John Bowlby. Les obres de referència sobre aquest punt de vista

són John Bowlby vol. I: *L'attaccamento alla madre*, Boringhieri, Torí 1972; John Bowlby, vol II: *La separazione dalla madre*, Boringhieri, Torí 1975 i John Bowlby, *Costruzione e rottura dei legami affettivi*, Raffaello Cortina, Milà 1982. A més, es pot consultar sobre el conjunt d'aquest tema Lucia Carli, *Attaccamento e rapporto di coppia*, Raffaello Cortina, Milà 1995.

16. John Money, *Lovemaps: Clinical Concepts of Sexual/Erotic Health and Pathology, Paraphilia, and Gender Transposition in Childhood, Adolescence and Maturity*, Irving Publishers, Nova York 1986; *Amore e mal d'amore*, Feltrinelli, Milà 1983.

17. Wolfgang Goethe va escriure tres llibres amb aquest personatge: *La missió teatral de Wilhelm Meister* el 1777, *Els anys d'aprenentatge de Wilhelm Meister* el 1797 i *Els anys de peregrinatge de Wilhelm Meister*, en el qual treballa fins al 1829.

18. Pietro Citati, *Goethe*, Adelphi, Milà 1990, p. 73.

19. *Ibidem*, pp. 62-63.

20. Erica Jong, *Paura dei cinquanta*, Bompiani, Milà 1994, pp. 293-296.

21. "I això van causar dues fonts / que d'efecte divers tenen un licor / ambdues a Ardenna, i no gaire lluny; / d'amorós desig una omple el cor; / qui beu l'altra, sense amor roman / i converteix en gel el primer ardor." Ludovico Ariosto, *Orlando furioso*, Utet, Torí 1969, cant I, 78, pp. 64-65. [*Orland furiós*, Edicions 62, Barcelona, 1983.]

22. Françoise Giroud, *Alma Mahler, o l'arte di essere amata*, Garzanti, Millà 1989, pp. 48-54.

Capítol 3

1. Francesco Alberoni, *L'amistat*, Garzanti, Milà 1984.

2. És la teoria citada anteriorment de John Money, *Lovemaps: Clinical Concepts of Sexual/Erotic Health and Pathology, Paraphilia, and Gender Transposition in Childhood, Adolescence and Maturity*, Irving Publishers, Nova York 1986.

3. Madame de La Fayette, *La principessa di Clèves*, Rizzoli, Milà 1986, p. 156. [*La princesa de Clèves*, Enciclopèdia Catalana, Barcelona, 1990.]

4. Grançois Giroud, *Alma Mahler, o l'arte di essere amata*, Garzanti, Millà 1989.

5. Vegeu d'aquest autor en particular René Girard, *Menzogna romantica e verità romanzesca*, Mondadori, Milà 1964; *La violenza e il sacro*, Adelphi, Milà 1980.

6. René Girard, *La violenza e il sacro*, op. cit., p. 193.

7. *Ibidem*.

8. En elaborar el concepte d'estat naixent he usat de manera particular les recerques de Max Wertheimer sobre la solució dels problemes. Per a una aproximació més general sobre la psicologia de la forma, vegeu Kurt Koffka, *Elementi di psicologia della forma*, Boringhieri, Torí 1977; Wolfgang Kohler, *Psicologia della Gestalt*, Feltrinelli, Milà 1961; Gaetano Kanizsa, *Grammatica del vedere*, Il Mulino, Bolonya 1980; i finalment Max Wertheimer, *Il pensiero produttivo*, Ed. Univ. Fiorentina, Firenze 1965.

9. Arthur Koestler, *L'atto della creazione*, Ubaldini, Roma 1975, p. 110.

10. He hagut d'introduir aquest principi per explicar el procés explosiu dels moviments col·lectius i de l'enamorament. La teoria completa dels tres

principis de la dinàmica està exposada a Francesco Alberoni, *Genesi*, op. cit., pp. 134-166.

12. Són una elaboració de la posició depressiva i esquizoparanoidea de Melanie Klein. Vegeu sobre el mateix tema els treballs de Franco Fornari, *La vita affettiva originaria del bambino*, Feltrinelli, Milà 1963 i la ja citada *Genesi*.

13. Escriu Lou Salomé: "En el fons a l'amant no li interessa com és l'estimat de debò [...] li basta amb saber que l'altre el fa miraculosament feliç. De quina manera, això no ho sap. Els dos romanen un misteri l'un per l'altre". Lou Andreas Salomé, *La materia erotica*, Editori Riuniti, Roma 1985, p. 26. Sobre la incognoscibilitat de la persona estimada vegeu Roland Barthes, *Frammenti di un discorso amoroso*, Einaudi, Torí 1978, i Alain Finkielkraut, *La sagesse de l'amour*, Gallimard, Paris 1984.

Capítol 4

1. Existeixen tres classes de formacions socials: *la societat, la comunitat i el moviment*. Les primeres dues les va descriure el sociòleg alemany Tonnies (Ferdinand Tonnies, *Comunitat i associació*, Edicions 62, 1984). La *comunitat* preexisteix a l'individu i està fonamentada en la tradició. L'individu hi neix i està lligat als altres membres per una comunitat de sentiments, emocions i idees. Són *comunitats* la família, la nació, la ciutat-estat, l'església. En canvi, la *societat* és alguna cosa que els individus construeixen amb la voluntat i la raó, a través d'un pacte, d'un contracte. Pensem en una societat per accions, en una associació esportiva.

Tonnies no coneixa la tercera classe de formació social, el *moviment col·lectiu*. Té a veure amb la comunitat, perquè els seus membres tenen en comú sentiments i valors, però no està basat en la tradició. Neix com la societat, però no la construeix fredament la raó amb un acord, amb un pacte. Irromp sota l'impuls de les emocions, de la fe i de la passió. Al principi, qui hi entra a formar part viu una experiència d'alliberament, de renaixement, de revelació; justament aquella conversió, aquella mutació interior, que havíem descrit com *estat naixent*. I tots els que es troben en aquest estat es *reconeixen* entre ells i tendeixen a fondre's, a produir una *comunitat* dotada d'una solidaritat molt gran. La institució és alhora una comunitat, pels vincles emotius entre els seus membres, i una societat, pels pactes i contractes que la regulen.

2. Vegeu l'assaig sobre l'adulteri de Tony Tanner, *L'adulterio nel romanzo*, Marietti, Genova 1990.

3. El cristians veuen el cristianisme com un floriment del judaisme, però, per als jueus, va ser una fractura de la comunitat jueva, una terrible heretgia que va provocar un gran perjudici al poble d'Israel. La Reforma protestant pot veure's com la creació d'un cristianisme nou, com el sorgiment d'una pluralitat de comunitats religioses: els luterans, els calvinistes, els anabaptistes... fins arribar als metodistes i als baptistes reformats. No obstant això, també pot considerar-se com la desintegració de l'església catòlica medieval, com la pèrdua irreparable de la seva unitat. El boltxevisme va afirmar-se tot desintegrant el sistema polític rus, destruint els socialrevolucionaris, el partit agrari, el Bund.

Els moviments juvenils dels anys seixanta —només cal pensar en els hippies— van capgirar les universitats, van posar en crisi les velles associacions i van modificar les relacions en el interior de la família. I el mateix va succeir amb el feminisme, que va unir les dones però va alterar i destruir, tot modificant-les, les relacions entre els sexes.

4. El naixement de la moralitat a partir del dilema ètic l'exposa Francesco Alberoni a *Innamoramento e amore*, op. cit., i sobretot a *Le ragioni del bene e del male*, Garzanti, Milà 1981. La descripció que dóna de l'enamorament Dorothy Tennov a *Love and Limerence*, Stern and Day, Nova York 1979, és incompleta perquè ignora aquesta natura conflictiva. Tennov descriu l'*idil·li*, no la realitat concreta de l'amor.

5. Vegeu Francesco Alberoni. *Valori*, Rizzoli, Milà 1992, p. 90.

6. Vegeu el capítol *Differenza sessuale* a James Q. Wilson, *Il senso morale*, Comunità, Milà 1995.

7. En el divertit llibre de Maria Venturi, *L'amore s'impara: come conquistare e tenersi un uomo*, Rizzoli, Milà 1989, totes les estratègies per retenir el marit i derrotar la rival es basen en el sentiment de culpabilitat de l'home. L'activen, l'augmenten, l'exasperen. Aquests mateixos mecanismes no són aplicables a una dona, sempre i quan no hagi de renunciar als fills.

8. Françoise Giroud, *Mio carissimo amore*, Rizzoli, Milà 1995, p. 62.

9. Com en el llibre de Susanna Tamaro *Vés on et porti el cor*, Seix Barral, 1996, Barcelona.

Capítol 5

1. És la mateixa definició que usa Karl Marx a *La ideologia alemanya*, Universitat de València, 1991.

2. Cfr. Jurg Willi, *Che cosa tiene insieme le coppie*, Mondadori, Milà 1992.

3. Verena Kast, *Paare, Beziehungsphantasien oder: Wie Götter sich in Menchen Spieglen*, Krenz, Stuttgart, 1984, *La coppia*, Ed. Red, Como 1991.

4. Sobre la recerca de la perfecció estètica pròpia i de l'altre vegeu Sasha Weitman, *On the Elementary Forms of Socioerotic Life*, Univ. of Tel Aviv, 1995.

Capítol 6

1. El procés s'il·lustra a continuació:

Enamorament veritable

Estat naixent

Principi del plaer	**La pèrdua**	**Indicació**
Pseudoenamorament eròtic	Amor competitiu	Pseudoenamorament per l'ídol

2. Edgar Morin, *I divi*, Garzanti, Milà 1958; Francesco Alberoni, *L'élite senza potere*, Bompiani, Milà 1973; *Il volo nuziale*, Garzanti, Milà 1992; *Adoring Audience*, Routledge, London 1991.

3. És un tema desenvolupat a Francesco Alberoni, *L'erotismo*, Garzanti, Milà, 1986.

4. Vegeu Francesco Alberoni, *Il volo nuziale*, Garzanti, Milà 1992.

5. Dorothy Tennov, *Love and Limerence*, cit., p.47.

6. Si volem representar en un gràfic els lligams amorosos que existeixen a l'interior del moviment, no tenim solament els estelars entre el cap i el seguidors, sinó un lligam de cadascú amb la col·lectivitat tota sencera. D'altra banda, l'amor que s'estableix entre els membres singulars no és un amor entre individus pròpiament dit, sinó que està mediatitzat per la col·lectivitat. Vegeu la ilustració:

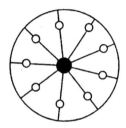

7. Vegeu la il·lustració:

8. Sigmund Freud, *Psicologia delle masse e analisi dell'Io*, op. cit.

9. Sigmund Freud, *Totem e tabù*, a *Opere*, vol. VII.

10. Giacomo Casanova, *Memorie*.

11. Carlo Castellaneta, *Le donne di una vita*, Mondadori, Milà 1993.

12. Jeanne Cressanges, *Tutto quello che le donne non hanno mai detto*, Rizzoli, Milà 1983, p. 91.

13. Carlo Castellaneta, *Passione d'amore*, Mondadori, Milà 1987.

14. Francis Scott Fitzgerald, *El gran Gatsby*, Edicions 62, Barcelona, 1984.

15. Elena Gianini Belotti, *Amore e pregiudizio*, Mondadori, Milà 1992, p. 92.

16. Rosa Giannetta Alberoni, *Paolo e Francesca*, Rizzoli, Milà 1994.

17. Jurg Willi, *La collusione di coppia*, Franco Angeli, Milà 1993, pp. 50-57.

Capítol 7

1. Una descripció preciosa de l'erotisme amorós ens l'ha donada Sasha Weitman a *On the Elementary Forms of the Socioerotic Life*, op. cit. La vida socioeròtica es caracteritza per l'agradabilitat, la naturalitat, l'alegria, l'abundància, el plaer de donar i el desig de bellesa per a un mateix i per a l'altre.
2. Robert Woods Kennedy, *Un anno d'amore*, Rizzoli, Milà 1973.
3. Vladimir Nabokov, *Lolita*, Mondadori, Milà 1966, p. 60. [*Lolita*, Edhasa, Barcelona, 1987.]
4. *Ibidem*, p. 64.
5. *Ibidem*, p. 80.
6. *Ibidem*, p. 205.
7. Elena Gianini Belotti, *Amore e pregiudizio*, Mondadori, Milà 1992.
8. *Ibidem*, p. 223.
9. *Ibidem*, p. 225.
10. Marguerite Duras, *L'amant*, Edicions 62, Barcelona, 1995.
11. *Ibidem*, p. 89.
12. *Ibidem*, p. 107.
13. *Ibidem*, p. 123.
14. H. F. Peters, *Mia sorella, mia sposa. La vita di Lou Andreas Salomé*, Mondadori, Milà 1979.
15. Vegeu Francesco Alberoni, *L'amistat*, op. cit.

Capítol 8

1. El concepte d'*amor passió* va ser introduït per Stendhal i coincideix bastant amb el nostre concepte d'enamorament. Tinguem present que en francès no hi ha la paraula "enamorament" Existia l'arcaic *s'enamourer* i el substantiu *enamouration*, però ja no s'usen. En anglès hi ha l'expressió *to be enamoured of* que vol dir "estic enamorat de", però no s'usa habitualment. Ambdues llengües han volgut subratllar no el procés, sinó la discontinuïtat: *tomber amoureux, fall in love*. Roland Barthes afirmava que hauria estat oportú reintroduir en francès l'expressió *enamouration*. Per la mateixa raó, jo mantinc que també en anglès s'hauria pogut usar, almenys a nivell científic, *the nascent state of love, to be enamoured* i *enamouration*. Però ningú no ho ha fet fins ara.
2. Étienne Gilson, *Eloisa ed Abelardo*, Einaudi, Torí 1950; Maria Teresa Fumagalli Beonio Brocchieri, *Eloisa ed Abelardo*, Mondadori, Milano 1984.
3. Denis de Rougemont, *L'amore e l'occidente*, op. cit., pp. 83-84.
4. Vegeu el capítol "Zarathustra" en el *Genesi* de Francesco Alberoni.
5. Vegeu el capítol "Il misticismo" en el *Genesi* de Francesco Alberoni.

Capítol 9

1. Sobre la gelosia, vegeu Peter Van Sommers, *La gelosia*, Laterza, Bari 1991.

2. Henri Troyat, *Tolstoi*, Rizzoli, Milà 1969, vol. I p. 319.
3. Dino Buzzati, *Un amore*, op. cit., p. 255.
4. Paul Rabinson, *Caro Paul*, a AA.VV., *Omosessualità*, Feltrinelli, Milà 1981.
5. Vegeu el bell assaig de Letitia Anne Peplau, on es confronten parelles homosexuals masculines, femenines i parelles heterosexuals "What Homosexuals Want", *Psychology Today*, Març 1981. Vegeu també el capítol *Between pleasure and Community*, a Steven Seidman, *Romantic Longings*, Routledge, Nova York 1991.

Capítol 10

1. Francesco Alberoni, *Il volo nuzuale*, Garzanti, Milano 1992.
2. Igor A. Caruso, *La separazione degli amanti*, Einaudi, Torí 1988.
3. *Ibidem*, p. 81.
4. *Ibidem*, p. 41.
5. *Ibidem*, pp. 36-37.
6. *Ibidem*, p. 92.
7. Sigmund Freud, *Lutto e melanconia*, *Opere*, vol. VIII, p. 102.
8. John Bowlby, *La separazione dalla madre,*, Boringhieri, Torí 1975 i *Costruzione e rottura dei legami affettivi*, Rafaello Cortina, Milà 1982.
9. H. F. Peters, *Mia sorella, mia sposa. La vita di Lou Andreas-Salómé*, op. cit. p. 203.

Capítol 11

1. Aldo Carotenuto, *Riti e miti della seduzione*, Bompiani, Milà 1994.
2. Francesco Alberoni, *L'erotismo*, Garzanti, Milà 1986, pp. 212-213.
3. Pierre-A. F. Choderlos de Laclos, *Les amistats perilloses*, Enciclopèdia Catalana, Barcelona, 1990.
4. *Ibidem*, p. 171.
5. *Ibidem*, p. 167.
6. Vegeu Roland Barthes, *Frammenti di un discorso amoroso*, Einaudi, Torí 1978.
7. Maria Venturi, *L'amore si impara*, Rizzoli, Milà 1988, p. 323.

Capítol 12

1. Peter Berger, M. Kellner, "Marriage and the Construction of Reality", a *Diogenes*, 46, 1964.
2. Cfr. Francesco Alberoni, *Innamoramento e amore*, Garzanti, Milà 1979.
3. El *pacte* amorós és correspon a la *constitució* dels grans moviments col·lectius. La constitució posa límits insuperables a la sobirania del grup, a la seva violència totalitària. És allò davant de què s'inclina fins i tot el sobirà.

Capítol 13

1. Vegeu sobre el significat del litigi Murray S. Davis, "Il litigio: meccanismo integrativo di un'intimità in pericolo", *Rassegna Italiana di Sociologia*, any XIII, 2, abril-juny 1972, pp. 327-329.
2. Marcel Mauss, *Saggio sul dono*, Einaudi, Torí 1960.
3. Les tres etapes que describim són les mateixes descrites per primera vegada per Giambattista Vico a *La scienza nuova* a principis del segle XVIII (*Principis d'una ciència nova*, Edicions 62, Barcelona, 1993). Vegeu també Rosa Giannetta Alberoni, *Gli esploratori del tempo*, Rizzoli, Milà 1994. Segons Vico la societat passa cíclicament a través de tres fases. La primera és la dels deus, la segona, la dels herois, i la tercera, la dels homes. A la primera li correspon la necessitat, a la segona, la comoditat, i a la tercera, el luxe.
4. Vegeu Luisa Leonini, *L'identità smarrita*, Il Mulino, Bologna, 1988.

Capítol 14

1. Murray S. Davis, *Intimate Relations*, Macmillan, The Free Press, Nova York 1972, pp. 170-171.
2. De les cartes de Karen Blixen recollides per Pietro Citati, *Ritratti di donne*, Rizzoli, Milà 1992, p. 248.
3. Erica Jong, *Paura dei cinquanta*, Bompiani, Milà 1994, p. 162.
4. *Ibidem*, p. 163.
5. *Ibidem*.
6. Hi ha un conte molt divertit de Patricia Highsmith, *La fattrice* a *Piccole storie di misoginia*, La Tartaruga, Milà 1984, pp. 39-49, en què la dona expressa tota la seva feminitat fent fills, fins que el marit embogeix.
7. Michel Foucault, *L'uso dei piaceri*, Feltrinelli, Milà 1984.
8. Es tracta d'un fenomen difós en tot el món animal, vegeu Lynn Margulis Dorion Sagan *La danza misteriosa*, Mondadori, Milà 1992.

Capítol 15

1. Hi ha també tradicions amoroses en les quals la fidelitat no vol dir exclusivitat. Per exemple, a les societats poligàmiques, com entre els sénufo nafata de la Costa d'Ivori, no existeix el matrimoni. Els homes, de nit, van a visitar "les amigues". En aquest cas la fidelitat té el mateix significat que l'amistat. És fidel qui torna, qui no oblida, qui ajuda. Vegeu Andras Zempleni, *L'amie et l'étranger*, a Cécile Wajsbrot *La fidelité*, Ed. Autrement, París 1990, p. 57.
2. Georges Bataille, *L'erotismo*, Sugar, Milà 1967.
3. Vegeu Gay Talese, *La donna d'altri*, Mondadori, Milà 1980; i Francesco Alberoni, *L'erotismo*, Garzanti, Milà 1986, p. 107 i següents.
4. La forma general dels cicles amorosos és, doncs, la següent:

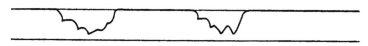

5. Gay Talese, *La donna d'altri*, Mondadori, Milà 1980.
6. Albert Goldman, *Elvis Presley*, Mondadori, Milà 1983. L'esquema de la promiscuïtat absoluta pot visualitzar-se amb la il·lustració següent:

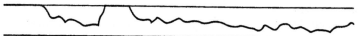

7. Joseph Barry, *George Sand*, Dall'Oglio, Milà 1980.
8. L'esquema dels amors consecutius pot representar-se de la manera següent:

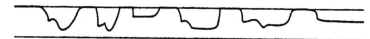

9. Podem representar aquesta modalitat amb la figura que il·lustrem a continuació:

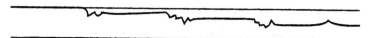

10. En aquest cas la forma la representa la figura següent:

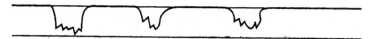

11. La forma pot representar-se d'aquesta manera:

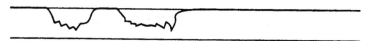

12. Ernest Jones *Vita e opere di Freud*, Il Saggiatore, Milà 1962.

Capítol 16

1. Vegeu Helen Fisher, *Anatomia dell'amore*, cit., pp. 52-55.
2. Donata Francescato, *Quando l'amore finisce*, Il Mulino, Bolonya 1992, p. 73.
3. *Ibidem*, p. 70.
4. Vegeu Francesco Alberoni, *Il volo nuziale*, cit. p. 93.
5. Dalma Heyn, *Il silenzio erotico delle mogli*, Frassinelli, Milà, pp. 33 i 81.
6. Jurg Willi, *La collusione di coppia*, Franco Angeli, Milà 1993, p. 179.
7. Henri Troyat, *Tolstoi*, Rizzoli, Milà 1969, vol. I, p. 335.
8. Robert Woods Kennedy, *Un anno d'amore*, Rizzoli, Milà 1973.

9. Rosa Giannetta Alberoni, Guido di Fraia, *Complicità e competizione*, Harlequin Mondadori, Milà 1992.

Capítol 17

1. Pel que em consta, aquest concepte va introduir-lo Jurg Willi, que va dedicar un estudi aprofundit a la matèria. Vegeu d'aquest autor, *Che cosa tiene insieme le coppie*, op. cit.
2. Sobre el tema de l'enveja vegeu Francesco Alberoni, *Gli invidiosi*, Garzanti, Milà 1991.
3. Sobre el tema de les relacions i les diferències entre amistat i enamorament, vegeu Francesco Alberoni, *L'amicizia*, Garzanti, Milà 1984.
4. Robert J. Sternbergh, *La triangolazione dell'amore*, a Robert J. Sternberg-Michael L. Barnes, *La psicologia dell'amore*, Bompiani, Milà 1990. Aquestes tres dimensions poden mesurar-se amb escales adequades i representar-se en forma de triangle. A la parella equilibrada, tenen la mateixa intensitat, i el triangle serà equilàter. Si domina, en canvi, una de les tres dimensions, el triangle serà isòsceles o escalé.
5. De fet, el triangle desapareix. Vegeu la figura recollida per Guido di Fraia, *La passione amorosa*, Harlequin Mondadori, Milà 1991, p. 59:

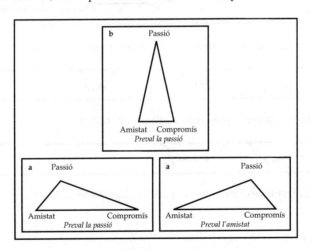

6. En el camp de l'estudi de les relacions íntimes, recordem l'obra pionera de Murray S. Davis, *Intimate Relations*, The Free Press, Macmillan Publishing Co., Nova York 1973. Pel que fa a com s'aplica a la parella, vegeu Willy Pasini, *Intimità*, Mondadori, Milà 1990.
7. L'autor que va procurar donar veu a aquest "flux de consciència" va ser James Joyce a l'*Ulisses*.

Capítol 18

1. Els estudis que es van fer als *kibbutz* mostren que de 2769 matrimonis, solament 13 eren de persones que havien crescut juntes. La vida en comú durant la infància i l'adolescència tendeix a desenvolupar sentiments de tendresa i d'amistat, mentre que afebleix l'atracció eròtica.

2. Guido di Fraia, *La passione amorosa*, Harlequin Mondadori, Milà 1991, pp. 82-83. Les diferències estan il·lustrades en la figura següent:

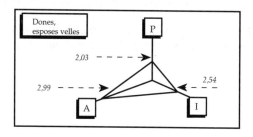

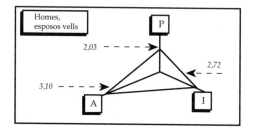

3. Entrevista realitzada a l'àmbit de la recerca que després es va publicar al llibre de Francesco Alberoni, *Il volo nuziale*, op. cit.

4. És la tesi que manté Sasha Weitman a l'assaig que apareixerà pròximament, *On the Elementary Forms of the Socioerotic Life*, op. cit.

5. Donata Francescato, *Quando l'amore finisce*, op. cit., pp. 88-89.

6 Rosa Giannetta Alberoni i Guido di Fraia, *Complicità e competizione*, Arlequin Mondadori, Milà 1992.

7. Eric Berne, *A che gioco giochiamo?*, Il Saggiatore, Milà 1965.

8. AA. VV., *I giochi psicotici nella famiglia*, Raffaello Cortina, Milà 1988.

9. Emil Ludwig, *Goethe*, Mondadori, Milà 1932, pp. 249 i 250.

10. *Ibidem*, p. 251.

11. Pietro Citati, *Goethe*, op. cit., p. 30.

12. Guglielmo Gatti, *Le donne nella vita e nell'arte di Gabriele D'Annunzio*, Guanda, Milà 1951, p. 281.

13. Rosa Giannetta Alberoni, *Paolo e Francesca*, Rizzoli, Milà 1994, p. 152.

14. George Sand-Alfred de Musset, *Lettere d'amore*, Archinto, Milà 1986.

Capítol 20

1. Vegeu K. Kelly, D. Musialowsky "Repeated Exposure to Sexually Explicit Stimuli: Novelty, Sex and Sexual Attitudes", a *Archives of Sexual Behaviour*, 1986, 15, pp. 487-489.

2. Joseph Heineman, *La preghiera ebraica*, Edizioni Qiqajon, Vicenza 1992, pp. 115-116.

3. Vegeu R. H. Steven, E. Beach, Abraham Tesser, *L'amore nel matrimonio*, a Robert J. Sternberg i Michael L. Barnes, *Psicologia dell'amore*, Bompiani, Milà 1990, pp. 359-360.

4. Mircea Eliade, *Trattato di storia delle religioni*, Boringhieri, Torino 1956.

5. Vegeu Sasha Weitman, *On the Elementary Forms of the Socioerotic Life*, op. cit.

Índex de casos

admiradora (l') 98
Anna i Maurizio 160
aventurera (l') 112
Bruno i Bruna 186, 230
Carlo i Carla 186, 230
Chiara 88, 198
comandant (el) 96, 181
dona de Milà (la) 33, 34
dona del sud (la) 221
dona que volia un fill (la) 152, 154
dos intel·lectuals (els) 210
escriptor (l') 105, 108
escriptora (la) 222
escultor (l') 174, 206
dona del metge (la) 198
executiu del Japó (l') 34, 35
fan (la) 77
filla del banquer (la) 197
Giovanna i Donato 189
home ambiciós (l') 37
home de Bari (l') 38, 91, 115, 126, 151
home de la cantant (l') 201
home de Rio (l') 202
home de Torí (l') 32, 37, 38, 39, 88, 112, 174, 181
home prudent (l') 39, 40, 93, 142, 150
llicenciada en dret (la) 143
Marina i Alberto 167
noia de Roma (la) 123, 126
noia del director de cinema (la) 206
noia que busca marit (la) 77, 82, 84, 142, 143, 200
noia que volia estudiar (la) 35, 36
parella de decoradors (la) 168
portera de Siena (la) 114, 115

princesa (la) 188, 189
promesa (la) 78, 79
Student 23, 24, 25, 26, 27, 39, 85, 93, 112, 119, 130

Casos biogràfics

Abelard i Eloïsa 18, 22, 104, 186
Balzac (Honoré de) i Laure de Berry 85
Barnard (Chris) 224
Blixen (Karen) 172, 173, 261 n.
Casanova (Giacomo) 50, 81, 258 n.
d'Annunzio (Gabriele) 191, 192, 229
Fitzgerald (Francis Scott) i Zelda Sayre 85, 203, 258 n.
Francesca (de Rimini) 55, 58, 104
Freud (Sigmund) 14, 19, 21, 52, 80, 130, 182, 193, 251 n., 253 n., 258 n., 260 n.
Goethe (Johann Wolfgang) 22, 31, 131, 158, 192, 229, 254 n.
Hefner (Huc) 191
Jong (Erica) 32, 173, 254 n., 261 n.
Mahler (Alma) 43, 50, 104
Milo (Sandra) i el metge 205
Nietzsche (Friedrich) 50, 99, 100, 131
Paolo i Francesca 58, 104
Presley (Elvis) 191
Proust (Marcel) 120, 121, 122
Rossellini (Roberto) i Ingrid Bergman 206
Salomé Andreas (Lou) 50, 99, 100, 101, 131, 132, 255 n.
Sand (George) 18, 186, 191, 231, 264 n.
Sand (George) i Jules Sandeau 191, 225
Tolstoi Lev i Sònia 104, 117, 118, 203, 205
Tristany i Isolda 58, 71, 103
Verdi (Giuseppe) 42, 193
Verdi (Giuseppe) i Giuseppina Strepponi 42, 193

Casos clínics d'altres autors

Caruso, Igor A.	Caruso IBN 127, 128
	Caruso CD 128, 129, 130
	senyora RIK 128
Cressanges, Jeanne	Nicolle 83, 84
Francescato, Donata	Renato i Gianna 223
	Teresa 196
	Valeria 196
Freud, Sigmund	Norbert Hanold i Gradiva 30
Gianini Belotti, Elena	dones enamorades d'homes més joves 94

Heyn, Dalma	Connie 197
	June 197
Palazzoli, Selvini Mara	senyora jove i industrial 226
	l'home que va casar-se amb una artista 204
Willi Jurg	el jove amb pare dèbil 87
	el fill del comerciant hebreu 201

Casos literaris i cinematogràfics

A la recerca del temps perdut de Marcel Proust 120
Allò que el vent s'endugué de Víctor Flemming 84, 86
Anna Karenina de Lev Tolstoi 104
Carmen de Georges Bizet 202
Cims tempestuosos d'Emily Brontë 134
Cinema Paradiso de Giuseppe Tornatore 137
Don Giovanni de Wolfgang Amadeus Mozart 81
El gran Gatsby de Francis Scott Fitzgerald 85
El piano 41, 42
El retorn de Casanova d'Edouard Niermans 81, 200
Em vaig enamorar d'una bruixa de Richard Quine 140
L'amant de Lady Chatterley de David Herbert Lawrence 28
L'amant de Marguerite Duras 96
L'edat de la innocència d'Edith Wharton 28
La bella dorment 139
Les dones d'una vida de Carlo Castellaneta 82
La dona trencada de Simone de Beauvoir 59
La llegenda del rei Artur 58
La rosa púrpura del Caire de Woody Allen 74
La Ventafocs 85
Les afinitats electives de Johann Wolfgang Goethe 157
Les amistats perilloses de Pierre Ambroise-François Choderlos 140, 145
Lolita de Vladimir Nabokov 92, 105, 120
Madame Bovary de Gustave Flaubert 42
Memòries d'Àfrica de Sidney Pollack 172
Ningú no és perfecte de Billy Wilder 88
Obsessió de Luchino Visconti 40
Orlando furioso de Ludovico Ariosto 32, 79, 103
Paolo i Francesca de Rosa Giannetta Alberoni 230
Passió d'amor de Carlo Castellaneta 84, 108
Pigmalió de Georges Bernard Shaw 85
Relats de Rabindranath Tagore 215
Thelma i Louise de Ridley Scott 231
Tristany i Isolda (llegenda popular medieval) 58, 71, 103, 104
Un amor de Dino Buzzati 26, 112
Un any d'amor de Robert Woods Kennedy 91, 203

Una habitació amb vistes de James Ivory 128
Wilhelm Meister de Johann Wolfgang Goethe 31

Índex de conceptes

absolut 47, 54, 59, 70, 105, 107, 110, 127, 233, 236
acord 98, 176, 216
acte
  - moral 61, 157, 158, 179
  - sexual 20, 94, 169, 183, 185
acusacions 182, 197, 214
adaptació recíproca 148, 159
admiració 43, 78, 225, 236
adolescent 53, 63, 79, 163, 196, 201, 213, 230, 234
adoració 73, 76, 79, 189, 201, 224, 236
  - amorosa 199, 224, 236
  - idòlatra 75, 199-201, 235
adulació 140, 142
adulteri 58, 67, 69, 187
afecte 12, 45, 89, 174, 198, 219
afinitat electiva 16, 33, 41, 43, 57, 84, 157, 192, 235, 249
afirmació 21, 49, 80, 119, 247
ajustament recíproc 70, 148, 234
ajut recíproc 15, 18, 42, 152, 179, 208, 216, 217, 237, 246
aliança 42, 134, 238
alliberament (experiència d') 21, 58, 60, 65, 69, 133, 229, 230, 231
amants 11, 28, 32, 36, 37, 52, 58, 76, 79, 84, 92, 97, 98, 99, 105, 106, 107, 112, 114, 117, 119, 120, 121, 127, 140, 143, 144, 146, 149, 153, 157, 160, 173, 174, 176, 178, 180, 185, 186, 188, 190, 191, 193, 201, 204, 207, 210, 213, 214, 215, 217, 220, 222, 227, 228, 230, 237, 239, 245, 247
ambient 85, 87, 96, 114, 152, 153, 160, 164, 167, 177, 187, 203, 204, 244
ambivalència 52
amic 12, 13, 25, 32, 37, 38, 39, 40, 43, 45, 46, 52, 60, 79, 91, 95, 97, 100, 108, 112, 114, 127, 133, 139, 141, 151, 162, 163, 166, 167, 169, 180, 181, 183, 187, 188, 196, 202, 205, 207, 209, 212, 213, 214, 216, 223, 226, 228, 234, 235
amistat 11, 12, 13, 14, 21, 25, 34, 43, 44, 45, 48, 93, 98, 99, 103, 141, 178, 212, 213, 216, 222, 234, 246
amor 11, 12, 25, 26, 31, 32, 33, 36, 37, 38, 40, 41, 43, 44, 45, 46, 48, 49, 50, 51, 54, 55, 58, 60, 61, 62, 63, 64, 65, 66, 67, 68, 69, 73, 90, 94, 96, 97, 99, 103, 106, 107, 109, 111, 112, 113, 114, 117, 118, 119, 120, 121, 124, 125, 126, 127, 128, 129, 131, 132, 133, 134, 135, 137, 138, 139, 140, 142, 143, 146, 147, 148, 149, 150, 151, 154, 155, 156, 157, 158, 160, 161, 162, 163, 164, 165, 166, 168, 172, 174, 175, 176, 177, 178, 179, 182, 184, 185, 186, 187, 188, 189, 190, 191, 193, 196, 197, 198, 200, 202, 203, 204, 205, 206, 207, 208, 209, 210, 211, 212, 213, 215, 216, 217, 219, 220, 221, 223, 224, 225, 226, 228, 229, 230, 233, 236, 237,

269

238, 239, 240, 241, 242, 243, 244, 246, 247
- competitiu 51, 73, 81-85, 114, 200-201, 205
- cosmic 49, 52, 67, 235
- consol 88-90, 144, 192, 198
- de parella 11, 22, 29, 40, 121, 148, 156, 158, 212
- gelós 26
- idòlatra 51, 73-81, 82, 144, 163, 200, 201, 224
- infantil 30, 73-76
- matern 11, 16, 19, 24, 30, 48, 175, 234, 235
- passió 103-105, 182
- patern 30, 154, 175, 235
pel cap carismàtic 179
- pels fills 12, 154, 230
- pels pares 12, 48, 79
- platònic 99, 101
- recíproc 26, 50, 121, 146, 156, 159, 176, 186, 204
- revolta 33, 174
- secret 48, 106-108, 115, 178
- vanitat 51
ànsia 87, 115, 142, 150, 151, 238, 239
atencions 11, 87, 168, 174, 176, 180, 198, 223, 238
atracció
- eròtica 12, 13, 15, 26, 27, 28, 36, 39, 42, 74, 78, 93, 98, 99, 137, 141, 173, 181, 184, 192, 197, 198, 210
- sexual 14
aventura
- amorosa 26, 54, 94-95, 149, 153, 154, 176, 177, 181, 208
- eròtica 35, 77, 82, 89, 94-95, 98, 141, 152, 180, 182, 184
avorriment 84, 96, 220, 238
bell (el) 166
bruixa 140
buit (el) 53, 96, 127, 165
canvi 38, 132, 153, 196, 209, 215, 223, 234, 235, 246
cap carismàtic 58, 69, 73, 80, 81, 148, 161, 179, 235, 238, 246

caprici 63, 71, 77, 143, 144
carícia 160, 164, 175, 176
casa 71, 89, 90, 96, 106, 108, 112, 115, 126, 132, 150, 157, 159, 161, 163, 165, 166, 168, 169, 172, 176, 177, 178, 179, 180, 187, 188, 192, 197, 203, 206, 207, 210, 211, 214, 219, 222, 223, 224, 225, 228, 233, 247, 249, 250
castitat 100, 209
cicles amorosos 69, 173, 188, 192
cicles vitals 227, 229
cita amorosa 14, 26
coevolució 210, 211, 215, 216
còlera 31, 39, 47, 63, 92, 93, 200, 217, 220, 223, 225, 226, 227
col·lectivitat 13, 21, 22, 57, 75, 80, 97, 104, 122, 133, 147, 151, 233, 234, 246
col·lusió 87
commoció 44, 85, 110, 219, 237, 246
compasió 140
competició 62, 82, 84, 200, 205, 224, 225, 241
- envejosa 51, 205, 221, 224-226
complementarietat 12, 172, 248
complexitat 51, 248
compromís 58, 62, 122, 153, 156, 157, 158, 181, 190, 212, 213, 220, 240
compromís de fidelitat 62, 99, 163, 187
comunisme amorós 68, 171, 242
comunitat 21, 26, 28, 29, 30, 31, 57, 64, 67, 74, 75, 80, 97, 99, 100, 105, 131, 132, 184, 190, 197, 233, 234, 243, 244, 245, 247
confiança 13, 43, 44, 45, 46, 66, 79, 109, 132, 144, 156, 171, 178, 212, 216, 219, 246
confrontament 43, 171, 175, 220
conquesta 32, 40, 81, 83, 99, 100, 113, 137, 144, 161, 166, 197, 200, 214
consens 48, 161
contacte 36, 38, 55, 70, 87, 91, 94, 175, 176, 184, 209
contracte matrimonial 63, 162

contrast 70, 235
convergències 172, 209
convivència quotidiana 38, 39, 58, 143, 144, 160, 161, 165, 171, 172, 173, 174, 189, 190
cos 70, 71, 75, 87, 91, 94, 95, 97, 98, 106, 109, 119, 120, 164, 165, 167, 168, 175, 177, 178, 182, 183, 184, 187, 195, 200, 204, 213, 228, 231, 240, 247
crisi 28, 41, 113, 123, 159, 160, 161, 188, 195, 200, 201, 202, 210, 211, 219, 221, 224, 227, 235
- precoç 195-208
- tardana 219, 231
cultura 35, 36, 37, 61, 71, 80, 82, 186, 187, 195
dedicació 48, 140, 156, 180, 199
defensa del món exterior 93, 141, 175, 214, 216, 248
delicadesa 118, 212
desafiament 84, 210, 217, 222
desamor 148
descobriment 45, 59, 147, 200, 214, 229, 236, 238
desdoblament 135
desenamorament 148, 229, 231
desesperació 11, 47, 131, 150, 151, 156, 182, 231
desharmonia 168
desig 13, 14, 17, 23, 24, 26, 28, 31, 41, 42, 44, 45, 46, 47, 50, 51, 52, 53, 66, 70, 71, 76, 77, 84, 87, 89, 91, 92, 93, 94, 95, 105, 120, 122, 124, 127, 131, 138, 139, 144, 149, 154, 161, 164, 165, 174, 175, 176, 177, 179, 180, 181, 182, 183, 193, 200, 203, 206, 207, 209, 210, 213, 214, 219, 221, 222, 223, 224, 225, 228, 230, 234, 247, 248
- eròtic 14, 19, 24, 27, 33, 74, 91, 93, 110, 152, 161, 182, 246
desinterès 149, 167, 169
desordre 52, 53, 130, 161, 182, 183, 203, 215
despertar 22, 54, 59, 166, 175, 247, 248

despit 225, 227
destí 13, 31, 32, 37, 45, 54, 57, 66, 69, 87, 117, 125, 152, 197, 230, 240, 244, 246
desxiframent 142
deure (el) 59, 61, 62, 67, 70, 105, 106, 107, 129, 153, 154, 155, 175, 176, 196, 197, 220, 230
- conjugal 162, 177, 178
diàleg 172, 175, 180, 212, 215, 219, 222, 248
dignitat 27, 63, 72, 111, 189
dilema (ètic) 61, 62, 67, 72, 104, 127, 129, 130, 139, 145, 148, 155
discontinuitat 38, 39, 47, 123, 209, 248
dissonància 168, 169
distanciament, allunyament 29, 49, 127, 149
divergències 40, 161, 172, 195, 226, 235, 243
diversitat 42, 43, 152, 156, 176, 177, 182, 183, 196, 212, 234
divorci 34, 38, 39, 53, 83, 104, 123, 133, 153, 158, 164, 176, 177, 180, 188, 190, 195, 197, 219, 223
dolor 45, 46, 59, 60, 63, 66, 67, 68, 124, 130, 132, 133, 135, 141, 176, 189, 208, 212
dona 21, 24, 30, 31, 33, 37, 38, 40, 42, 50, 61, 62, 63, 66, 67, 74, 75, 76, 77, 81, 82, 83, 84, 86, 87, 88, 89, 91, 92, 93, 94, 95, 96, 98, 99, 106, 107, 110, 112, 113, 114, 115, 116, 119, 120, 123, 126, 127, 128, 138, 139, 142, 144, 145, 146, 150, 151, 152, 153, 160, 161, 163, 166, 168, 173, 174, 175, 176, 177, 179, 180, 182, 183, 184, 188, 190, 191, 192, 196, 197, 198, 199, 200, 202, 203, 204, 205, 206, 207, 211, 213, 219, 220, 221, 222, 223, 224, 226, 227, 228, 229, 230, 231, 235, 240, 241, 247, 249, 250
donjoan 23, 25, 35, 183, 199
dubte 16, 76, 96, 112, 118, 124, 128, 148, 151, 203, 215, 225, 229
ductilitat 224

efervescència, enfervoriment 13, 27, 43, 83, 93, 98, 99, 107, 111, 157, 164
embaràs 63, 147, 174, 228
emoció 38, 57, 59, 84, 145, 148, 175, 182, 187, 195, 197, 213, 214, 215, 217, 234, 237, 241, 246
enamorament 12, 13, 14, 15, 17, 18, 19, 20, 21, 22, 23-30, 37, 38, 39, 40, 41, 42, 43, 44, 45, 46, 47, 48, 51, 52, 53, 54, 55, 57, 58, 59, 61-64, 65-72, 74, 75, 76, 77, 78, 79, 84, 85, 86, 87, 89, 91-94, 95, 99, 101, 103, 104, 106, 109-122, 124, 130, 132, 137, 138, 141-142, 143, 144, 145, 146, 148, 149, 151, 152, 154, 157, 162, 164, 178, 181, 182, 183, 184, 187, 188, 190, 192, 193, 195, 199, 200, 203, 204, 206, 209, 212, 220, 221, 224, 229, 234, 235, 236, 237, 240, 241, 242, 245, 246, 247, 248
enamorament
- competitiu 66, 84
- frenat 40, 130, 142-144
- idòlatra 79, 117, 118, 142
- no correspost 14, 27, 32, 47, 96, 172, 192
- recíproc (bilateral i correspost) 25, 26, 44, 54, 55, 87, 110, 111, 118, 133, 138, 141, 142, 143, 144, 147, 164, 166, 195, 196, 206, 233
- successiu 27, 28, 38, 43, 44, 142-144, 146
encontres 14, 21, 36, 43, 46, 58, 70, 71, 84, 93-95, 96, 97, 98, 99, 177, 178, 182, 187, 189, 192, 198, 199-203, 212, 222, 235, 241
energia 130, 148, 153, 157, 171, 180, 185, 220, 229, 230, 233, 234, 237, 238, 239, 243, 244, 245
- vital 26, 27, 53-54, 94, 107, 132, 146, 164, 228, 233
enfervoriment, efervescència 13, 27, 43, 83, 93, 98, 99, 107, 111, 157, 164
ensenyament 63, 161, 245
entusiasme 21, 58, 148, 220, 230, 233, 245, 248

enveja 13, 53, 67, 139, 205, 210, 224-225, 241
eros 235
erosologia 11
erotismo 11, 14, 35, 39, 58, 61, 62, 63, 74, 75, 83, 91-96, 108, 110, 121, 155, 163, 167, 173, 174, 175, 176, 177, 181, 182, 183, 187, 188, 197, 202, 203, 204, 210, 217, 220, 221, 228, 230, 237, 246-250
- femení, 160, 161, 167, 175, 183, 198
- masculí 161, 174, 175, 176, 197
esclat eròtic 14, 61, 183, 189, 209, 230, 231, 239
espera 66, 110, 163, 177, 220
espera d'allò nou 61
esperances 46, 49, 57, 58, 60, 70, 74, 85, 104, 109, 111, 123, 127, 141, 148, 182, 204, 228, 235
espontaneitat 139, 203, 213
essencial, (l') 42, 46, 47, 54, 59, 67, 154, 155, 240, 242
ésser (l') 16, 21, 22, 42, 58, 59, 60, 61, 66, 67, 69, 71, 72, 75, 79, 100, 110, 120, 147, 201, 215, 238, 241, 242, 246
ésser que es perd 46-47
estabilitat de la parella 94, 157, 158, 161, 214
estat naixent 41, 44, 45, 51-55, 57, 58, 59, 60, 61, 65, 68, 70, 71-72, 75, 77, 79, 81, 82, 86, 87, 89, 97, 105, 107, 109-110, 112, 122, 123, 129-131, 132, 133, 134, 135, 141, 144, 145, 147, 156, 185, 186, 196, 197, 200, 201, 202, 203, 212, 214-215, 228, 229, 231, 234, 235, 237, 238, 239-240, 244, 245, 247
estats amorosos 114, 157, 239
estímul 27, 28, 33, 34, 39, 74, 75, 78, 86, 119, 177, 198, 234, 238
estructura 71, 156, 183, 233, 234
evolució divergent 60, 61, 208, 210, 221, 222, 223
excitació 29, 119, 199, 238

exclusivitat 77, 122, 179-182, 183, 187
experiència
- d'inici i d'acompliment 21, 24, 26, 46, 51, 53, 65, 67, 77, 94, 95
- de l'ésser 21, 30, 35, 52, 66, 69, 71, 79, 130, 137, 169, 173, 177, 229, 230, 234, 235, 238, 239, 245, 248
experiències sexuals 12, 22, 24, 36, 45, 51, 84, 94, 113, 173, 190, 203, 213
exploracions amoroses 26, 27, 28, 33, 37, 48, 63, 70, 123, 141, 144, 145, 185, 196, 197, 210, 229
èxtasi 46, 55, 70, 92, 94, 96, 113, 212, 219, 241
factor desencadenant 28
falsificació 87-88
fall in love 14, 38
família 11, 21, 47, 58, 61, 68, 71, 89, 90, 96, 104, 106, 114, 128, 142, 143, 148, 153, 155, 162, 174, 177, 178, 186, 187, 188, 196, 199, 200, 201, 203, 204, 207, 221, 222, 224, 233 243
fan(la) 77, 80
fascinació (procés de) 39, 43, 153
fase
- amorosa 141, 148, 192-193, 214
- monogàmica 190-191, 192, 193, 211
- promíscua 191, 192
feina, treball 69, 89, 98, 125, 144, 153, 154, 167, 169, 178, 180-181, 187, 195, 205, 207, 209, 213, 219, 220, 223, 226, 228, 230, 246, 248, 249
felicitat 46, 53, 57, 66, 91, 111, 147, 149, 173, 219, 220, 224
femella 61-62, 74, 87-88, 153, 171, 174-181, 214, 219
feminisme 32, 187, 230
festa 178
festeig 32, 43, 46, 47, 48, 100, 106, 174, 184, 192, 227, 234, 236, 249, 257, 263, 280, 304
fidelitat 49, 61, 82, 94, 104, 107, 122, 151, 169, 179-193, 226, 238, 241
fills 12, 13, 18, 21, 25, 35, 47, 49, 53, 62, 63, 76, 80, 99, 104, 107, 126, 127, 128, 129, 130, 132, 144, 148, 153, 154, 155, 156, 160, 162, 169, 174-176, 178, 180, 183, 188, 189, 197, 198, 200, 204, 205, 206, 210, 221, 222, 223, 224, 227, 228, 234, 235, 245, 250
frustració 34, 45, 130-132, 133, 193, 220, 221, 226, 234
fusió 14, 21, 58, 70-71, 82, 84, 97, 99, 116, 147-148, 152, 159, 161, 162, 171, 174-177, 183, 187, 198, 199, 212, 214, 233, 234, 235, 247
futur 19, 31, 32, 34, 39, 69, 94, 95, 96, 97, 98, 107, 110, 116, 118, 122, 126, 127, 133, 140, 147, 151, 153, 154, 166, 199, 220, 224, 236, 237, 244, 246, 247
gay 61, 121, 122, 184
gelosia 11, 13, 16, 25, 39-48, 50, 51, 76, 77, 82, 93, 105-122, 127, 133, 142, 143, 149, 151, 180, 189, 217, 229, 238
- retroactiva del passat 48, 116-119
gràcia 58, 68, 124, 149, 236, 238, 239, 241, 243
gust del nou 160, 163, 164, 165, 175, 223, 249
història 20, 61, 62, 95, 106, 124, 140, 155, 173, 216, 244-246, 247
historiació 68, 80, 101, 116, 117, 118, 133, 134, 198, 203, 215
home 21, 24, 30, 34, 59, 61, 62, 67, 70, 77, 78, 82, 83, 84, 86, 87, 90, 93, 94, 95, 96, 97, 98, 99, 103, 105, 110, 116, 119, 120, 125-126, 129, 138, 139, 140, 143, 145, 152, 154, 160, 161, 162, 163, 165, 166, 167, 173, 174, 175-176, 177, 179, 180, 181, 182-183, 184, 187, 189, 190, 191, 196, 197, 198, 199, 201, 202, 203, 204, 206, 211, 212, 213, 214, 216, 219, 222, 226, 227, 228, 231, 240, 241, 245
idealització 51, 52, 55, 60, 69, 128, 138, 152
identificació 26, 50, 214, 235
identitat 68, 69, 88, 127, 132, 146, 159, 235-243, 245

- col·lectiva 160, 213
- personal 146, 160, 215
igualtat 69, 206, 242
il·luminació 65-66
il·usió 36, 126, 149
illa daurada 106, 173, 178, 189, 190
impotència 29, 86, 185
impressió d'irrealitat 28, 29, 53, 58, 177, 181, 225, 228
impuls 24, 53, 135, 182, 215, 238
impuls vital 14, 27, 29, 31, 57, 59, 72, 88, 156, 160, 189, 220, 228, 229, 233, 234, 246, 247
inautenticitat 28, 150
incertesa 51, 62, 148, 149, 238, 239
incest 65, 246
incomprensió 33, 42, 43, 67, 140, 144, 209, 221
indicació col·lectiva 45, 50-51, 73, 75, 77, 78, 79, 235, 236, 240
indiferència 60, 145, 175, 186, 229, 238
individuació 22, 147-148
infància 12, 21, 30, 31, 35, 37, 38, 46, 52, 59, 135, 164
infidelitat 179-193
inquietud sexual 181-185, 186
insatisfacció 29, 181, 189, 209, 230
inseguretat 115, 142, 238, 239
institució 57, 58, 60, 107, 127, 147, 156, 159-169, 178, 182, 185, 186, 196, 197, 214, 234, 237
- de reciprocitat 44, 46, 156-157, 187
institucionalització (d'una relació amorosa) 57
insult 215
interès
- eròtic 25, 75, 81, 83, 96, 98, 138, 176, 181, 212
- sexual 177, 219
intimitat 14, 24, 29, 36, 43, 95, 162, 169, 171, 175, 177, 178, 185, 203, 212, 213-216, 217, 220, 225, 241
jerarquia eròtica 47, 58, 73
jo avançats (o passats) 67, 143, 215, 216

joc
- eròtic 58, 161, 181, 228
joia 21, 46, 53, 58, 66, 106, 131, 140, 145, 178, 182, 212, 229, 241, 245, 246
limerance 78
límit 44, 69, 156, 204, 212, 213
llei moral 63, 79, 157, 244
lleialtat 44, 81, 86, 106, 113, 121, 173, 180
llibertat 44, 47, 50, 54, 59, 65, 66, 138, 145, 152, 153, 178, 205, 206, 212, 213, 221, 223, 238
lligams amorosos 11, 12-13, 45-55, 58, 184, 185, 233, 235
- dèbils 191
- forts 191, 195
- mitgencs 191
llindar 28, 33, 209
lluita 49, 50, 61, 104, 114, 133, 142, 153, 197, 200, 201, 203, 204, 236, 245, 246, 250
lluita amb l'àngel 49, 50, 60, 104, 113, 133, 152-154, 157
maduresa 21, 22, 25, 26, 27, 28, 29, 38, 130, 193, 210, 229
mal 59, 61, 63, 67, 82, 105, 115, 175, 212, 213, 242
marit 24, 29, 38, 52, 62, 63, 81, 84, 94, 99, 107, 124, 127, 143, 144, 145, 146, 154, 163, 166, 167, 168, 173, 174, 175, 176, 177, 178, 181, 182, 187, 188, 189, 190, 196, 197, 200, 202, 207, 210, 211, 216, 221, 222, 223, 224, 225, 226, 227, 228, 231, 237, 239, 247, 248, 249, 250
mascle 61-62, 74, 126, 171, 175, 176, 181, 183, 192, 202, 213, 220, 230
matrimoni 11, 16, 18, 23, 29, 33, 37, 38, 50, 55, 58, 62, 63, 71, 83, 84, 87, 88, 89, 90, 96, 103, 104, 114, 115, 117, 122, 130, 132, 144, 148, 150, 154, 157-158, 191, 196-197, 200, 201, 203, 204, 217, 219, 220, 222, 230, 241, 250
- obert 188, 190, 191

mecanismes
- depressius 59, 73
- persecutius 52, 53, 73, 238
mentida 87, 113, 141, 151, 217, 235, 249
mesquinesa 226
meta 53, 55, 57, 81, 87, 107, 130, 145, 197, 210, 235, 236, 249
metamorfosi 142, 144, 228
metanoia 67, 69
millorament d'un mateix 138, 162, 234
miracle 55, 68, 71, 118, 231, 239, 242
moderació 212, 241
moments de discontinuïtat 209, 248
monogàmia 18, 173, 181, 186, 189, 190, 191, 193
monotonia 11, 115, 219, 220, 228
moral 61, 63, 132, 157, 176
moralitat 36, 59-61, 63, 72, 158
mort 18, 46, 54, 69, 80, 97, 103, 104, 107, 173, 191, 198, 227, 231, 240
mort renaixement 53, 59, 67, 228
moviment (col·lectiu) 20, 57, 58, 60, 71, 76, 148, 157, 179, 209, 229, 237, 245, 246, 247
mutació 58
mutant social 21, 130, 228
nen 17, 21, 32, 45, 47, 48, 57, 59, 69, 79, 90, 91, 92, 104, 124, 126, 144, 165, 167, 174, 175, 187, 197, 200, 202, 204, 207, 220, 222, 234, 242, 246, 249, 250
norma 156, 157, 160, 233
nosaltres (el) 25, 57, 132, 154, 165
nostàlgia 13, 28, 112, 127, 220, 245
objecte
- col·lectiu d'amor 47, 236, 244
- d'amor 27, 39, 46, 48, 49-50, 52, 53, 55, 57, 70, 78, 80, 88, 127, 129, 130, 131, 147, 148, 233, 248
- individual d'amor 47, 48, 52, 53, 206, 236, 244
objectivacions espirituals de l'amor 49, 147, 159-169, 174, 177
oblit 49, 134-135
obstacle 60, 61, 67, 81, 83, 84, 94, 104, 117, 144, 149, 150, 200, 217, 220

odi 47, 63, 67, 80, 87, 103, 132-134, 157, 182, 204, 220, 221
ordre 52, 60, 76, 105, 130, 183, 215, 249
orgasme 21, 92, 185
orgia eròtica 96, 178, 191
origens 57, 105, 242, 245
paciència 49, 137, 150, 151, 161, 171, 216, 241
pacte 17, 61, 122, 155-157, 161, 185-188, 198, 203, 212, 234
pacte de continuïtat 159
palpitacions 239, 241
parella 18, 20, 21, 25, 30, 45, 57, 71, 94, 106, 121, 122, 127, 130, 147, 158, 160, 161, 164, 165, 166, 167, 176-178, 183, 184, 185, 186, 187, 191, 195, 197, 200, 203, 204, 207, 208-217, 220, 223, 225, 226, 227, 229, 230, 233, 234, 235, 237-243, 244, 245, 246, 247, 248
- enamorada 27, 57, 157
- oberta 186
pares 13, 35, 45, 46, 49, 52, 61, 86, 89, 94, 113, 147, 148, 195, 196, 201, 204, 209, 210, 221, 234, 235
passat 20, 30, 36, 41, 52, 54, 58, 67, 68, 87, 89, 117, 118, 124, 133, 134, 143, 161, 168, 174, 177, 198, 215, 221, 228, 245, 246, 247
passió 97, 105, 107, 113, 132, 140, 144, 145, 146, 156-157, 173, 183, 196, 208, 213, 214, 217, 226, 227, 228
- amorosa 11, 12, 14, 17, 18, 32, 35, 50, 53, 81, 92, 103, 104, 108, 122, 126, 154, 212, 213
pèrdua (mecanisme de la) 45, 46-50, 51, 52, 53, 66, 73, 81, 127, 146, 155, 161, 236, 237, 239, 244
perfeccionament (d'un mateix i de l'altre) 21, 46-50, 51, 52, 59, 69-70, 72, 141, 152, 241
persona estimada 12, 16, 43, 46, 48, 53, 55, 58, 61, 68, 69, 75, 78, 79, 91, 105, 109, 110, 113, 114, 118, 137, 138, 141, 147, 148, 149, 151, 153, 156, 162, 201, 220, 234, 237, 239, 240, 241, 248

personalitat 85, 162, 169, 171, 188, 215
petó 14, 95, 109, 139, 181, 245
petrificació 88, 127, 128, 129, 130-131, 146, 148
plaer 14, 17, 45, 46, 48, 49, 51, 59, 61, 62, 63-65, 73, 86, 94, 95, 98, 99, 105, 109, 133, 141, 177, 178, 181, 182, 183, 187, 202, 212, 213, 217, 220, 233, 235, 236, 238, 239, 240, 241, 247
poesia 55, 124, 173, 229
poligàmia 114, 186, 192
por 45, 65, 71, 87, 93, 97, 109, 137, 140, 142, 143, 148, 149, 150, 163, 213, 215, 217, 240, 241, 242, 246, 248
possessió 84, 85, 93, 179, 223
possible (el) 70, 233
potència
   - d'allò negatiu 46, 48, 49, 58, 60, 141, 182
   - seductora 50, 55, 60, 141, 182, 205
present 70, 104, 107, 118, 133, 143, 228, 245, 246, 247
príncep blau 70, 188
principi
   - del plaer 45, 46, 49, 51, 95, 182, 213
   - moral 49, 63, 71, 157, 158, 177, 233
projecte 17, 24, 29, 40, 71-72, 86, 94, 96, 99, 105, 120, 124, 125, 132, 144, 147, 152, 153, 154, 155, 157, 174-185, 190, 201, 202, 206, 215, 230, 233
promiscuïtat 122, 173, 184, 185, 186, 190, 191
   - absoluta 191
prostituta 26, 33, 41, 42, 75, 107, 119
protesta 220
proves 29, 111, 113, 148-151, 155, 156, 157, 171, 187, 210, 234, 241
   - de reciprocitat 139, 150-151, 157, 159
   - de veritat 141, 148-150, 151, 157, 159
   - sobre el projecte 142, 151

provocació 139, 225-227
proximitat física 175
prudència 63, 212, 241
pseudoenamorament o fals enamorament 77, 87, 100, 200, 202
   - competitiu 82
   - idòlatra 87
pulsió sexual 24
punt
   - d'irreversibilitat 123, 126, 127, 130, 144, 146
   - de no retorn 28, 154-155, 156, 187, 206-208
puresa 67, 106, 161, 162, 178, 206-208
quotidianitat 108, 173
ràbia 60, 124, 132, 197, 226, 227
rampell 11, 21, 33, 65, 73, 77, 78, 84, 87, 123, 128
   - amorosa deguda a la riquesa 87
   - breu 87
   - eròtic 95-96, 97-99, 108, 112, 176, 200, 202-203
   - eròtic-amorós competitiu 81-84
rancúnia 49, 68, 92, 133, 151, 187, 211, 226, 228, 229
rang eròtic 13, 14, 33, 73, 74, 83
realitat-contingència 37, 39, 43, 55, 60, 66, 161, 201
rebuig, refús 140, 151, 161, 163, 185
recerca 38, 46, 47, 70, 72, 139, 142, 164, 180, 181, 185, 191, 193-197, 224, 241
reciprocitat 76, 122, 198
   - de l'amor 122
reconeixement 42, 43, 55, 57, 86, 210, 225, 228, 243
reconquesta 137, 144-145
record 32, 61, 78, 91, 134, 148, 149, 152, 166, 175, 180, 184, 229, 244, 245, 246
recreació 52, 76, 97, 166, 236
redefinició
   - d'un mateix 53, 172, 228
   - del món 53, 236
reestructuració 47, 59, 148
refugi 71, 172

regla moral 61, 62, 156, 157, 181
regles de vida 52, 65, 104, 105, 160-162, 204, 211, 233
regressió 19, 21, 22, 59, 117
reinvenció 70
relació
- amorosa 24, 29, 30, 34, 36, 45, 54, 62, 67, 68, 80, 83, 84, 93, 94, 95, 99, 127, 133, 138, 143, 144, 145, 154, 155, 160, 161, 162, 172, 173, 178, 185, 187, 201, 217, 229, 233, 234, 246
- clandestina 34, 176, 177, 178, 184, 185
- de parella 13, 20, 52, 100, 147, 155, 178, 184, 185
- espiritual 58, 155, 160, 181
- moral 99, 212
relacions socials 21, 46, 135, 148, 180, 235
remoció 138, 164
renaixement 21, 22, 27, 36, 54, 55, 58, 59, 60, 61, 67, 70, 79, 143, 166, 189, 229, 245
renovació 131, 166, 167, 238, 243, 245
renúncia 59, 67, 69, 75, 123-151
- altruista 126, 128-130
- egoista 126-131, 133
represàlia 134, 221
repugnància 86, 169, 175, 182
resistència 61, 138, 141, 142, 248
respecte recíproc 42, 163, 172, 180, 238, 242
responsabilitat 62, 64, 70, 153, 174-176, 182
ressentiment 80, 225
retorn del passat 221-222
revolució sexual 58, 146, 148, 182, 236, 238, 247
risc 27, 79, 150, 155, 182, 238
ritual 137, 184
rival 48, 73, 81, 82, 84, 85, 109, 114, 119, 120, 139, 140, 142, 200
rivalitat 51
ruptura 95, 134, 220, 235
rutina 166, 230, 240
saturació 49

seducció 26, 27, 28, 39, 43, 48
segona historiació 133
sensacions 32, 109, 164, 168, 224
sentiment, sensació
sentiment 17, 44, 52, 85, 128, 140, 150, 158, 176, 190, 197, 203, 213, 214, 219, 225, 234, 235, 241, 242
- d'estranyament 96
- de culpa 61, 62, 66, 126, 145, 148, 149, 151, 154, 175, 176
- moral 140, 212
seguidor 80, 81, 148
serenitat 151, 172
sexe 61, 122, 177, 180, 182, 183, 197, 213, 223
sexualitat 11, 23, 24, 25, 42, 91, 92, 93, 97, 99, 134, 181, 184, 204
simfonia 248
simpatia 45, 246
sinceritat 212, 217
sinècdoque psíquica 172
sistema extern 76, 149
sobrecàrrega 53
societat 20, 31, 32, 58, 60, 74, 77, 79, 94, 105, 110, 121, 132, 137, 141
sofriment 49, 50, 52, 61, 63, 66, 72, 96, 105, 148, 181, 188, 207
solter 184, 186
somnis 11, 23, 30, 31, 42, 44, 46, 47, 55, 57, 59, 60, 61, 75, 76, 85, 124, 126, 135, 137, 138, 139, 147, 148, 151, 155, 163, 182, 185, 189, 195, 199, 203, 212, 215-216, 221, 222, 228, 229, 233, 234
somriure 139, 222, 238
sorpresa 169, 238
sustituibilitat 248, 249
subjecte eròtic 50, 51, 55, 59, 94
superació de les proves 59, 141
tabú 182, 246
temps 68-69, 70, 71, 151, 245
temptació eròtica 179, 181, 187
tendència exploradora 43, 49, 138, 181, 182, 183
tendresa 11, 12, 14, 93, 140, 175, 189, 198, 202, 223, 237, 245, 246

tomber amoureux 14, 38
torbament 44, 213
traïció 35, 46, 58, 115, 133, 134, 145, 179, 181, 182, 187, 220, 235
transfiguració (personal) 55, 69, 70, 75, 77, 201, 220
- del món 97, 164, 166
transformació (procés de) 20, 42, 103, 130, 132, 196, 197, 229
transgressió 33, 94, 96, 113, 181, 182, 211
transubstanciació 71
unanimitat 161
únic (l') 66, 69
únic gran amor 89, 90, 112, 187, 193
unicitat 161
unió simbiòtica 29, 45, 57, 71, 104, 157, 165, 172, 217
valor 37, 42, 48, 53, 54, 61, 63, 68, 76, 78, 93, 97, 98, 105, 109, 110, 111, 117, 126, 134, 154, 161, 163, 204, 205, 220, 224, 234, 236, 241, 242, 243, 244-246
- social 28, 32, 79, 224, 241
valoració recíproca 206

venjança 132, 133, 134, 135, 149, 177, 180, 181, 221
veritat 62, 65, 66, 67, 69, 70, 87, 88, 127, 180, 215, 228, 241
vida
- amorosa (de la parella) 31, 46, 49, 92, 95, 96, 141, 148, 157, 160, 161, 172, 174, 210, 212, 221, 224, 230, 245
- conjugal 18, 25, 84, 145, 153, 160, 166, 168, 177, 192, 195, 203, 219, 229
- quotidiana 28, 30, 34, 45, 47, 54, 63, 77, 88, 105, 142, 143, 146, 155, 160, 163, 164, 165, 169, 173, 176, 177, 178, 182, 185-188, 189, 192, 220, 221, 223, 246, 248
- humana 18, 21, 29, 32, 59, 63, 184, 215, 228, 233, 234, 235, 238, 239, 242, 245
vides separades 24, 172-173, 204
violència 46, 55, 58, 161, 167, 215, 217
visió del món 60, 116, 117, 147, 148, 156, 166, 223, 233, 249
xantatge 41-50
xarxes d'amistat eròtica 184

Índex dels noms

Abelardo 23, 38, 132, 239
Abraham, Giorgio 319 n.
Abraham, patriarca 21, 198, 199, 222, 310
Agar 222
Agustí d'Hipona, sant 148
Al Bano (Albano Carrisi) 99
Alberoni, Francesco 320 n., 321 n., 323 n., 325 n., 326 n., 327 n., 328 n., 329 n., 330 n., 331 n., 332 n., 333 n.
Alighieri, Dante 22, 28, 72, 179
Allen, Woody 94
Andreas, Friedrich Karl 65, 128, 129
Antíoc 41
Ariosto, Ludovico 130, 45, 323 n.
Aristòfanes 151
Astaire, Fred 94

Balzac, Honoré 110
Barbagli, Marzio 319 n.
Barnard, Christian 285
Barnes, Michael L. 332 n., 334 n.
Barry, Joseph 331 n.
Barthes Roland 36, 155, 156, 322 n., 324 n., 327 n., 328 n., 329 n.
Bassinger, Kim 101
Bataille, Georges 233, 330 n.
Beach, E. 334 n.
Beauvoir, Simone de 75, 320 n.
Benedetto da Norcia, santo 311
Benton, Hefner Baby 245
Berger, Peter 187, 329 n.
Bergman, Ingrid 262

Berne, Eric 287, 333 n.
Berry, Laure de 110
Bers, Sofia v. Sonia Tolstoi
Betsabea 21
Biswanger, Ludwig G. 321 n.
Bizet, Georges 257
Blixen-Finecke, Bror von 220
Blixen-Finecke, Hans von 220
Blixen, Karen 220, 221, 330 n.
Bourges, Michel de 245
Bowlby, John 167, 322 n., 329 n.
Bruto, Marco 103
Buff, Charlotte 168, 246, 319 n.
Buzzati, Dino 34, 43, 143, 152, 154, 156, 222, 321 n., 328 n.

Calví, Joan (Jean Cauvin) 311
Campion, Jane 52
Carli, Lucia 321 n., 322 n.
Carlo, Augusto di Sassonia-Weimar, 247, 291
Carotenuto, Aldo 321 n., 329 n.
Caruso, Igor A. 163, 164-165, 328 n., 329 n.
Casanova, Giacomo 64, 104, 255, 327 n.
Castellaneta, Carlo 105, 107, 137, 255, 327 n.
Càtul, Valeri 22
Cèsar, Juli 102, 103, 149
Chopin, Fryderyk 245
Christy Hefner, Karen 245
Citati, Pietro 322 n., 330, 334 n.
Cleopatra 102

279

Clèves v. Enriqueta de Clèves
Cressanges, Jeanne 106, 327 n.
Cruise, tom 95, 102
Curtis, Tony 113

Dalila 21
D'Annunzio, Gabriele 246, 292
David, rei 21
Davis Murray S. 219, 319 n., 329 n., 330 n., 333 n.
Delon, Alain 104, 255
Dido, reina 149
Di Fraia, Guido 332 n., 333 n.
Di Maggio, Joe 102
Donati, Pierpaolo 319 n.
Dudevant, Casimir 245
Duras, Marguerite 124, 327 n.
Duse, Eleonora 246

Ekberg, Anita 123
Elena, reina d'Esparta 253
Eliade, Mircea 310, 334 n.
Eloïsa 23, 28, 132, 239
Enriqueta de Clèves 60, 255
Estratonice 41

Fellini, Federico 123, 262
Finch Hatton, Denys 220
Finkielkraut, alain 324 n.
Fischer, Edward F. 22, 320 n.
Fisher, Helen E. 22, 320 n., 331 n.
Fitzgerald, Francis Scott 109, 259, 327 n.
Fitzgerald, Zelda v. Sayre, Zelda
Fornari, Franco 324 n.
Francesca de Rímini 72, 74, 132
Francesca da Polenta v. Francesca da Rímini
Francescato, Donata 249, 284, 331 n., 333 n.
Francesc d'Assís, sant 311
Freud, Sigmund 16, 24, 27, 39, 68, 102, 167, 233, 247, 319 n., 321 n., 322 n., 327 n., 329 n.
Fromm, Erich 23, 278, 321 n.
Foucault, Michel 330 n., 333 n.

Fumagalli Beonio Brocchieri, Maria Teresa 328 n.

Gable, Clark 102
Gatti, Guglielmo 334 n.
Gere, Richard 103
Jesucrist 171, 310 n., 311 n.
Jacob, patriarca 21, 310
Gianini Belotti, Elena 10, 121, 327 n.
Giannetta Alberoni, Rosa 111, 293, 327 n., 330 n., 332 n., 333 n., 334 n.
Giddens, Anthony 320 n., 321 n.
Gillot, pastor 127, 128
Gilson, Étienne 328 n.
Ginebra, reina 74, 132
Girard, René 65, 66, 323 n.
Giroud, Françoise 64, 65, 80, 323 n., 325 n.
Giuseppe 21
Goethe, Johann Wolfgang 28, 40, 168, 202, 246, 291, 320 n., 322 n.
Goldman, Albert 331 n.
Golini, Antonio 319 n.
Goode, William 319 n.
Gravina, Maria di 246
Gropius, Walter 56

Hardouin di Gallese d'Annunzio, Maria 246
Hefner, Hugo 245
Heidegger, Martin 27, 321 n.
Heineman, Joseph 334 n.
Hemingway, Ernest 259
Heyn, Dalma 251, 331 n.
Highsmith, Patricia 330 n.
Hitler, Adolf 96

Jankoviak, William R. 22, 320 n.
Jones, Ernest 331 n.
Jong, Erica 41, 221, 322 n., 330 n.
Joyce, James 333 n.

Kanizsa, Gaetano 323 n.
Kant, Immanuel 82, 201
Kast, Verena 325 n.
kelley, K. 334 n.
Kellner, M. 187, 329 n.

Kennedy, John Fitzgerald 96, 102
Kennedy, Robert Woods 117, 259, 327 n., 332 n.
Kestner, Johann Christian 246
Klein, Melanie 324 n.
Klimt, Gustav 64
Koestler, Arthur 67, 323 n.
Koffka, Kurt 323 n.
Kohler, Wolfgang 323 n.

Lacan, Jacques 156
Laclos, Pierre Choderlos de 329 n.
La Fayette Pioche de La Vergne, Marie Madeleine 60, 323 n.
Lawrence, David Herbert 322 n.
Lemmon, Jack 113
Lenin, Nikolai (Vladimir Ilich Ulianov) 96
Leoni, Barbara 246
Leonini, Luisa 330 n.
Leroux, Pierre 245
Lewis, Clive Staples 319 n.
Lincoln, Abraham 311
Livi, Titus 149
Ludwig, Emil 334 n.
Luhmann, Niklas 320 n.
Lutero, Martin 311

Madonna (Luisa Veronica Ciccone) 103
Mahler, Alma, v. Schindler, Alma
Mahler, Gustav 55, 56, 64, 196
Malatesta, Gianciotto 74
Malatesta, Paolo 74, 132
Manzoni, Alessandro 28, 320 n.
Maslow, Abraham 28, 321 n.
Mahoma, profeta 171, 310
Marke, rei 74, 130
Margulis Dorion Sagan, Lynn 330 n.
Marx, Carl 325 n.
Mauss, Marcel 329 n.
Meleagre 39
Mérimée, Prosper 245
Miller, Arthur 102
Miller, Henry 259
Milo, Sandra 262
Money, John 39, 322 n., 323 n.

Monroe, Marilyn 101, 102, 113
Morin, Edgar 326 n.
Moisès 71, 199, 310
Musialowsky, D. 334 n.
Musset, Alfred de 238, 245, 334 n.
Mussolini, Benito 96

Nabokov, Vladimir 22, 117, 152, 154, 156, 327 n.
Newman, Paul 102, 103
Nietzsche, Elisabeth 128
Nietzsche, Friedrich Wilhelm 65, 128, 129, 168, 169
Novak, Kim 178

Ortega y Gasset, José 23, 320 n.

Paris, 253
Pagello, Pietro 238, 245
Pallanca, Gian Franco 321 n.
Palazzoli, Selvini Mara 288
Palomba, Rossella 319
Pau de Tars, sant 86
Pasini, Willy 319 n., 333 n.
Pavarotti, Luciano 102
Peplau, Letitia Anne 328 n.
Peters, M. F. 327 n., 329 n.
Plató 20
Pollack, Sidney 220
Portinari, Beatrice 28
Pound, Ezra 259
Presley, Elvis 245
Presley, Priscilla 245
Properci, Sixte 20, 22, 320 n.
Proust, Marcel 153, 154, 155, 156
Putifar 21

Raquel, matriarca 21
Rée, Paul 65, 128, 129, 168, 169
Remiddi, Laura 279
Robinson, Paul 155, 328 n.
Rogers, Ginger 94
Roosevelt, Franklin Delano 96
Rossellini, Roberto 262
Rougemont, Denis de 23, 132, 320 n., 328 n.

Rubin, I. M. 321 n.

Salomé Andreas, Lou 65, 127-128, 129, 168, 169, 324 n.
Sand, Aurore v. George Sand
Sand, George (Amandine-Lucie-Aurore Dupin Dudevant) 23, 238, 245, 294, 334 n.
Sand, Jules v. Georges Sand
Sandeau, Jules 245, 286
Samsó 21
Sara, matriarca 21, 198, 222
Saraceno, Chiara 319 n.
Sayre, Fitzgerald Zelda 109
Schiffer, Claudia 101
Schindler, Mahler Alma 55, 56, 64, 196, 197
Seidman, Steven 321 n., 328 n.
Shakespeare, William 28, 103, 308, 320 n.
Shaw, George Bernard 109
Sinatra, Frank 102
Sòcrates 21
Stalin, Josep (Iosip Visarionovitx Dzugasvili) 96
Stein, Charlotte von 247, 291, 292
Stendhal (Henri Beyle) 23, 66, 321 n., 327 n., 328 n.
Sternberg, Robert J. 271, 319 n., 332 n., 334 n.
Steven, R. H. 334 n.
Stewart, James 178
Stolz, Teresa 247
Strepponi Verdi, Giuseppina 54, 247

Tagore, R. 275
Talese, Gay 330 n., 331 n.
Tamaro, Susanna 325 n.
Tanner, Tony 324 n.
Tennov, Dorothy 99, 100, 319 n., 321 n., 325 n., 326 n.
Tesser, Abraham 334 n.
Tolstoi, Lev Nikolaevitx 101, 131, 149, 150, 258, 261
Tolstoi Bers, Sonia 101, 149, 150, 258, 259, 261
Tonnies, Ferdinand 324 n.
Tordjman, Gilbert 319 n.
Tornatore, Giuseppe 175
Troyat, Henry 328 n., 332 n.

Valentino, Rodolfo 102
Van Sommers, Peter 328 n.
Venturi, Maria 184, 185, 325 n., 329 n.
Verdi, Giuseppe 54, 247
Vico, Giambattista 329 n., 330 n.
Virgilio, Publio Marone 149
Visconti, Luchino 52
Vulpius Goethe, Christiane 247

Wajsbrot, Cécile 330 n.
Wharton, Edith 36, 322 n.
Weber, Max 82
Weitman, Sasha 325 n., 327 n., 333 n., 334 n.
Wertheimer, Max 323 n.
Willi Jurg 112, 255, 319 n., 325 n., 327 n., 331 n., 332 n.
Wilson, James Q. 325 n.

Zemlinsky, professor 65
Zempleni, Andras 330 n.
Zewí, Sabbatai 135, 235
Zucconi, Giselda 246